智能系统与技术丛书

AI Agent
开发实战

从基础原理到企业级应用

郑天民 著

图书在版编目（CIP）数据

AI Agent 开发实战：从基础原理到企业级应用 / 郑天民著. -- 北京：机械工业出版社，2025.9. --（智能系统与技术丛书）. -- ISBN 978-7-111-78873-7

I. TP18

中国国家版本馆 CIP 数据核字第 2025H4M904 号

机械工业出版社（北京市百万庄大街 22 号　邮政编码 100037）
策划编辑：李梦娜　　　　　　　　责任编辑：李梦娜
责任校对：高凯月　张慧敏　景　飞　责任印制：张　博
北京铭成印刷有限公司印刷
2025 年 9 月第 1 版第 1 次印刷
186mm×240mm・16.75 印张・381 千字
标准书号：ISBN 978-7-111-78873-7
定价：89.00 元

电话服务　　　　　　　　网络服务
客服电话：010-88361066　　机　工　官　网：www.cmpbook.com
　　　　　010-88379833　　机　工　官　博：weibo.com/cmp1952
　　　　　010-68326294　　金　书　网：www.golden-book.com
封底无防伪标均为盗版　机工教育服务网：www.cmpedu.com

前 言

所谓AI Agent（或称Agent，智能体）指的是能够感知环境并根据感知信息做出决策以实现特定目标的智能系统。在制造业、电商、金融、医疗等众多领域，Agent都展现出巨大的应用潜力，而大语言模型（Large Language Model，LLM）技术的不断演进更是为Agent的发展注入了新的动力。想要开发一款Agent应用，开发人员需要构建其规划、记忆、工具和行动能力，这就要求开发者掌握特定的技术体系和方法论。如何将这些技术体系和方法论与LLM模型集成起来构建企业级的Agent系统呢？一方面，需要对Agent主流的开发框架和模式有足够的了解；另一方面，需要结合具体的业务场景给出设计和实现方案，从而确保Agent能够真正落地。

本书是一本实战驱动的AI Agent开发指南，非常适合具备一定编程基础的读者学习。通过阅读本书，读者可以在短时间内掌握Agent应用的开发步骤，并基于现实中的业务场景设计及实现符合用户真实需求的应用系统，同时获取Agent应用开发所需的即插即用的案例代码和最佳实践。

本书分成三篇，全面阐述AI Agent的技术体系、开发模式和落地案例，具体内容如下：

（1）AI Agent基础篇

介绍AI Agent的基本概念和开发模式，引出AI Agent的技术体系和实现方式，并以最常见的OpenAI LLM为例，演示从零构建一个AI Agent的过程，提供OpenAI Swarm框架的使用方式和案例。

（2）AI Agent实现篇

介绍AI Agent的典型实现模式，包括通用型的ReAct Agent和Plan-and-Execute Agent、集成RAG技术的知识型Agent，以及整合图像和音频处理技术的多模态Agent，并在实现过程中引入LangChain和LlamaIndex这些常用框架。

（3）AI Agent应用篇

从实际需求出发，全面介绍构建企业级AI Agent应用所需的各项工程化技术。同时，引入多Agent系统应对复杂场景，并采用LlamaIndex、AutoGen、LangGraph等主流框架完成多个实战案例，从而详细阐述多Agent系统的设计开发过程以及相应的技术组件以及实现技巧。

本书面向的读者主要分为如下 3 类：

- 掌握一定编程语言和技术、对 Agent 开发有实际需求的技术人员。他们希望将 Agent 技术应用到现实场景中以解决实际问题，但由于对 Agent 及其相关技术体系缺乏足够的了解，且学习成本较高，因此急需一本开发指南来指导日常开发工作。本书可以帮助这类读者解决现实中的问题，并提供可参考的实现方案和代码。
- 对 Agent 有兴趣、希望体验 Agent 的广大开发人员。他们受到 Agent 技术的冲击和吸引，想要对 Agent 应用开发进行全面的了解，但找不到适合入门的实战类书籍来帮助自己快速掌握 Agent 的基本概念和核心技术。本书可以帮助这类读者快速理解并上手 Agent 相关开发框架，并提供可供演练的案例场景。
- 系统架构分析和设计人员。他们对传统企业级应用的设计和开发过程已经有足够的认识，但缺少将业务架构与 Agent 融合的相关认知和经验。本书可以帮助他们构建实用的 Agent 知识体系，使其更好地推进面向 Agent 融合的架构分析和设计工作。

本书的最大特色在于工程实践。虽然 Agent 非常热门，但是很多开发人员对 Agent 的理解往往停留在理论知识层面，而不知道如何将 Agent 与日常的业务场景和需求结合起来，从而构建一套能够落地的实践方案。在本书中，我们借助目前主流的 LangChain、LlamaIndex、LangGraph 等集成开发框架，详细阐述通用型 Agent、知识型 Agent、多模态 Agent 以及多 Agent 系统的实现技术。同时，我们通过大量的案例，结合日常开发过程中常见的业务场景，给出可行的案例设计方案和示例代码，从而帮助读者不仅能了解概念，还能掌握如何应用这些概念解决实际的问题。

在本书的撰写过程中，感谢我的家人，特别是我的妻子章兰婷女士，在我占用大量家庭时间写作的情况下，她给予了极大的支持和理解。感谢曾经以及现在一起工作的同事们，身处业界领先的公司和团队中，我获得了许多学习和成长的机会。没有平时大家的帮助，这本书不可能诞生。

本书中的案例代码已全部于 https://github.com/tianminzheng/agent-application-development 开源，有需要的读者可自行查阅。尽管再三核查，但书中仍难免有欠妥和错误之处，恳请读者批评指正。在抖音和 B 站搜索并关注"郑天民"，一起探索技术世界。

郑天民

2025 年 7 月于杭州钱江世纪城

目 录

前言

AI Agent 基础篇

第 1 章　AI Agent 开发模式 2
1.1　认识 AI Agent 2
 1.1.1　Agent 的定义 2
 1.1.2　Agent 的应用场景 4
1.2　集成 LLM 6
 1.2.1　LLM 的技术体系 6
 1.2.2　LLM 与提示工程 11
1.3　Agent 关键技术 14
 1.3.1　规划 15
 1.3.2　记忆 16
 1.3.3　工具 20
 1.3.4　行动 22
1.4　Agent 的实现类型 22
 1.4.1　通用型 Agent 22
 1.4.2　知识型 Agent 23
 1.4.3　多模态 Agent 25
 1.4.4　多 Agent 系统 27
1.5　Agent 开发工具和框架 28
 1.5.1　原生 LLM 28
 1.5.2　LangChain 和 LangGraph 29
 1.5.3　LlamaIndex 和工作流 32
 1.5.4　多 Agent 框架 36

1.6　本章小结 40

第 2 章　LLM 和 Agent 42
2.1　集成 OpenAI LLM 42
 2.1.1　引入 OpenAI LLM 42
 2.1.2　集成 OpenAI API 44
 2.1.3　理解函数调用 49
2.2　基于 OpenAI LLM 从零构建并执行 Agent 59
 2.2.1　构建 Agent 60
 2.2.2　执行 Agent 65
2.3　基于 OpenAI Swarm 构建 Agent 75
 2.3.1　OpenAI Swarm 开发模式 75
 2.3.2　OpenAI Swarm 案例解析 78
2.4　本章小结 83

AI Agent 实现篇

第 3 章　通用型 Agent 86
3.1　ReAct Agent 86
 3.1.1　ReAct 架构解析 86
 3.1.2　基于 LlamaIndex 构建 ReAct Agent 88
 3.1.3　基于 LangChain 构建 ReAct Agent 94
3.2　Plan-and-Execute Agent 101

3.2.1　Plan-and-Execute 架构解析······ 101
3.2.2　基于 LangChain 实现 Plan-and-Execute Agent ········ 104
3.3　本章小结 ············· 109

第 4 章　知识型 Agent ················ 111

4.1　引入 Agentic RAG ············· 111
4.1.1　RAG 应用开发流程 ······ 111
4.1.2　实现 Agentic RAG 架构 ····· 113
4.2　基于 LangChain 构建知识型 Agent ··· 117
4.2.1　处理文档 ············· 117
4.2.2　集成向量数据库 ······ 121
4.2.3　增强检索功能 ········ 126
4.2.4　整合 ReAct Agent ····· 128
4.3　基于 LlamaIndex 构建多级知识型 Agent ············· 131
4.3.1　文档处理和检索 ······ 132
4.3.2　实现两层文档处理 Agent ··· 136
4.4　本章小结 ············· 141

第 5 章　多模态 Agent ················ 143

5.1　引入多模态技术 ············· 143
5.1.1　图像处理技术基础 ···· 143
5.1.2　语音处理技术基础 ···· 145
5.2　基于 LangChain 实现多模态 ······ 145
5.2.1　实现图像处理 ········ 146
5.2.2　实现语音处理 ········ 148
5.3　多模态 Agent 案例分析 ······ 150
5.3.1　构建 Agent ············· 150
5.3.2　实现交互流程 ········ 158
5.4　本章小结 ············· 164

AI Agent 应用篇

第 6 章　企业级 Agent 工程化技术 ··· 166

6.1　Agent 工程化技术栈 ··········· 166

6.2　Agent 运行时管理 ············· 167
6.2.1　基于 Ollama 实现私有化部署 ············· 167
6.2.2　基于 LangSmith 实现运行监控 ············· 169
6.2.3　基于 Phoenix 实现链路跟踪 ··· 172
6.3　Agent 可视化交互 ············· 174
6.3.1　使用 Streamlit 构建 Web 应用 ············· 174
6.3.2　Agent 可视化案例解析 ···· 176
6.4　Agent 外围技术 ············· 182
6.4.1　开放 Web API ············· 183
6.4.2　集成数据持久化 ······ 186
6.5　本章小结 ············· 190

第 7 章　多 Agent 系统 ················ 191

7.1　多 Agent 系统的实战基础 ········ 191
7.1.1　多 Agent 系统的构建模式 ··· 191
7.1.2　多 Agent 协作模式 ····· 192
7.2　基于 LlamaIndex 构建多 Agent 系统 ············· 195
7.2.1　工作流和 LlamaIndex ······ 195
7.2.2　健康管理的多 Agent 系统案例分析 ············· 200
7.3　基于 AutoGen 构建多 Agent 系统 ··· 213
7.3.1　AutoGen 的工作原理 ······ 213
7.3.2　AutoGen 的核心组件 ······ 215
7.3.3　客户洞察的多 Agent 系统案例分析 ············· 224
7.4　本章小结 ············· 231

第 8 章　多 Agent 系统的实战案例 ··· 232

8.1　多 Agent 智能报告案例分析 ········ 232
8.1.1　案例系统的场景分析 ···· 232
8.1.2　案例系统的架构设计 ······ 233
8.2　基于 LangGraph 构建多 Agent 系统 ············· 234

8.2.1 LangGraph 的开发模式 …… 234
8.2.2 LangGraph 的高级特性 …… 241
8.3 多 Agent 智能报告案例实现 …… 243
　8.3.1 构建工具 …… 243
　8.3.2 创建 Agent 和节点 …… 246
8.3.3 定义 StateGraph …… 252
8.4 多 Agent 智能报告案例演示 …… 253
　8.4.1 系统运行和验证 …… 254
　8.4.2 系统监控和跟踪 …… 255
8.5 本章小结 …… 259

AI Agent 基础篇

- 第 1 章　AI Agent 开发模式
- 第 2 章　LLM 和 Agent

CHAPTER 1

第 1 章

AI Agent 开发模式

AI Agent（或简称为 Agent）是一个含义广泛的概念，指能够感知环境并根据感知信息做出决策以实现特定目标的智能系统。开发一款 AI Agent 需要特定的技术体系和方法论。本章作为全书开篇内容，深入探讨了 AI Agent 的概念和开发模式，从 Agent 的基本概念、核心价值到应用场景，再到与大语言模型（Large Language Model，LLM）的集成技术，以及 Agent 的关键技术和开发框架。

通过系统性地分析 Agent 的演进过程、技术体系和实现方式，本章旨在帮助读者理解如何构建具有自主性、适应性和协作能力的 Agent 系统。在制造、电商、金融、医疗、教育等众多行业，Agent 都展现出巨大的应用潜力，而 LLM 技术的不断演进更为 Agent 的发展注入新的动力。本章将为后续的实践和案例分析奠定坚实的理论基础。

1.1 认识 AI Agent

Agent 究竟是什么？它如何在复杂多变的环境中感知、决策并执行任务？又如何在各个领域展现其独特价值并推动行业的变革？本节将带领大家深入探索 Agent 的基本概念、核心价值以及丰富多样的应用场景，揭开 Agent 的神秘面纱。

1.1.1 Agent 的定义

在本节中，我们将从 Agent 的基本概念开始讲起，并介绍它在具体应用场景中的表现。

1. Agent 的基本概念

Agent 这一概念起源于哲学，描述一种拥有欲望、信念、意图以及采取行动能力的实体。在人工智能领域，这一术语被赋予了一层新的含义。Agent 是一种能够通过感知环境、自主决策并执行任务的智能实体，其核心特性包括：

- 自主性：无须人工实时干预，可独立完成目标。
- 适应性：实时感知环境变化并快速响应。
- 主动性：主动设定目标并规划行动路径。
- 社会性：支持与其他 Agent 或人类协作交互。

Agent 具备高度的自主性和适应性。它通过感知环境获取信息，这些信息可能来自物理世界、虚拟网络或复杂系统内部。感知能力使 Agent 能够实时了解环境状态，捕捉关键数据，为后续决策提供依据。Agent 的自主决策能力是其核心特征之一，它基于感知到的信息，结合预设的目标和策略，通过复杂的算法或学习机制，快速分析并生成最优行动方案。这种决策过程可能涉及逻辑推理、机器学习或深度学习技术，以应对动态变化的环境。最终，Agent 将决策转化为具体行动，执行任务以达成既定目标。无论是自动化生产线上的机器人、智能客服系统，还是虚拟世界中的游戏角色，Agent 都能够凭借其感知、决策和执行能力，展现出强大的智能性。Agent 不同于传统程序的关键在于其动态适应性。例如，聊天机器人能够根据对话上下文调整回答策略，而工业机器人可以通过传感器数据优化操作流程。

LLM 的出现为 Agent 的进一步发展提供了基础。LLM 凭借其强大的语言理解和生成能力，为 Agent 注入了新的活力。Agent 需要高效地理解用户需求并做出准确响应，而 LLM 的海量知识储备和灵活的语言处理能力，使 Agent 能够更精准地理解复杂指令，生成自然流畅的交互内容。例如，在复杂任务分解、多语言支持以及个性化服务方面，LLM 为 Agent 提供了强大的底层支持。同时，LLM 的可扩展性和适应性让 Agent 能够快速适应不同场景与用户需求，推动其从简单的工具型角色向更智能、更具自主性的角色转变。随着 LLM 技术的不断进步，Agent 将在更多领域展现价值。在接下来的内容中，我们将分析 Agent 的核心价值。

2. Agent 的核心价值

在 LLM 领域，用户可以通过提示词与 LLM 进行交互。提示词的创建和管理是一项专门的技能，我们称之为提示工程（Prompt Engineering）。1.2 节将对提示工程进一步展开讲解。在提示工程兴起的时候，提示工程相当于 LLM 的"编程语言"。我们描述角色技能、任务关键词、任务目标及任务背景，告知 LLM 需要输出的格式，并调用 LLM 进行输出。围绕提示词，业界也诞生了如角色扮演、零样本提示（Zero-Shot Prompting）和少样本提示（Few-Shot Prompting）等各种提示词设计方案，希望将提示工程的潜力发挥到极致。

现在我们已经能够设计出强大的提示词，下一步就可以通过这些提示词构建工作流程（Workflow）或执行链路（Chain）了，正如 LangChain 和 Llama-Index 等主流 LLM 应用开发框架所提供的技术组件那样。而 Agent 是提示工程的一种升级，其核心在于自主性的增强，可以有效完成某一个工作流程或工作单元，尽可能减少对人工干预的依赖。如果我们能够将多个 Agent 组合在一起相互协作，那么能够实现的功能就会更加复杂和智能化。图 1-1 展示了从最初的 LLM 到最终的

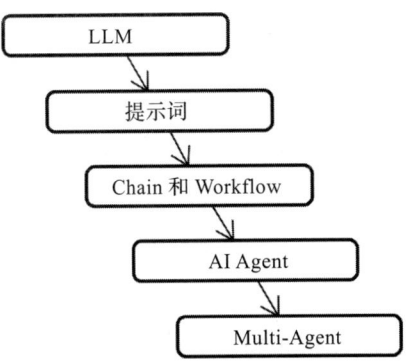

图 1-1 从 LLM 到 Multi-Agent 的演进过程

Multi-Agent（多 Agent）系统的演进过程。

那么，如何评价一个 Agent 的智能化程度呢？核心逻辑只有一条，即完成流程节点的自动化程度。

回想几年前，我们通过 ChatBot 构建了一些业务场景。在这些场景中，人类完成了绝大部分工作。我们向 AI 询问意见并获取信息，AI 提供信息和建议，但并不直接处理工作。随后出现的 Copilot，代表着人类与 AI 的协作，双方的工作量相当。在 Copilot 中，AI 模型根据人类设计的提示工程完成工作初稿，人类则负责目标设定、修改调整和最终确认。也就是说，Copilot 能够借助复杂的提示词完成自动化任务。而借助 Agent，我们通过设定目标实现更高程度的自动化，即 AI 完成绝大部分工作。人类负责设定目标、提供资源和监督结果，而 AI 负责任务拆分、工具选择、进度控制，并在完成目标后自主结束工作。Agent 的价值正体现在这一点上。

我们可以将 Agent 所能实现的自动化程度梳理为一个成熟度模型。例如，可以将 Agent 的自动化程度划分为以下 3 个档次：

- 第 1 档次：在这一自动化程度下，Agent 能够处理单一模态下的相对简单的数据类型，应用于简单场景；调用少量常见的标准工具，工具调用逻辑较为简单；静态地执行特定的、预定义的任务。涉及少量简单串并联的流程节点。
- 第 2 档次：在这一自动化程度下，Agent 具备多模态感知能力，能够处理更广泛的数据类型，应用于更多样化、更长尾、更复杂的场景；具备记忆功能，可使用的工具数量、类型以及实现的业务逻辑复杂度大幅提升；在当前业务规模下，以达到端到端的最大化自动化为目标，能够规划和编排大量流程节点及复杂逻辑。
- 第 3 档次：在这一自动化程度下，Agent 能够在少量人工干预的情况下实现绝大多数工具调用和代码生成；能够主动洞察问题域和求解域的环境变化，实现业务流程的灵活适应和编排，具有较强的环境适应能力。

在这 3 个档次的基础上，我们期待 Agent 能够自动学习工具使用的方式，实现 100% 自动化调用工具的能力。随着 Agent 能力的提升，过往的工作范式可能被颠覆，从传统的面向过程转向面向目标的工作模式。对于软件系统开发人员而言，传统的软件工程思路是以人为中心、AI 为辅助，采用固定形态的交互界面和预定义有限域的任务，实现规模化的生产方式。而 Agent 工程的思路则在于以 AI 为中心、人为辅助，采用动态人机交互界面和无预制有限域的任务，完成规模化的个性化生产。

1.1.2 Agent 的应用场景

通过对 Agent 在不同领域的应用进行分析，我们可以总结出它在多样化场景中的独特价值和潜力。本节将分析 Agent 的应用类型，并探讨其在各个行业中的应用方式。

1. Agent 的应用类型

从应用场景来看，Agent 主要可以分为两大类，即陪伴交互类和专业顾问类。其中，陪伴交互类 Agent 又可以分为以下几种表现形式：

- 生活助手：包括智能家居控制、日程管理、购物助手等。
- 心理陪伴：包括情感支持聊天机器人、虚拟陪伴宠物、心理疏导等。
- 休闲娱乐：包括游戏陪玩、音乐推荐、影视推荐等。
- 个性化交互：包括语言翻译、个性化内容生成、虚拟形象定制等。

而专业顾问类 Agent 的常见表现形式如下：
- 健康医护：包括虚拟健康助手、患者监护、康复指导等。
- 个人财务：包括财务规划、预算管理、投资分析等。
- 艺术体育：包括健身指导、艺术创作辅助、运动数据分析等。
- 法律政策：包括法律咨询、法规查询、合同审核等。

通过这些类别，我们认识到 AI Agent 是每个普通人都可以尝试使用的个性化 AI 应用，这是通往 AGI（Artificial General Intelligence，通用人工智能）的一条重要路径。

2. Agent 应用的行业领域

当尝试将 Agent 融合到各行各业中时，我们会发现 Agent 的应用方式非常灵活且多样化，不仅能够赋能业务场景，还能显著提升业务成熟度。下面我们列举几个常见的行业，以此分析 Agent 的场景化应用方式。

对于制造业，Agent 的场景化应用方式包括：
- 工艺改进：Agent 通过分析生产过程中的数据，可以优化工艺参数，提升产品质量和生产效率。
- 质量监控：结合深度学习和图像识别技术，Agent 能够实现对产品的高精度质量检测，全面提高检测效率和准确性。
- 预测性维护：通过深度分析设备运行数据，Agent 提前预测故障风险并采取维护措施，减少非计划停机时间，提高设备利用率。
- 供应链优化：Agent 可以通过数据分析和预测模型，对供应链进行动态调整和优化，降低库存成本，增强市场竞争力。

对于电商行业，Agent 的场景化应用方式包括：
- 个性化推荐：Agent 能够分析客户的购物历史、浏览行为和偏好，为用户提供个性化的产品推荐，提高用户满意度并增加销售额。
- 客户服务：聊天 Agent 能够运用自然语言处理技术，自动处理常见的客户查询，提供即时反馈，提升客户体验。
- 库存管理：Agent 可以根据销售数据和市场趋势，预测需求并优化库存水平，减少库存积压和缺货的情况。
- 市场研究与分析：Agent 可以高效地从不同平台收集客户数据，追踪客户情绪，并绘制完整的客户画像，帮助企业更好地理解客户旅程。

对于金融业，Agent 的场景化应用方式包括：
- 智能风控：Agent 通过分析多维数据进行信用评估和信贷审批，快速决策，降低风险。

- 客户服务：Agent 提供全天候客户服务，自动化答疑并提供金融咨询服务，提升服务效率。
- 投资分析：Agent 利用大数据和机器学习技术进行投资分析与风险管理，为投资者提供更精准的决策支持。
- 反欺诈检测：Agent 能够实时监测交易行为，识别异常交易，有效防范金融欺诈。

对于医疗行业，Agent 的场景化应用方式包括：

- 辅助诊断：Agent 辅助医生进行医疗影像分析、疾病预测，并提供个性化治疗建议，提升诊断效率和精度。
- 虚拟健康助手：Agent 可以提供医疗信息、回答患者询问，甚至提醒患者按时服药，提高患者参与度。
- 医疗运营优化：Agent 有助于管理医院排班、预测患者入院情况，并简化计费和保险理赔流程等。
- 药物研发：Agent 通过分析大量生物医学数据，加速药物研发过程，降低研发成本。

对于教育行业，Agent 的场景化应用方式包括：

- 个性化学习：Agent 根据学生的学习进度和特点，提供个性化的学习计划和辅导，以提高学习效果。
- 智能辅导：Agent 可以实时解答学生的问题，提供学习建议，帮助学生更好地理解和掌握知识。
- 教学管理：Agent 可以协助教师管理课程安排、批改作业和分析成绩，减轻教师的工作负担。
- 教育资源推荐：Agent 可以根据学生的需求和兴趣，推荐相关的学习资源和课程，丰富学生的学习体验。

当然，现实中 Agent 可以应用的场景还远不止这些，我们不再一一展开讲解。无论面对的是哪一类应用场景，Agent 背后的技术体系都是类似的，其中最重要的就是 LLM。接下来，我们会围绕 Agent 与 LLM 的集成过程展开讨论。

1.2 集成 LLM

当下，LLM 的参数量提升了 Agent 的理解力和泛化能力，使其能够更好地处理多种任务和上下文信息。LLM 增强了 Agent 的自然语言处理能力，使其提供更个性化、连贯的交互体验，是当下构建 Agent 的关键技术。在介绍 Agent 的核心组件之前，本节将对 LLM 的技术体系和使用方式（提示工程）进行简要的介绍。

1.2.1 LLM 的技术体系

在本节中，为了更好地介绍 LLM，我们需要先介绍一组 LLM 应用开发的核心技术，包括聊天模型、聊天记忆、文本嵌入以及向量数据库。

1. 聊天模型

我们知道，对于想要利用 LLM 构建应用程序的开发人员而言，往往需要调用不同的模型来满足不同的功能需求。显然，不同模型的调用方式是不同的，这无疑增加了开发过程的难度。为此，诸如 LangChain 和 LlamaIndex 这样的集成性开发框架，首先要解决的就是与模型之间的交互问题。这一过程通常被称为模型 I/O。本质上，模型 I/O 就是对各个模型平台 API 的封装。

我们先从模型 I/O 的交互过程开始讲起，图 1-2 展示了这一过程的具体环节。

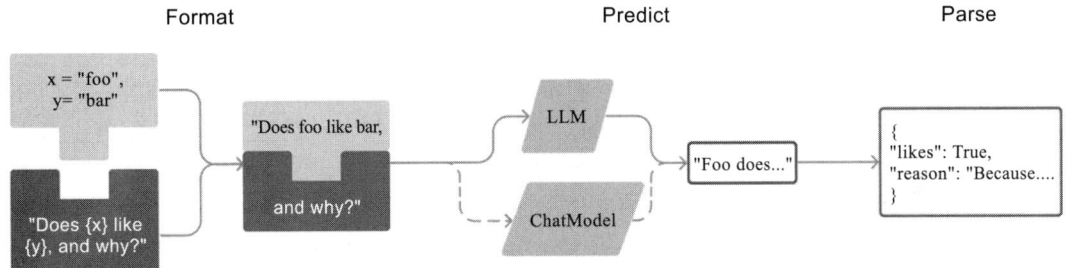

图 1-2　模型 I/O 组成部分和交互过程

这张图非常经典，生动地展现了模型 I/O 的 3 个组成部分：
- 输入提示：对应与图 1-2 中的 Format（格式化）部分，这部分的作用是组装用户输入和提示词模板，作为模型的输入。
- 模型调用：对应于图 1-2 中的 Predict（评估）部分，这部分就是调用 LLM 接口获得结果。
- 输出解析：对应于图 1-2 中的 Parse（解析）部分，这部分的作用是对 LLM 的结果进行解析，将 LLM 的输出转换到要求的格式（如 JSON），或者对输出进行校验等。

针对主流的 LLM 开发框架，我们同样可以梳理各个部分对应的技术组件：
- 输入提示：涉及的组件是提示词（Prompt）和提示词模板（PromptTemplate）。
- 模型调用：涉及的组件是 LLM 提供的聊天模型（ChatModel）。
- 输出解析：涉及的组件是输出解析器（OutputParser）。

通过内置的一组即插即用的工具组件，主流的 LLM 开发框架为我们提供了非常高效的开发体验。例如，基于 LangChain 框架，我们可以实现如代码清单 1-1 所示的模型 I/O 交互过程。

代码清单 1-1　基于 LangChain 框架的模型 I/O 交互过程

```
llm = OpenAI()
chain = LLMChain(llm=llm, prompt=prompt)
output_json = chain({'text': text})
```

关于上述代码的执行过程和效果，我们将在后续内容中具体展开讲解。这里我们只须明确一点：开发人员只需要通过几行代码就可以与 LLM 进行交互，而模型 I/O 背后的技术实现体现的是这些框架对模型的封装过程。

介绍完模型 I/O，我们再来看模型所提供的 API。目前，业界主流的 LLM 提供了两种 API 类型，即语言模型 API 和聊天语言模型 API。

语言模型比较通用，其 API 也非常简单。它们接受一个字符串作为输入，并返回一个字符串作为输出。但这种 API 正在逐渐被聊天语言模型（也可直接简称为聊天模型）API 所取代。

聊天语言模型 API 使用聊天消息（ChatMessage）对象作为输入和输出。聊天消息通常包含文本，但一些 LLM 也支持文本和图像混合的形式，例如 OpenAI 的 GPT-4o 和 Google 的 Gemini-Pro。

2. 聊天记忆

在与 LLM 聊天的过程中，有时候我们希望 LLM 能够记住与我们的对话内容，以便在对话中提供与上下文相关的回答。这里的"上下文"可以包含对话历史、用户偏好、会话状态等信息。显然，在聊天过程中添加记忆功能能够提升用户体验。主流的 LLM 开发框架也为此提供了一个专门的组件，即聊天记忆（ChatMemory）。

由于 LLM 天生是无状态（Stateless）的，这意味着它们不维护对话的状态。因此，如果你想支持多轮对话，就需要注意管理对话的状态。假设你想要构建一个聊天机器人，想象一下用户和聊天机器人之间进行了一次简单的多轮对话，如代码清单 1-2 所示。

代码清单 1-2　一次简单的多轮对话示例

```
你的输入：你好，我是张三。
LLM 的输出：你好，张三，我能帮您什么吗？
你的输入：我叫什么名字？
LLM 的输出：张三。
```

请注意，想要实现以上效果就需要 LLM 具备状态性，具体的做法就是要在每次聊天时把先前已经发送的聊天消息全部再发送一遍。提供多个聊天消息作为输入，使 LLM 能够理解对话的上下文和流程，从而能够在多个轮次上生成更相关和更连贯的回复。但是，手动维护和管理这些消息是烦琐的。为此，我们引入了聊天记忆这个组件。聊天记忆在多轮对话中起到的作用如图 1-3 所示。

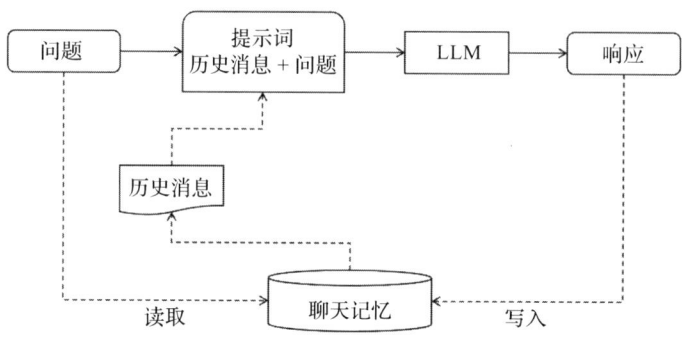

图 1-3　聊天记忆在多轮对话中的作用

从图 1-3 可以看出，一个聊天记忆组件需要支持两个基本操作，即读取和写入。在多轮对话中，一些输入直接来自用户，但有些输入可能来自聊天记忆。在一次典型的对话交互过程中，聊天模型至少需要与聊天记忆进行两次交互。首先，在接收到初始输入之后、执行核心逻辑之前，聊天模型会从聊天记忆中读取信息并将其用于扩充用户输入，这一步类似于缓存读取的操作。然后，在执行核心逻辑之后、返回响应之前，聊天模型会将当前运行的输入和输出写入聊天记忆，以便在未来的运行过程中引用它们，这一步类似于缓存写入的操作。

根据使用的内存算法，通过聊天记忆功能，LLM 可以以各种方式修改聊天记录：清除一些消息、汇总多个消息、合并分开的消息、从消息中删除不重要的细节、向消息中注入额外信息（例如用于检索增强的信息）或指令（例如用于结构化输出的指令）等。在本书的很多案例中，我们都会引入聊天记忆功能来构建更强大的 LLM 应用。

3. 文本嵌入

嵌入（Embedding）在人工智能领域中是一个非常关键的概念，它是指将高维数据映射到低维空间中的过程，通常用于机器学习和自然语言处理等技术。在自然语言处理中，文本嵌入是一种将文本转换为固定大小的向量表示的技术。这些向量可以捕捉文本的语义信息，使得相似的文本在向量空间中的位置更接近。常见的文本嵌入方式包括词嵌入（Word Embedding）、句嵌入（Sentence Embedding）和文档嵌入（Document Embedding）等。通过这些嵌入技术，目标文本被映射为固定长度的实数向量，这些向量可以作为机器学习模型和深度学习模型的输入。

我们来举个例子，对于"杭州有一个西湖"这样一行文本，采用某种嵌入实现方案后，其嵌入结果如代码清单 1-3 所示。

代码清单 1-3　嵌入结果示例

```
[0.013737877, 0.0060141524, 0.023988498, 0.005595273, -0.033237897,
0.021332191, -0.024873935, -0.008520616, 0.009017823, -0.03190293,
-0.011006648, 0.012545944, 0.0020552326, 0.0046144826, -0.01855328,
...
0.0048733023, -0.007294629, 0.02569126, 0.021836208, 0.014943432, -0.01043452,
-0.008561483, -0.012041926, 0.040784534, -0.004382907, 0.004168359,
0.008316285, -0.0250374]
```

可以看到，嵌入的本质就是生成一个包含多维数据的向量。虽然这句文本非常短，但它对应的嵌入结果非常长，这里只截取了很小一部分进行展示。通过嵌入操作，我们可以将多样化和复杂的数据转换到统一的高维空间中。在这种空间中，LLM 可以更有效地执行比较、关联和预测等操作。图 1-4 展示了包含 3 段文本的一个三维向量空间。

显然，图 1-4 中展示的结果对于开发人员而言过于底层，而对于嵌入的操作方法也偏底层。通常，应用程序的开发人员并不需要过多关注这些方法，因为应用程序操作的对象还是文本，而不是嵌入。这时我们需要引入嵌入模型（Embedding Model）来实现文档和嵌入之间的转换过程。业界主流的提供嵌入模型的平台包括 OpenAI、Hugging Face、Ollama、

Anthropic 等。针对这些第三方平台，LangChain 和 LlamaIndex 等 LLM 开发框架要做的事情就是集成它们的官方 API 并获取嵌入结果。

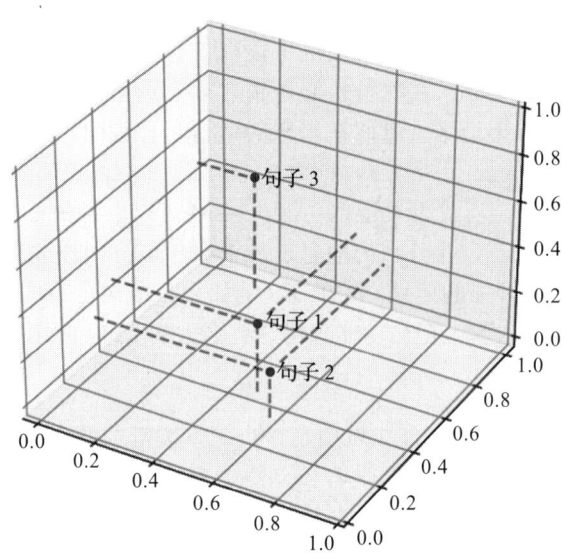

图 1-4　包含 3 段文本的三维向量空间效果

4. 向量数据库

在获取文本的嵌入结果后，下一步要做的就是将这些向量存储起来，以便执行后续的检索操作。存储向量的媒介就是向量数据库（Vector Database）。向量数据库能够对嵌入的向量进行存储和高性能的相似性搜索。

向量数据库是专门用于存储和查询向量的数据库，其存储的向量来源于对文本、语音、图像、视频等数据的向量化处理。与传统数据库相比，向量数据库可以处理更多模态的数据，如图像和音频。在机器学习和深度学习领域，数据通常以向量形式表示。

业界可供选择的向量数据库种类繁多，既包括 Pinecone、Chroma 这样的专用向量数据库，也包括 Elasticsearch、Redis、Neo4j、MongoDB 等在常规软件系统开发领域中应用广泛的 NoSQL 数据库，这些数据库同样支持嵌入数据的存储操作。此外，主流的 LLM 开发框架也为开发人员提供了丰富的向量数据库集成实现方案。

还有一项与向量数据库相关的核心技术，即评分模型（Scoring Model）。为什么需要使用评分模型？这是因为在 LLM 执行检索的过程中，所生成的所有结果并非都真正与用户查询相关。在初始检索阶段，我们通常更倾向于使用更快且效益更高的模型来获取相应结果，特别是当处理大量数据时。这种设计是为了追求性能和质量之间的平衡，但可能导致检索质量较低，不相关的检索结果被输入给 LLM。但向 LLM 提供不相关信息可能是成本高昂的，并且在最坏的情况下会出现错误。因此，在第二阶段，我们可以使用更高级的模型对第一阶段获得的结果进行重新排序，并剔除其中不相关的结果，提升最终响应的质量。这个过程常被称为重排序（Re-Ranking），而重排序就需要用到评分模型。

1.2.2 LLM 与提示工程

要充分发挥 LLM 的潜力，关键在于如何高效地与之交互，这催生了提示工程这一重要技术。提示工程是一门专注于设计和优化提示词的艺术与科学，它通过精心构造的文本指令，引导 LLM 准确理解任务需求并生成高质量的输出。本节将详细分析提示工程的基本概念，并提供实现提示词模板和定制化提示词的具体方法。

1. 提示工程

前面我们分析了 LLM 的封装过程。基于这一封装过程，开发人员只需要使用一套标准的 API 及参数就可以轻松构建一个聊天模型。现在，我们已经有了聊天模型，下一步就要讨论业务系统与模型之间的交互过程了，这就需要使用各种提示词。

你在访问 ChatGPT 等 LLM 应用的过程中，一定经历过如代码清单 1-4 所示的交互过程。

代码清单 1-4　ChatGPT 交互过程示例

```
你的输入：今天是几号？
LLM 的输出：今天是 2024 年 11 月 7 日，星期四。

你的输入：离元旦还有几天？
LLM 的输出：从 2024 年 11 月 7 日到 2025 年 1 月 1 日，还有 55 天。

你的输入：请给出计算过程
LLM 的输出：...
```

上述交互过程非常简单，你所有的输入就是一个个提示词。在使用 ChatGPT 等 LLM 应用时，提示词的设计是关键，它直接影响生成回答的质量和相关性。那么，提示词的组成结构是怎样的呢？一般认为，提示词由如下 3 个部分组成：

- 问题、请求或指令：提示的核心是一个明确的问题、请求或指令，用来明确模型需要生成的内容。例如，上述聊天中你提出的"今天是几号？"就是一个明确的问题。
- 上下文信息：这里的上下文（Context）与我们在开发软件过程中使用的上下文的概念非常类似。它的作用是为模型在聊天过程中划定一个信息范围或提供额外的信息，从而让模型更好地执行你的指令。在上述示例中，当你向模型输入"离元旦还有几天？"这个提示词时，模型能够从上下文中理解你想问的是从 2024 年 11 月 7 日到 2025 年元旦之间所剩的天数。
- 输出要求：你需要模型的回答遵循的要求，可以是格式、条数这类特定的要求，也可以是回答风格等相对灵活的要求。例如，在上述聊天过程中，你希望 ChatGPT 输出从今天到元旦之间所剩天数的详细计算过程。

那么，为什么要引入提示工程呢？主要有两方面原因。首先，自然语言本身是极不严谨的，同样一句话在不同语境下可能表达出截然相反的意思，这一点对中文而言尤为明显。其次，目前的大语言模型的逻辑推理能力比较有限，因此有效的提示词应遵循清晰、具体、连贯的原则，以确保对话始终处于正确的轨道上，并覆盖用户感兴趣的主题，从而打造更优秀的用户体验。

不同的人可以设计不同的提示词，但我们仍然可以将这些提示词统一分类，从而指导我们更好地设计提示词。通用的提示词包括零样本提示和少样本提示等。而在现实中，我们还有一些可以直接面向 LLM 应用的提示词，我们将它们统称为应用型提示词，常见的包括情感分析、命名实体识别、文本分类和聚类提示等。

2. 提示词模板

在技术上，提示词就是一个静态的字符串，用于指导模型生成输出。提示词的灵活性较低，一旦定义，通常无法轻易改变其结构或内容。因此，就应用场景而言，提示词适用于那些不需要过多变化或个性化的任务，它提供了一个特定的、简单明了的指导信息。那么，提示词从何而来呢？我们可以借助 PromptTemplate 这个提示词模板工具类来实现这一目标，因为现实中的提示词内容往往不仅仅是一个静态的字符串那么简单。诸如 LangChain 和 LlamaIndex 等主流的 LLM 开发框架针对如何构建提示词也都专门提供了 PromptTemplate 这个提示词模板类。

以 LlamaIndex 框架为例，对于每种需要与 LLM 交互的操作，都有一个默认的提示词模板。例如，在 LlamaIndex 中存在一个叫作 TitleExtractor 的技术组件，这个技术组件专门用来提取文档、节点和元数据。TitleExtractor 在内部使用两个预定义的提示词模板从文档内的文本节点中获取标题。其中一个提示词模板是 node_template，它会基于单个文本节点的内容创建提示词，以生成适当的节点标题。而另一个提示词模板 combine_template 将单个节点标题组合成一个完整的文档总标题。它们的定义如代码清单 1-5 所示。

代码清单 1-5　node_template 和 combine_template 提示词模板

```
DEFAULT_TITLE_NODE_TEMPLATE = """\
Context: {context_str}. Give a title that summarizes all of the \
unique entities, titles or themes found in the context. Title: """

DEFAULT_TITLE_COMBINE_TEMPLATE = """\
{context_str}. Based on the above candidate titles and content, what \
is the comprehensive title for this document? Title: """
```

基于上述这两个默认提示词模板，我们可以很容易地理解它们的工作原理。每个模板都包含一个固定文本部分和一个动态部分，其中动态部分由 {context_str} 或其他变量指定。在执行过程中，LlamaIndex 将节点的文本内容注入动态部分，然后把提示词发送给 LLM，执行过程如图 1-5 所示。

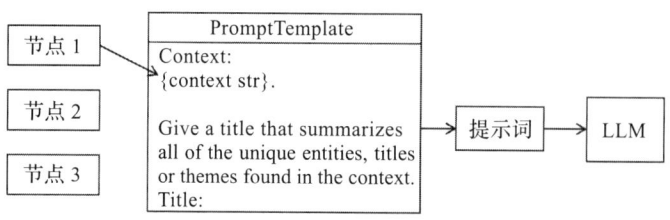

图 1-5　提示词模板的执行过程

3. 定制化提示词

虽然 LlamaIndex 框架所提供的默认提示词在大多数情况下能够满足开发需求，但有时开发人员还是希望能够对提示词进行定制，以满足特定场景下的需求，例如：
- 优化生成内容的性能或质量。
- 融入特定业务场景下的知识或术语。
- 适应特定的对话风格。

通过对提示词进行定制，我们可以微调用户与 LLM 之间的交互过程，从而提高响应的准确性和有效性。LangChain 和 LlamaIndex 等框架都为开发人员提供了定制化提示词的能力。

还是以 LlamaIndex 框架为例，定义定制化的提示词就像创建格式字符串一样简单。我们来看代码清单 1-6 所示的一个示例。

代码清单 1-6　定制化提示词示例

```
from llama_index.core import PromptTemplate

template = (
    "We have provided context information below. \n"
    "---------------------\n"
    "{context_str}"
    "\n---------------------\n"
    "Given this information, please answer the question: {query_str}\n"
)
qa_template = PromptTemplate(template)
prompt = qa_template.format(context_str=..., query_str=...)
```

这里引入了提示词模板工具类 PromptTemplate 来创建提示词模板，然后通过字符串格式化完成提示词的构建。

有时候，我们希望对框架中默认的提示词进行优化更新，从而对 LLM 交互过程进行灵活控制。例如，在 LlamaIndex 中存在一个提示词模板 text_qa_template，该提示词模板使用检索到的节点内容引导 LLM 生成针对用户查询的初始答案，其定义如代码清单 1-7 所示。

代码清单 1-7　提示词模板 text_qa_template

```
Context information is below.
---------------------
{context_str}
---------------------
Given the context information and not prior knowledge, answer the
query.
Query: {query_str}
Answer:
```

如果我们想要对上述 text_qa_template 进行定制化更新，让系统能够以莎士比亚的风格进行回答，那么可以编写一个新的提示词模板，如代码清单 1-8 所示。

代码清单 1-8　定制化更新后的 text_qa_template

```
new_qa_template = (
    "Context information is below.\n"
    "---------------------\n"
    "{context_str}\n"
    "---------------------\n"
    "Given the context information and not prior knowledge, "
    "answer the query in the style of a Shakespeare play.\n"
    "Query: {query_str}\n"
    "Answer: "
)
```

通过这种实现方式，我们可以引导 LLM 以某种特定的语言风格，或者任何一种你认为合理的定制化方式回答问题。

在后续内容中，我们将大量使用提示词模板和各种定制化提示词来构建 Agent 应用。

1.3　Agent 关键技术

业界关于构建 Agent 所需的关键技术存在一个整体架构，这是一个由 LLM 驱动的自主 Agent 系统架构，其中包含规划（Planning）、记忆（Memory）、工具（Tools）和行动（Action）四大要素，如图 1-6 所示。

图 1-6　自主 Agent 系统架构和关键技术

在这个架构中，Agent 基于 LLM 协同各种组件来处理复杂的任务和决策过程：

❑ 规划：Agent 需要具备规划（同时也包含决策）能力，以有效地执行复杂任务。这涉及子目标分解（Subgoal Decomposition）、连续思考（即思维链，Chain of Thought）、自我反思和批评（Self-Criticism），以及对过去行动的反思（Reflection）。

❑ 记忆：包含短期记忆（Short Term Memory）和长期记忆（Long Term Memory）两部分。短期记忆与上下文学习有关，属于提示工程的一部分，而长期记忆涉及信息的长时间保留和检索，通常通过利用外部向量存储与快速检索来实现。

❑ 工具：这包括 Agent 可能调用的各种工具，如日历、计算器、代码解释器和搜索功能，以及其他可能的工具。由于大模型一旦完成预训练，其内部能力和知识边界基本固定且难以拓展，这些工具显得尤为重要。它们扩展了 Agent 的能力，使其能够执行超出其核心功能的任务。
- 行动（或称执行）：Agent 基于规划和记忆来执行具体的行动。这可能包括与外部世界互动，或者通过工具的调用来完成一个动作（任务）。

围绕这个架构，一系列的 Agent 认知框架开始落地，包括思维链、自问自答（Self-Ask）、函数/工具调用（Function Calling/Tool Calls）、ReAct（Reasoning-and-Acting）、计划与执行（Plan-and-Execute）等。我们会在后续内容中对其中部分主流框架进行详细介绍。作为总结，我们可以认为大模型时代的 AI Agent = LLM ×（规划 + 记忆 + 工具 + 行动），其中 LLM 是核心控制器，构建核心能力，提升 AI Agent 的理解力和泛化能力，使其能够更好地处理多种任务和上下文信息。LLM 增强了 AI Agent 的自然语言处理能力，从而提供更个性化、连贯的交互体验。

在本节接下来的内容中，我们将围绕规划、记忆、工具、行动这 4 个关键技术进行详细介绍。

1.3.1 规划

Agent 的规划主要包含两部分，即任务分解和自我反思。

1. 任务分解

任务分解是指将一个复杂的目标或任务拆解为多个更小、更具体的子任务，以便 Agent 能够更高效地执行和管理。任务分解的目的是简化问题的复杂性，使 Agent 能够逐步解决问题，同时提高规划的可行性和效率。任务分解的常见方法包括：
- 先分解后规划（Decomposition-First Methods）：首先将复杂任务拆解为多个子任务，再为每个子任务制订详细的执行计划。例如，Hugging GPT 通过 LLM 将任务细化为子任务，并明确任务间的依赖性，而 Plan-and-Execute 模式将任务分解为"制定计划"和"执行计划"两个步骤。
- 边分解边规划（Interleaved Decomposition Methods）：在分解任务的同时进行规划，动态调整子任务的执行顺序和策略。例如，ReAct 模式将推理（思考步骤）和规划（行动步骤）交替进行，而 CoT（思维链）技术通过逐步推理引导 LLM 解决复杂问题。
- 基于语言模型的分解：通过 LLM 生成任务分解的指令，利用了 LLM 的自然语言理解能力，将复杂任务转化为多个可管理的子任务。例如使用提示词"实现 XYZ 的步骤"或"获取 XYZ 的子目标"。

作为总结，先分解后规划的优势在于能够使子任务与原任务之间的联系更加紧密，从而降低任务遗漏和幻觉的风险。然而，由于子任务在最初就被固定下来，缺乏灵活调整的机制，任何一步的失误都可能导致整体失败。而边分解边规划的策略可以根据环境反馈调整分解策略，增强应对错误的能力。然而，在处理复杂任务时，如果过程过长，可能会导致 LLM 产生幻觉，使后续的子任务和子规划偏离既定目标。同时，对于一些被拆分为过多子任务的高复杂度任务而言，规划过程可能会受到 LLM 上下文长度的限制，从而导致规划路径偏离原目标。

2. 自我反思

在 Agent 的世界中，反思（Reflection）是一个重要的概念，它是一种提示策略，用于提高 Agent 和类似人工智能系统的运行质量和成功率。反思的基本原理是通过模型的自我审查和自我反馈来改进初步生成的内容。这个过程通常分为两个阶段：

- 生成阶段：AI 模型会根据用户提供的输入或任务要求，生成一个初步的结果（例如文章、代码或解决方案）。
- 反思阶段：AI 模型对生成的结果进行评估，找出其中的不足之处，并进行自我纠正或改进。

这两个阶段交替进行，构成了反思的循环流程。在每一轮反思中，AI 模型会回顾生成的内容，评估其质量，并提出修改建议。这些修改建议可以是细节上的调整，也可以是对生成结构的重新组织，目的是提升内容的连贯性、逻辑性、表达清晰度或增强对用户需求的适应性。

这里以 ReAct 模式为例展开讨论。ReAct 模式会引导 LLM 将复杂问题进行拆分，一步步进行推理（Reason）和行动（Action），并引入观测（Observation）环节：

- 推理：涉及对下一步行动进行推理。在这一步骤中，需要评估当前情况并考虑可能的行动方案。
- 行动：基于推理的结果，决定采取什么行动。这一步骤是行动计划的选择过程。
- 观测：执行行动后，需要观测并收集反馈。这一步骤将对行动结果进行评估，并可能影响或改变下一轮思考的方向。

类似地，业界也有一些常见的反思框架，例如 Reflexion 和 CoH（Chain of Hindsight）。其中，Reflexion 是一个使 Agent 具备动态记忆和自我反思能力的框架，它通过帮助 Agent 回顾过去的行动来提高推理能力。而 CoH 方法通过向 LLM 展示一系列带有反馈的历史输出来鼓励 LLM 改进自己的输出。

1.3.2 记忆

什么是记忆？记忆被定义为用于获取、存储、保留和后续检索信息的过程。在本节中，我们将从记忆类型和记忆来源两个维度对 Agent 的记忆功能进行详细介绍。

1. 记忆类型

一般认为，人类大脑中主要有 3 种类型的记忆，即感觉记忆、短期记忆和长期记忆：

- 感觉记忆是记忆的最早阶段，提供在原始刺激结束后保留感官信息（如视觉、听觉等）印象的能力，通常只持续几秒。感觉记忆的子类别包括图像记忆（视觉）、回声记忆（听觉）和触觉记忆（触觉）。例如，看一张图片后，在图片消失后仍能在脑海中回想起它的视觉印象。

- 短期记忆存储了当下能意识到的所有信息，以及执行复杂认知任务（如学习和推理）所需的信息。人类的短期记忆大概可以存储7件事，持续20～30秒。例如，在进行心算时记住几个数字，但短期记忆是有限的，只能暂时保持这些数字。
- 长期记忆，顾名思义，可以将信息存储相当长的时间，范围从几天到几十年不等，具有基本上无限的存储容量。例如，学会骑自行车后，多年后再次骑仍能掌握这项技能，这要归功于长期记忆的持久存储。

Agent记忆结构设计借鉴了人类记忆的特点。人类的记忆能力与Agent中的记忆结构之间的映射关系如下：

- 感觉记忆：感觉记忆是指原始输入（包括文本、图像或其他形式）的学习嵌入表征。
- 短期记忆：短期记忆是指上下文学习（Context Learning），持续时间非常短且影响范围有限，受上下文窗口长度限制。
- 长期记忆：长期记忆是指Agent在查询时可用的外部向量存储，可通过快速检索的方式进行访问。

可以看出，记忆模块就像Agent的大脑，帮助其积累经验和实现自我进化，使行为更加一致、合理和有效。这里需要重点展开的是Agent的长期记忆机制。长期记忆用于跨会话的知识累积和历史信息存储，帮助Agent在多次交互中积累经验并提供更个性化的服务。一般认为，长期记忆可以进一步分为以下3种类型：

- 情景记忆（Episodic Memory）：存储Agent过去的行为序列或事件记录，类似于人类回忆过去的经历。它可以帮助Agent在面对类似情境时调用以往的经验。
- 语义记忆（Semantic Memory）：存储事实、概念和知识等信息，类似于人类在学校学到的知识。Agent通过语义记忆可以理解世界的基本规则和事实。
- 程序记忆（Procedural Memory）：存储执行任务的具体方法和规则，类似于人类记住如何骑自行车。Agent的程序记忆通常由其代码和模型权重决定，这些因素决定了Agent的行为模式。

长期记忆在构建复杂系统时非常重要，体现在以下几个方面：

- 提升个性化体验：长期记忆使Agent能够记住用户的历史偏好、行为模式和需求，从而提供更加个性化的服务。例如，在客服场景中，Agent可以根据用户过去的咨询记录快速定位问题并提供针对性的解决方案；而在智能助手场景中，Agent可以根据用户的使用习惯和偏好推荐适合的内容或功能。
- 增强知识积累和学习能力：长期记忆是Agent知识体系的核心部分，它允许Agent在多次交互中不断积累和更新知识。例如，通过语义记忆，Agent可以存储大量的事实、概念和规则，从而更好地理解和回答用户的问题；通过情景记忆，Agent可以记录过去的交互场景，从中总结经验，优化未来的回答策略。
- 提高任务执行效率：程序记忆决定了Agent的行为模式和任务执行能力。通过长期记忆，Agent可以快速调用已有的技能和方法来完成任务，或者根据历史经验优化任务执行路径，减少重复劳动。

- 增强上下文理解能力：长期记忆可以帮助 Agent 更好地理解复杂的上下文信息。例如在多轮对话中，Agent 可以通过长期记忆中的历史记录理解用户的意图和背景信息，从而提供更连贯、更准确的回答；在跨会话场景中，Agent 可以利用长期记忆中的信息快速恢复上下文，避免用户重复说明问题。
- 提升适应性和灵活性：长期记忆使 Agent 能够适应不断变化的环境和用户需求。例如，当用户的需求发生变化时，Agent 可以通过更新长期记忆中的知识和经验快速调整自己的行为；而在面对新的任务或场景时，Agent 可以利用已有的长期记忆快速学习并适应。
- 增强可信度和用户满意度：当 Agent 能够记住用户的历史信息并提供个性化的服务时，用户会感到被尊重和理解，从而增强对 Agent 的信任和满意度。例如，用户更愿意与能够记住自己偏好的 Agent 进行交互；用户会觉得 Agent "更聪明"，因为它能够根据历史经验提供更合理的建议。
- 支持复杂任务和多模态交互：在复杂的任务和多模态交互场景中，长期记忆尤为重要。例如在多模态交互中，Agent 需要记住不同模态（如语音、文本、图像）中的信息，以提供更全面的服务；在复杂任务（如项目管理、知识问答）中，Agent 需要利用长期记忆中的知识和经验，分解任务并逐步完成。

作为总结，我们可以看到，长期记忆是 Agent 智能的核心组成部分。它不仅决定了 Agent 的知识水平和学习能力，还直接影响其在实际应用中的表现。没有长期记忆，Agent 可能只能处理简单即时的任务，而无法提供深度、个性化和连贯的服务。因此，长期记忆对于 Agent 来说是不可或缺的，是其从"工具"向"Agent"进化的关键因素。

2. 记忆来源

针对 Agent 而言，通常有 3 种类型的记忆来源，即内部任务信息、跨任务信息以及外部知识：

- 内部任务信息（Inside-trial Information）指的是当前任务执行过程中产生的信息，例如单个任务或交互过程中收集的数据。这些信息仅与当前正在进行的任务有关。比如，在一段交互对话中，Agent 需要记住上下文信息，以便生成连贯的回应。
- 跨任务信息（Cross-trial Information）指的是历史任务中的长期积累和学习，跨越多个任务或交互过程。它包括 Agent 在不同任务中积累的经验、学到的教训以及可能的模式识别。例如，在旅行计划中，Agent 可以从用户预订过的机票和酒店中获取用户反馈，并基于这些跨任务信息优化和改进执行策略。
- 外部知识（External Knowledge）指的是 Agent 与环境交互之外的信息，这些信息可能是通过 API 调用、数据库查询或访问在线资源（如维基百科）等方式获得的。

在实际应用中，有些 Agent 只需要模拟人类的短期记忆，通过上下文技术，将记忆信息直接写入提示词中。而有些 Agent 则采用了混合记忆（Hybrid Memory）架构，明确模拟了人类的短期和长期记忆。短期记忆用于暂时缓冲最近的感知，而长期记忆则随着时间的推移巩固重要信息。

同样地，我们也需要对 Agent 长期记忆的获取过程进行进一步讲解，这就不得不引出一个非常重要的概念，即 RAG（Retrieval-Augmented Generation，检索增强生成）。RAG 是当下热门的大语言模型的前沿技术之一。RAG 结合了传统的信息检索技术和最新的生成式模型，它先从一个大型知识库中检索出与查询最相关的信息，然后基于这些信息生成回答。简单来说，RAG 是一种在将提示词发送给 LLM 之前，从你的数据中找到并注入相关信息片段的方法。通过这种方式，LLM 将获得你所希望的相关信息，并能够利用这些信息进行回复。这种做法可以减少幻觉现象出现的可能性。

我们可以基于 RAG 的字面意思对其概念进行进一步解析。所谓的"检索增强生成"，指的是一种结合检索（Retrieval）和生成（Generation）的自然语言处理技术，主要用于提高 LLM 在特定任务上的性能表现。RAG 首先通过检索系统从大量文档中检索出与输入查询相关的业务领域数据。这通常涉及一个索引机制，能够快速定位相关文档。然后，检索到的相关文档被用作上下文信息，用于构建提示词并输入到大语言生成模型中。生成模型利用这些上下文信息来生成回答或完成特定任务。RAG 的基本模型如图 1-7 所示。

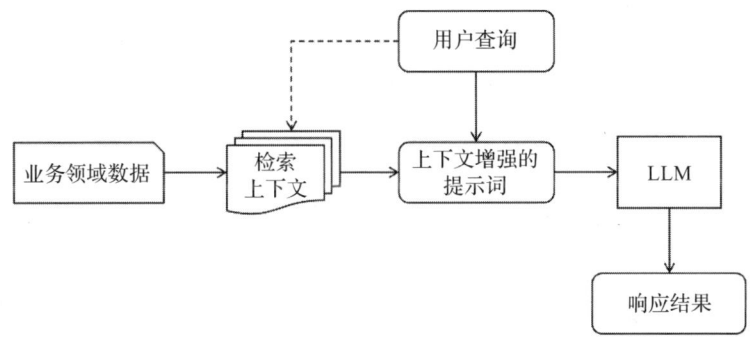

图 1-7 RAG 的基本模型

从图 1-7 中可以看到，RAG 首先通过检索系统从大量文档中检索出与输入查询相关的文档或信息。这通常涉及一个索引机制，能够快速定位相关的文档。然后，检索到的相关文档被用作上下文信息，输入到 LLM 的生成模型中。生成模型再利用这些上下文信息来生成回答或完成特定任务。

RAG 是近年来在 LLM 领域中非常活跃的一个研究方向，许多研究者和开发者正在探索其在不同应用场景中的潜力。RAG 具备如下典型优势：
- 减少大模型的幻觉：RAG 可以通过外部知识来源提供准确、基于事实的上下文参考信息，从而帮助减少 LLM 中的幻觉。通过让 LLM 检索特定的文档片段，RAG 降低了 LLM 生成不正确或误导性信息的风险。
- 突破上下文长度限制：通过 RAG 技术，LLM 可以突破其上下文长度限制，获得更强的处理能力。RAG 能做到这一点的原因在于它会事先对这些上下文进行分块并进行向量计算，根据用户输入再进行向量语义搜索，并返回相关性最大的一些语料片段。这将大大加快大模型的处理速度，提供更高效和可扩展的处理方式。

❑ 获取最新知识：LLM 都有一个知识截止日期，这限制了它们获取最新信息的能力。RAG 则解决了这个问题，它可以从外部数据库、存储库或互联网检索最相关的知识，从而确保大模型能够参考这些内容，确保响应准确及时。

基于这些优势，在 Agent 的长期记忆实现中，RAG 技术被广泛应用，尤其是在需要处理复杂任务、个性化对话和知识积累的场景中。事实上，企业中现有的数据管理流程在一定程度上都可以通过 RAG 技术优化。

1.3.3 工具

在与 LLM 的对话过程中，有时候我们希望能够引入一些自定义的业务逻辑来干预 LLM 的返回结果。通过这种做法，开发人员可以极大地丰富对话的输出内容，并构建定制化的交互体验。这一做法的背景源于这样一个事实：有些 LLM 除了生成文本之外，还可以触发一定的动作。针对这一事实，在 LLM 中出现了一个被称为工具（Tool）或函数调用（Function Calling）的概念。这一概念允许 LLM 在必要时调用一个或多个可用工具组件，这些工具组件通常由开发人员根据业务需求定义。在本节中，我们将讨论工具的概念及其类型。

1. 工具的概念

广义上讲，工具可以是任何东西：一个网络搜索、调用外部 API，或者执行特定的代码片段等。LLM 实际上不能自己调用工具，但它们可以在响应中表达调用特定工具的意图，而不是以纯文本形式响应。作为开发人员，我们应该基于所提供的参数执行工具，并反馈工具执行的结果。

举个例子，我们知道 LLM 本身在数学计算上并不擅长。那么，如果应用程序涉及偶尔的数学计算，你可能希望为 LLM 提供一个数学工具。通过在对 LLM 的请求中声明一个或多个工具，LLM 可以决定在必要时调用它们。给定一个数学问题以及一组数学工具，LLM 可能会决定为了正确回答问题，应该首先调用其中一个有效的数学工具。

讲到这里，你可能会觉得有点抽象，我们通过一些示例来进一步解释工具的效果。假设我们向 LLM 发出"今天天气怎么样？"这个聊天请求，那么 LLM 一般会回复类似代码清单 1-9 所示的响应结果。

代码清单 1-9　向 LLM 询问天气的响应结果

> 我无法直接提供实时的天气信息，但我可以帮你搜索一下。如果你告诉我你所在的城市或地区，我可以为你查找相关的天气信息。或者，你也可以查看当地的天气预报服务获取最新的天气情况。

正如你所看到的，上述 LLM 的响应结果并不是你想要的。但对于 LLM 而言，它确实无法感知获取天气所需要的一组基础信息。这时，我们就可以引入一个专门用来获取天气信息的工具组件，该组件能够根据用户信息获取当前地理位置，并调用第三方 API 来获取实时的天气信息。

正如你所看到的，当 LLM 可以访问一组工具时，它能够根据场景选择合适的工具进行调用。这是一个非常强大的功能。想象一下，我们可以通过这种方式实现任何复杂的定制逻辑，例如根据某个搜索工具找到目标信息，并将这些信息加工后以消息的形式发送给目标用户。

2. 工具的类型

Agent 之所以被称作智能实体，核心原因之一就是它具备使用各种工具的能力。本质上，Agent 需要工具的主要原因在于扩展能力边界。LLM 本身在某些任务上存在局限性，例如不具备数学能力或特定领域（如天气）的专业知识。通过使用工具组件，可以为 LLM 赋予新的能力，使其能够完成更复杂的任务，如通过 SQL 查询数据库、执行代码等。另一方面，不同的应用场景需要不同的工具组件。通过灵活使用各种工具组件，LLM 可以适应不同的场景需求，提供更加定制化的服务。

Agent 中常用的工具类型主要有以下几种，每种工具都有其特定的用途和特点：

- 扩展（Extensions）组件：扩展组件是一种标准化组件，用于连接外部 API 和 Agent。它允许 Agent 调用外部 API，而无须关心 API 的具体实现细节。扩展组件的应用场景包括开发人员希望 Agent 控制 API 的调用，使用预构建的扩展（如 Vertex Search、代码解释器等），或者完成 Agent 的多步规划和 API 调用（下一个操作依赖前一个操作的输出）。
- 函数调用（Function Calling）：函数调用是一种工具，允许 Agent 在客户端执行特定的操作。它通常用于处理需要安全或认证的场景，例如安全或认证要求导致 Agent 无法直接调用 API；操作顺序受限，需要在客户端完成（如批量操作、人工审核等）；或者 API 未暴露给公网，仅限内部使用时可以使用函数调用。
- 数据存储（Data Store）：数据存储是一种工具，允许 Agent 访问和操作外部数据源，如数据库、文件系统等。当开发人员希望使用预索引的网站内容、结构化数据（如 PDF、Word 文档、CSV 等）或非结构化数据（如 HTML、TXT 等）时，就需要借助数据存储工具完成与关系数据库或非关系数据库的集成。
- 检索工具（Retrieval Tool）：检索工具用于从外部数据源（如搜索引擎、数据库）中获取信息，例如前面提到的检索天气信息、股票价格、新闻文章；从企业系统（如 CRM、ERP）中获取客户数据等。检索工具通常与数据存储工具结合使用。
- 计算工具（Computation Tool）：计算工具用于执行复杂的数学运算或数据分析，常见的应用场景包括财务计算、科学计算、统计分析，或者处理超出大模型内置能力的复杂计算等。
- 内容生成工具（Content Generation Tool）：内容生成工具用于根据用户输入或预定义模板生成特定类型的内容。我们可以通过内容生成工具生成图像、图表、格式化文档，同时也可以根据用户需求生成代码。
- 交互工具（Interaction Tool）：交互工具用于与外部系统或服务进行交互，例如发送电子邮件、触发通知或控制物联网设备等。

上述工具类型可以根据 Agent 的需求单独或组合使用，从而极大地扩展 Agent 的能力。

1.3.4 行动

Agent 的行动模块是其架构中的关键部分，负责将规划模块生成的任务转化为具体动作，并通过调用外部工具或内部能力完成任务。行动模块的主要职责是基于 Agent 的决策，连接 Agent 的内部逻辑与外部环境。它需要考虑以下关键要素：

- 行动目标：明确任务的最终目标，例如完成特定任务、与其他 Agent 协作或探索环境。
- 行动生成：根据规划模块的指令，生成具体的行动步骤，可能依赖于历史经验或预设计划。
- 行动范围：通过调用外部工具（如 API、数据库）或利用大语言模型的内在能力（如规划、对话）来扩展行动范围。

执行模块通常通过工具调用的方式实现。Agent 通过调用外部工具（如搜索引擎、文件解析器、日历工具等）完成任务。而在复杂任务中，单一 Agent 可能无法独立完成任务，此时需要引入多 Agent 协作。多个 Agent 之间通过协同模块实现信息共享与协作，这个协同模块会综合利用消息传递、任务分配等机制。例如，一家跨国公司需要撰写复杂的合规文件，涉及财务、法律和技术三方面内容，那么多个 Agent 就可以分工协作，最终由协同模块汇总生成最终文件。

1.4 Agent 的实现类型

Agent 有很多种，我们将常见的 Agent 按照实现方式划分为通用型 Agent、知识型 Agent、多模态 Agent 以及多 Agent 系统这 4 种类型。本节将对这 4 种 Agent 实现类型进行详细介绍。

1.4.1 通用型 Agent

业界常见的通用型 Agent 有很多，例如，ReAct Agent 是一种结合推理和行动的 Agent 类型。其核心思想是通过"思考 – 行动 – 观测"的循环机制来完成任务。ReAct 框架通常包括以下特点：

- 推理与行动结合：模型先进行思考（Thought），然后执行具体行动（Action），并根据环境反馈进行调整。
- 少样本提示：通过设计特定的提示结构，引导模型更好地完成任务。
- 适用场景：适合简单直接的任务、实时交互场景以及成本敏感的场景。

Plan-and-Execute Agent 是一种将任务规划与执行分离的 Agent 类型。它将复杂任务拆解为多个子任务，并分别进行规划和执行，其特点包括：

- 规划与执行分离：通过一个 LLM 进行任务规划，生成清晰的步骤列表；另一个 LLM 负责执行每个步骤。
- 复杂任务处理能力强：适合需要任务拆分且步骤间存在依赖关系的复杂任务。

- 高准确率：由于规划阶段的优化，任务完成的准确率较高。

业界其他常见的 Agent 类型还包括：Chain-of-Thought Agent，这类 Agent 通过逐步推理的方式解决问题。它将复杂的推理过程分解为多个步骤，逐步生成解决方案，适合需要详细推理的场景；Tree-of-Thoughts Agent，这是一种基于树状结构的推理 Agent，它通过生成多个可能的推理路径，选择最优路径来解决问题，适合需要探索多种可能性的任务；Reflection Agent，这是一种具有反思能力的 Agent，它能够在执行任务后反思自己的行为，发现并纠正错误，从而提高后续任务的执行效率。

不同的 Agent 类型适用于不同的场景和任务需求。ReAct Agent 适合用于简单快速的任务，Plan-and-Execute Agent 适合用于复杂任务的拆解与执行，而 Chain-of-Thought Agent、Tree-of-Thoughts Agent 和 Reflection Agent 等则在推理和反思能力上各有优势。鉴于篇幅关系，本书重点介绍 ReAct Agent 和 Plan-and-Execute Agent。我们会在 3.1 节和 3.2 节分别讨论如何构建这两款通用型 Agent。

1.4.2 知识型 Agent

所谓知识型 Agent，是一种以 LLM 为核心，通过配置提示词、知识库等信息实现任务自主规划与调用的 Agent。它主要依赖于 LLM 的强大语言生成和理解能力，结合知识库中的信息，为用户提供智能化的交互体验。目前，知识型 Agent 的研究主要集中在如何更好地整合知识库信息、提升推理能力以及优化与用户的交互体验。例如，通过 RAG 技术，Agent 能够结合外部知识库，生成更精准的信息。此外，前面提到的多模态感知和工具使用等技术也在不断发展，进一步拓展了知识型 Agent 的应用范围。

1. 知识型 Agent 的基本概念

Agent 与 RAG 结合的核心是将 RAG 作为 Agent 的工具，Agent 通过任务规划和决策能力调用 RAG 引擎，从知识库中检索相关信息，再生成准确的回答。我们知道经典 RAG 应用的范式与架构已经非常流行，开发人员甚至可以在很短的时间内借助成熟框架开发一个简单且实用的 RAG 应用：用户问题被输入 RAG，应用执行检索，从被向量化的文档中检索相关知识块，并送入到 LLM 进行合成响应。我们已经在 1.3 节中介绍 RAG 的基本概念时给出了它的执行过程。但是，考虑这样一个应用场景：企业中有大量不同来源与类型的数据，这些数据可以是物理上的文档，也可以是某种非文件形态的信息，比如存放在关系数据库中的结构化数据。现在需要在这些文档之上构建一个依赖于它们的知识密集型应用或工具。这些需求包括：

- 基于全局理解文档后回答问题。例如：对某知识内容进行总结或摘要。
- 跨文档与知识库回答问题。例如：比较不同文档内容的区别。
- 结合非知识工具的复合场景。例如：从文档中提取产品介绍并发送给某个客户。

我们知道，经典 RAG 架构是通过将数据分割后存入向量数据库，再通过检索获得并插入上下文，直接让 LLM 给出答案。想要让经典 RAG 架构应对上述复杂需求场景显然是不现实的。经典 RAG 在回答文档相关的事实性问题时表现不错，但实际的知识应用并不总是这种类型。针对这些场景，可以借助 Agent 的任务规划与工具能力来协调完成对多文档、多类型的问答需求。通过这种方式，既能提供 RAG 的基础查询能力，也能提供基于 RAG 的更多样化与复杂的任务能力。

2. 知识型 Agent 的架构设计

知识型 Agent 一种常见的实现是采用多级 Agent 架构。在这种架构中，底层的工具 Agent 负责特定文档、知识库或图数据的检索任务，而顶层 Agent 则负责整体的任务规划和路由决策。图 1-8 给出了这种架构的基本组成结构。

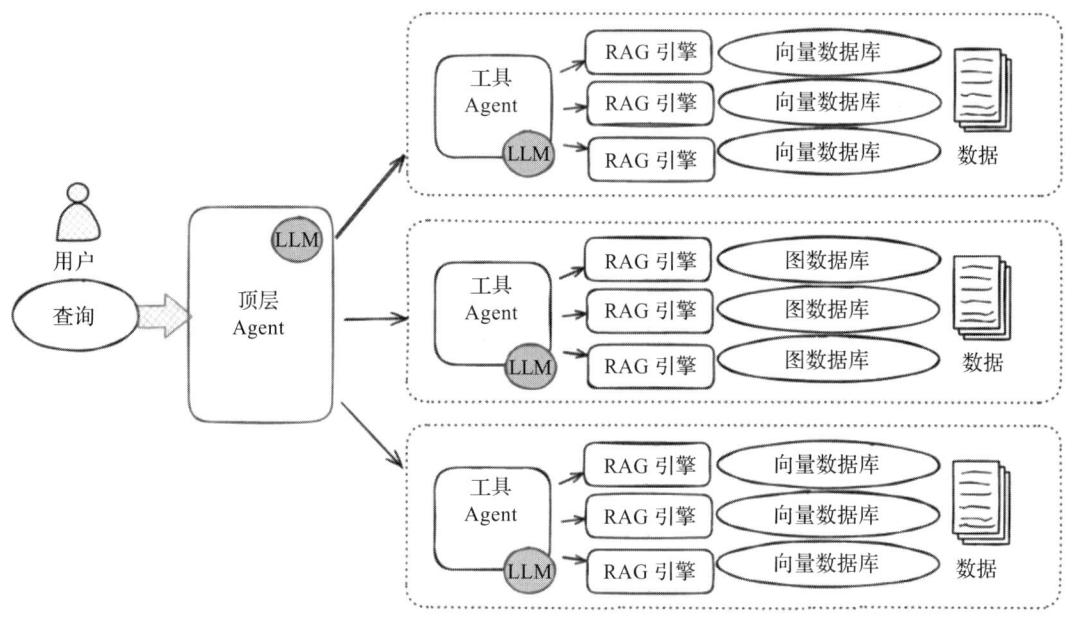

图 1-8　多级 Agent 架构

在图 1-8 所示的知识型 Agent 架构中，RAG 应用退化为一个 Agent 使用的知识工具。你可以针对一个文档 / 或知识库构建多种不同的 RAG 引擎，比如使用向量索引回答事实性问题，使用摘要索引回答总结性问题，或者使用知识图谱索引回答需要更多关联性的问题等。然后，我们在单个文档 / 或知识库的多个 RAG 引擎之上设置一个工具 Agent，将 RAG 引擎作为该 Agent 的工具，并利用 LLM 的能力使工具 Agent 在自己负责的文档内使用这些工具回答问题。最后，我们设置一个顶层 Agent 来管理所有低阶工具 Agent，将工具 Agent 视为自己的工具，仍然利用 LLM 规划、协调和执行用户问题的回答方案。

相比适用于对几个文档进行简单查询的经典 RAG 应用，知识型 Agent 的方法通过更具自主能力的 Agent 对其进行增强，具备了极大的灵活性与扩展性。构建在 RAG 之上的工具 Agent 将不再局限于简单回答事实性问题，而是通过扩展更多的后端 RAG 引擎，可以完成更多的知识型任务，如整理、摘要生成、数据分析，甚至借助 API 访问外部系统等。而在顶层 Agent 管理与协调下的多个工具 Agent 可以通过协作完成综合型任务，如对两个不同文档中的知识进行对比与汇总,这也是经典问答型 RAG 无法完成的任务类型。

业界通常也将 Agent 和 RAG 融合在一起的方法称为 Agentic RAG。我们会在第 4 章中对这种方法进行进一步解析,并分别基于 LangChain 和 LlamaIndex 构建整合了 RAG 架构的知识型 Agent。

1.4.3 多模态 Agent

要构建多模态 Agent,我们首先需要理解多模态的概念和应用方式。多模态(Multimodal)内容处理是当前 LLM 非常重要的一类应用场景。多模态 LLM 涉及各种先进的方法和架构,这些方法和架构被设计用于处理来自不同模态的数据,并完成与文本内容的整合。在日常开发过程中,常见的多模态内容处理包括图像处理、语音处理和视频处理。多模态 Agent 是指能够处理和理解多种模态输入(如文本、图像、音频等)的智能系统。这类 Agent 能够更全面地模拟人类的感知和认知过程,从而在复杂环境中提供更丰富和准确的交互体验。多模态 Agent 的核心在于整合多种模态的数据,生成有效的动作或响应。

1. 图像处理

当下,LLM 在图像处理中的应用场景越来越多样化。虽然它们本身不直接处理图像,但可以与图像处理技术结合,提供辅助和增强功能。典型的应用场景包括:图像生成和编辑——基于 LLM 的描述可以创建符合描述的图像,也可以生成对图像编辑的建议,提供如何改善图像质量或进行特定修改的指导;图像描述生成——LLM 可以生成图像的自然语言描述,同时自动为图像生成描述性标签,以便更好地组织和检索图像;图像问答系统——结合视觉模型和 LLM,用户可以对图像内容提问,系统提供准确的回答;图像内容检索——LLM 帮助根据文本描述在图像数据库中找到匹配的图像;内容审核和筛选——LLM 可以辅助分析图像内容,识别和标记潜在的不当内容,并生成相关的解释或警告。这些应用场景展示了 LLM 与图像处理技术结合所带来的多种可能性,从而提升图像处理的智能化和用户体验。借助 OpenAI 的 DALL-E、Google 的 Imagen 等图像处理模型,以及 MidJourney、Stable Diffusion 等集成化工具,图像应用已经成为当下大语言模型应用的一种主流模式。

图像处理通常包括两部分内容:一部分是图像生成,另一部分是图像解析和编辑。其中,图像生成的应用非常广泛。我们来举个例子:借助于 LangChain 这样的集成开发框架,开发人员生成一张图像是非常简单的事情,通过代码清单 1-10 所示的几行代码就能实现这一目标。

代码清单 1-10 使用 LangChain 生成图像

```
# 初始化 OpenAI 的 DALL·E 工具
dalle_tool = OpenAIDALLEImageGenerationTool(
    api_wrapper=DallEAPIWrapper(
        model="dall-e-3",          # 使用 DALL·E 3 模型
        n=1,                       # 生成 1 张图像
        size="1024x1024"           # 图像大小
    )
)
```

```
# 使用 LangChain 生成图像
image_url = dalle_tool.run("a painting of a cat")    # 输入描述文本
print(f"Generated image URL: {image_url}")
```

这里我们利用的是由 OpenAI 公司开发的一款图像处理模型 DALL-E，它能够根据用户输入的自然语言描述生成图像。基于上述代码，我们可以从响应对象中获取生成图像的 URL 地址，访问该地址即可获取完整的图像信息。

前面演示的图像模型展示了最基础的图像生成方法，我们输入的是一串固定的文本描述。但在现实中，用于描述图像的文本输入往往是动态的。比如，我们可以基于不同的文档动态生成目标图像。这时候就需要将图像模型与 RAG 执行过程整合在一起，从而构建高度灵活且可扩展的图像生成方案。

在现实中，我们也有从图像中获取文本信息的需求。考虑这样一种场景：我们有许多张图片，并希望基于这些图片背后的含义对它们进行分类管理。这时候就需要理解每一张图片所包含的内容。针对这一场景，我们可以使用"图像文本提取"这一功能来实现类似的分类目标。为此，我们需要构建一种能力，即将图像作为输入而不是输出，与 LLM 进行交互。借助 LLM 和主流的集成性开发框架，我们不仅能够生成图像，还可以对已有图像进行解析。

另外，有些 LLM 也提供了可供开发人员进行图像编辑的技术支持。例如，我们可以传入一个提示词对目标图像进行编辑，也可以在编辑过程中为目标图像添加一个掩膜（Mask）图像。

2. 语音和视频处理

LLM 在语音和视频处理领域虽然没有在文本、图像领域那么成熟，但其应用场景也日益增多。它们能够显著增强这两个领域的功能和用户体验，典型的应用场景包括：自动语音识别，将语音转化为文本，应用于语音助手、转录服务和字幕生成；语音生成，将文本转化为自然流畅的语音，用于语音助手、导航系统、无障碍功能等；语音情感分析，分析语音中的情感状态，用于客户服务质量评估、心理健康监测等；视频字幕生成，自动生成视频的文字字幕，应用于内容创作、教育、娱乐等领域；视频内容摘要，从长视频中提取关键信息和摘要，应用于新闻聚合、内容推荐；视频内容生成，生成与文本描述匹配的视频片段或动画，用于广告制作、游戏设计等；视频检索，根据视频内容或文字描述进行视频检索，应用于视频数据库和搜索引擎等。

目前，如 GPT-4、PaLM-E 和 LLaVA 等多模态 LLM 已经开始探索理解多模态信息的能力，包括视觉和语音等。这些模型试图将不同模态的数据统一表示为离散单元并集成到 LLM 中，通过预训练和指令微调，使模型具备多模态理解和生成的能力。

当前的语音-语言模型主要采用级联模式，即将 LLM 与自动语音识别（Automatic Speech Recognition，ASR）模型或文本到语音（Text To Speech，TTS）模型串联连接，或者将 LLM 作为控制中心，与多个语音处理模型集成以涵盖多个音频或语音任务。

以 OpenAI 的 LLM 为例，在语音方面提供了 Whisper 模型。Whisper 不仅具有语音识别能力，还具备语音活动检测、声纹识别、语音翻译等功能。Whisper 是一个端到端的语音系统，相比于之前的端到端语音识别，其特点主要体现在多语言和多任务的监督数据上进行训练，从而提高了对口音、背景噪音和技术术语的识别能力。而 OpenAI 开发的视频处理模型 Sora 也非常强大。Sora 能够接受静态图像或已有视频作为输入，进行视频内容的延伸、填充缺失帧或进行风格转换等操作。同时，Sora 对文本的深度理解能力是其另一个重要特点，能够根据文本指令生成具有丰富细节和情感的角色以及生动的场景。

我们会在第 5 章中构建一款整合文本、图像和语音处理的多模态 Agent。

1.4.4 多 Agent 系统

我们知道，Agent 一词通常指能够帮助用户完成任务或解决问题的实体。而在多 Agent 系统中，Agent 被定义为能够推理、行动、通信和适应以解决问题的实体。所谓的多 Agent 系统，指的是由多个具有不同能力（如语言模型、工具和目标）的 Agent 组成的群体，它们通过协作来解决复杂任务。每个 Agent 具有特定的能力，并能够适应任务或环境的变化。这些 Agent 共同协作，以应对需要多样化专业知识、广泛背景知识，并适应动态环境的复杂任务。

多 Agent 系统的定义比较抽象，我们通过一个具体的示例来对这一概念进行进一步讲解。假设你是一名开发者，任务是创建一个能够预订特定目的地航班的应用程序，并且要以最佳价格完成预订。然而存在一个限制，即所选目的地只能通过一个特定的航空公司预订，而该公司没有提供 API。相反，他们提供了两种主要的用户界面用于预订航班：一个网页界面和一个移动应用。

除了完成搜索最佳价格、预订航班并确保预订成功这一明确要求，系统还需要解决许多复杂问题。具体来说，成功的 Agent 必须能够导航最终用户界面。这听起来可能很简单，但实际上相当复杂，因为 Agent 需要理解界面内容（例如，通过处理 HTML 元素或页面截图中的像素），推导出要采取的行动（例如，点击按钮、填写表单），然后验证行动是否成功（例如，通过检查成功消息）。需要注意的是，每个行动都会改变界面的状态，进而影响接下来可以采取的行动。

Agent 必须反复采取行动，并能够适应界面的各种变化（例如，按钮位置的改变或表单字段的更新），并且能够在出现错误时进行恢复（例如，如果预订失败，Agent 必须能够重新尝试预订），直到任务完成。最后，Agent 必须能够与其他 Agent（例如处理支付的支付 Agent）以及人机交互界面（例如，如果 Agent 无法完成预订，可能需要向用户寻求帮助）进行有效沟通。

上述场景说明了一个任务的解决方案并非预先已知，而是必须通过一系列行动来动态发现，每个行动都会影响任务的状态。这是一个经典的复杂任务示例，需要通过多个 Agent 进行推理、行动、适应和沟通来解决。然而，当前基于 LLM 的应用程序无法解决此类任务，因此我们需要引入多 Agent 系统。

我们将在第 7 章和第 8 章中采用多种实现方案和工具框架来构建符合复杂业务场景需求的多 Agent 系统。

1.5 Agent 开发工具和框架

本节讨论当下具有代表性的一组 Agent 开发工具和框架，包括原生 LLM、LangChain、LangGraph、LlamaIndex、AutoGen 以及 CrewAI。

1.5.1 原生 LLM

在着手开发 AI Agent 应用时，你可以选择不依赖任何框架，而是完全基于 LLM 自主构建 Agent。我们以 OpenAI 的 LLM 为例，给出实现 Agent 的整体流程，如图 1-9 所示。

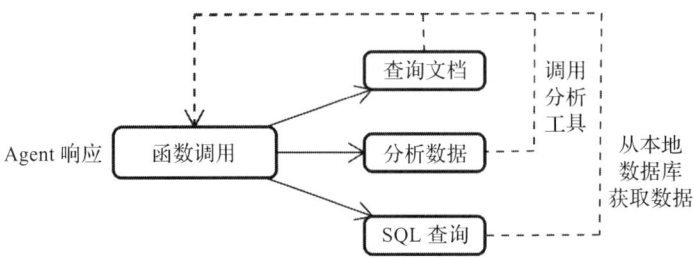

图 1-9 基于原生 LLM 构建 Agent 的流程示意

以下 Agent 完全由原生 LLM 构建而成，其核心是一个由 OpenAI 技术支持的工具调度器。该调度器通过函数调用机制决定激活哪项工具。工具执行完成后，控制权将重新交还给工具调度器，以便它能够继续调度其他工具或者直接向用户输出反馈。代码清单 1-11 展示了基于原生 LLM 构建 Agent 的一个示例。

代码清单 1-11 基于原生 LLM 构建 Agent 示例

```python
def router(messages):
    if not any(
        isinstance(message, dict) and message.get("role") == "system"
        for message in messages
    ):
        system_prompt = {"role": "system", "content": SYSTEM_PROMPT}
        messages.append(system_prompt)

    response = client.chat.completions.create(
        model="gpt-4o",
        messages=messages,
        tools=skill_map.get_combined_function_description_for_openai()
    )

    messages.append(response.choices[0].message)
    tool_calls = response.choices[0].message.tool_calls
    if tool_calls:
        handle_tool_calls(tool_calls, messages)
        return router(messages)
    else:
        return response.choices[0].message.content
```

在整个交互过程中，Agent 不断记录用户的提问和自身的回答，并在每次工具调用时，将这一系列对话完整地传递给工具调度器，以保证交互的连贯性和上下文的完整性。

第 2 章将详细介绍如何借助 OpenAI LLM 来实现 Agent。我们将在不引入其他第三方框架的前提下，完全基于 OpenAI LLM 的原生能力来实现 Agent。

1.5.2 LangChain 和 LangGraph

LangChain 是目前构建 LLM 应用的主流框架，也内置支持 Agent 的开发。同时，LangChain 家族中的另一款框架 LangGraph，则非常适合用于构建多 Agent 系统。

1. LangChain

基于 LangChain 官方网站的介绍，我们知道它是一款用于开发由 LLM 驱动的应用程序的开源框架。LangChain 框架的主要特点包括：

- 模块化构建：提供一套模块化的构建块和组件，便于集成到第三方服务中，帮助开发者快速构建应用程序。
- 生命周期支持：涵盖应用程序的整个生命周期，从开发、生产化到部署，确保每个阶段的顺利进行。
- 开源与集成：提供开源库和工具，支持多种第三方服务的集成。
- 生产化工具：提供 LangSmith 平台，用于监控 LLM 应用程序。
- 部署：提供 LangServe 平台，允许将 LangChain 链作为 REST API 进行部署，方便应用程序的访问和使用。

图 1-10 来自 LangChain 官网，展示了 LangChain 框架的整体架构。

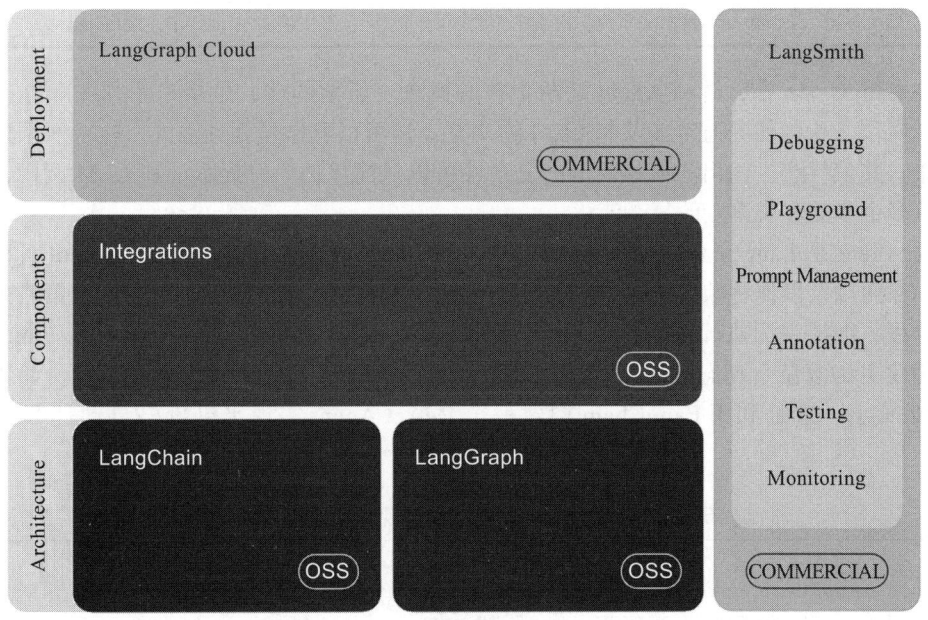

图 1-10　LangChain 框架的整体架构

具体来说，LangChain 框架由以下开源库组成：
- langchain-core：基础抽象和 LangChain 表达式（LangChain Expression Language，LCEL）。
- langchain-community：第三方集成合作伙伴库，例如 langchain-openai、langchain-anthropic 等。一些集成库已进一步拆分为独立的轻量级库，仅依赖于 langchain-core。
- langchain：组成应用程序基本架构的链、Agent 和检索策略。
- LangGraph：通过将步骤建模为图中的边和节点，构建强大且有状态的应用程序。LangGraph 与 LangChain 无缝集成，但也可以单独使用。
- LangServe：将 LangChain 链部署为 REST API。
- LangSmith：一个开发者平台，让开发人员可以调试、测试、评估和监控 LLM 应用程序。

对于开发人员而言，我们需要重点掌握 LangChain 所提供的一组开发组件，表 1-1 展示了这些组件及其输入/输出类型。

表 1-1 LangChain 开发组件列表

组件	输入类型	输出类型
提示词	字典	提示值
聊天模型	单个字符串、聊天消息列表或提示值	聊天消息
LLM	单个字符串、聊天消息列表或提示值	字符串
输出解析器	LLM 或聊天模型的输出	取决于解析器
检索器	单个字符串	文档列表
工具	单个字符串或字典，取决于工具	取决于工具

在 LangChain 中，链和 Agent 是两个核心概念。所谓的链，是指一系列按顺序执行的任务或操作，这些任务通常涉及与 LLM 的交互。链可以看作是处理输入、执行一系列决策和操作，并最终产生输出的流程。链的复杂性可以从简单的单一提示词和 LLM 调用，扩展到涉及多个步骤和决策点的复杂流程。

而 Agent 是 LangChain 中更为高级且自主的实体，负责管理和执行链。Agent 可以决定何时、如何以及以何种顺序执行链中的各个步骤。通常，Agent 基于一组规则或策略来模拟决策过程，能够观测执行结果并根据这些结果调整后续行动。Agent 的引入使得 LangChain 能够构建更为复杂且动态的应用程序，如自动化聊天机器人或个性化问答系统。如代码清单 1-12 所示，这是利用 LangChain 构建一个 ReAct Agent 实现水果价格自动计算的简单示例。

代码清单 1-12 ReAct Agent 实现水果价格自动计算

```
# 导入必要的库
from langchain_core.prompts import PromptTemplate
from langchain_openai import ChatOpenAI
```

```python
from langchain.agents import AgentExecutor, create_react_agent

# 定义工具函数
@tool
def calculate(expression: str) -> float:
    """执行数学计算"""
    return eval(expression)

@tool
def ask_fruit_unit_price(fruit: str) -> str:
    """查询水果的单价"""
    if fruit.lower() == "apple":
        return "Apple unit price is 10/kg"
    elif fruit.lower() == "banana":
        return "Banana unit price is 6/kg"
    else:
        return "{} unit price is 20/kg".format(fruit)

# 创建工具列表
tools = [calculate, ask_fruit_unit_price]

# 定义 ReAct Agent 的提示模板
prompt = PromptTemplate.from_template('''
...
''')

# 初始化模型和 Agent
model = ChatOpenAI(model="gpt-4o-mini")
agent = create_react_agent(model, tools=tools, prompt=prompt)
agent_executor = AgentExecutor(agent=agent, tools=tools, verbose=True)

# 执行 Agent
result = agent_executor.invoke({
    "input": "3 千克香蕉和 2 千克苹果需要多少钱?"
})
print(result)
```

基于 LangChain 构建的 ReAct Agent 通过显式的推理和工具调用，能够高效地解决复杂问题。这种模式不仅提高了 Agent 的可解释性，还使其能够灵活地利用外部工具来完成任务。LangChain 框架为我们提供了一组通用型 Agent 实现机制，我们会在第 3 章中进行详细介绍。

2. LangGraph

LangGraph 框架的创建目的是克服现有流程和链中的非循环性挑战，通过运用图（Graph）模型来解决这一难题。LangGraph 通过引入节点、边以及条件边的概念，简化了在 Agent 内部构建循环流程的步骤，使得图结构的遍历更加直观易懂。LangGraph 是建立在 LangChain 之上的，它沿用了 LangChain 的对象和类型系统。基于 LangGraph 实现 Agent 的示例代码如代码清单 1-13 所示。

代码清单 1-13　基于 LangGraph 实现 Agent

```
tools = [generate_and_run_sql_query, data_analyzer]
model = ChatOpenAI(model="gpt-4o", temperature=0).bind_tools(tools)

def create_agent_graph():
    workflow = StateGraph(MessagesState)
    tool_node = ToolNode(tools)

    workflow.add_node("agent", call_model)
    workflow.add_node("tools", tool_node)

    workflow.add_edge(START, "agent")
    workflow.add_conditional_edges(
        "agent",
        should_continue,  # 这里假设 should_continue 是一个函数或条件
    )
    workflow.add_edge("tools", "agent")

    checkpointer = MemorySaver()
    app = workflow.compile(checkpointer=checkpointer)
    return app
```

可以看到，这里描述的是一个状态图（StateGraph）结构。在这个图结构中，我们定义了一个用于启动 OpenAI 调用的节点，即"agent"，以及一个用于执行工具处理步骤的节点，即"tools"。LangGraph 提供了一个名为 ToolNode 的内置对象，该对象能够接收并调用一系列工具，根据 ChatMessage 的反馈激活这些工具，并在操作完成后返回到"agent"节点。每当"agent"节点被激活后，"should_continue"这条边将决定是将输出直接传送给用户，还是传递给 ToolNode 以进行工具调用。请注意，在每个节点内部，"state"对象负责存储与 OpenAI 之间的交互消息和响应历史，这一点与基于原生 LLM 的 Agent 在维持上下文方面有相似的做法。

除了应对简单的 Agent 开发场景，LangGraph 实际上也非常适合构建多 Agent 系统。我们会在第 8 章中演示如何利用 LangGraph 来实现这一目标。

1.5.3　LlamaIndex 和工作流

从定位上讲，LlamaIndex 和前面介绍的 LangChain 有所不同。LlamaIndex 可以说是一款专注于 RAG 领域的 LLM 开发框架。但和 LangChain 一样，LlamaIndex 也内置了一组 Agent 组件，而且它的工作流机制同样可以用来构建多 Agent 系统。

1. LlamaIndex

LlamaIndex 提供了基于 LLM 获取、构建和访问私有或特定领域数据的处理能力，并通过自然语言建立业务系统和数据源之间的桥梁。这里的数据源可以是企业的数据库、Excel 等结构化数据，也可以是来自搜索引擎、业务系统 API 等半结构化数据，而更多的是文本、邮件、PDF、PPT、视频、音频、图片等非结构化数据源。因此，从定位上讲，我们

也可以把 LlamaIndex 看作是一款数据开发框架，专门用来构建数据驱动的 LLM 应用程序。图 1-11 展示了 LlamaIndex 的基本工作流程。

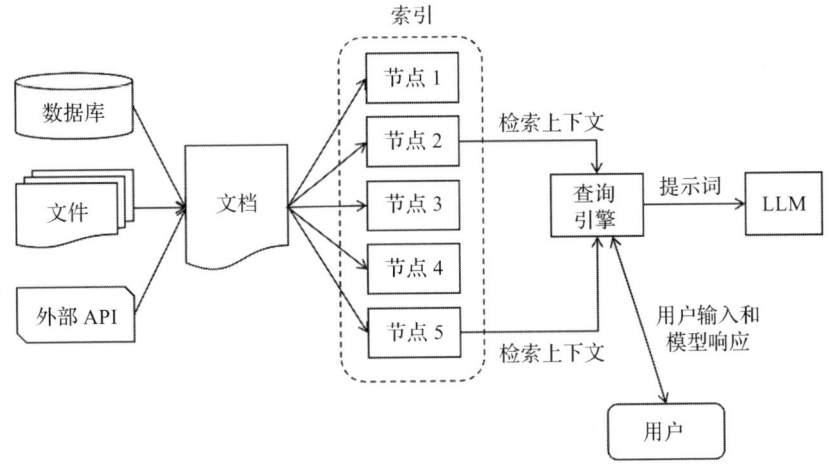

图 1-11　LlamaIndex 的基本工作流程

基于图 1-11，我们不难看出 LlamaIndex 的基本工作流程包含以下步骤：
① 加载数据作为文档。
② 将文档解析为连贯的节点。
③ 从节点构建优化的索引。
④ 在索引上运行查询引擎以检索相关节点。
⑤ 整合最终响应并返回。

这些步骤看起来与开发一个普通的数据应用程序并没有太大区别，但 LlamaIndex 的价值在于能够通过查询引擎和 LLM 进行交互。具体来说，LlamaIndex 接收检索器选定的节点并对节点进行处理，然后将它们格式化为面向 LLM 的提示词。该提示词包含查询以及来自节点的上下文。随后，这个提示词通过查询引擎提供给 LLM 以生成响应。查询引擎使用 LLM 对原始响应进行任何必要的处理后，返回最终的自然语言答案。

通过对 LlamaIndex 工作流程的梳理，我们可以从中提取一组用于构建 RAG 应用的技术组件，包括代表所提取的原始数据的文档（Document）、代表从文档中提取逻辑块的节点（Node）、基于应用场景组织节点的索引（Index）数据结构，以及执行具体检索过程的查询引擎（QueryEngine）。理解这些技术组件对于使用 LlamaIndex 至关重要。它们使你能够以结构化的方式将外部数据连接到 LLM。

和 LangChain 框架一样，LlamaIndex 也内置了一组非常实用的 Agent 工具类，包括 FunctionCallingAgent、ReActAgent 和 StructuredPlannerAgent 等。同样以 ReAct Agent 的构建为例，采用 LlamaIndex 实现如代码清单 1-12 所示的 Agent，具体过程如代码清单 1-14 所示。

代码清单 1-14　基于 LlamaIndex 实现 Agent 代码示例

```python
# 导入必要的库
from llama_index.agent import ReActAgent
from llama_index.tools import FunctionTool
from llama_index.llms import OpenAI

# 定义工具函数
def calculate(expression: str) -> float:
    """ 执行数学计算 """
    return eval(expression)

def ask_fruit_unit_price(fruit: str) -> str:
    """ 查询水果的单价 """
    if fruit.lower() == "apple":
        return "Apple unit price is 10/kg"
    elif fruit.lower() == "banana":
        return "Banana unit price is 6/kg"
    else:
        return "{} unit price is 20/kg".format(fruit)

# 将工具函数包装为 LlamaIndex 的 FunctionTool
calculate_tool = FunctionTool.from_defaults(
    fn=calculate,
    name="calculate",
    description=" 执行数学计算 "
)

fruit_price_tool = FunctionTool.from_defaults(
    fn=ask_fruit_unit_price,
    name="ask_fruit_unit_price",
    description=" 查询水果的单价 "
)

# 创建工具列表
tools = [calculate_tool, fruit_price_tool]

# 初始化 LLM 和 Agent
llm = OpenAI(model="gpt-4")   # 根据需要选择合适的模型
agent = ReActAgent.from_tools(tools, llm=llm, verbose=True)

# 执行 Agent
query = "3 千克香蕉和 2 千克苹果需要多少钱？"
response = agent.query(query)
print(response)
```

LlamaIndex 的 Agent 功能与 LangChain 中的类似。LlamaIndex 的 ReActAgent 类同样基于 ReAct 框架，能够自动分解问题并调用工具，适合处理复杂任务，同时还提供灵活的工具定义和丰富的上下文管理能力。

2. LlamaIndex 工作流

LlamaIndex Workflows 是 Agent 框架领域的新加入者。与 LangGraph 相似，其设计目

标是简化循环 Agent 的构建流程。此外，Workflows 特别突出了其异步操作的功能。

在 LlamaIndex 中，Workflow 类专门用来定义一个工作流，而工作流由步骤（Step）组成。每个步骤负责处理特定类型的事件并发出新事件。在组成结构上，可以将步骤看作是工作流中的一个节点。从代码实现上，把步骤可以被视为一个负责执行具体业务逻辑的特定方法，而工作流则是用于协调这些方法执行的事件驱动抽象。图 1-12 展示了 LlamaIndex 工作流的基本组成结构，包含 Workflow、Step 和 Event 这三个核心概念。

可以看到，每个步骤负责处理特定类型的事件，并可能生成新事件。步骤可以被定义为 Workflow 类本身的方法，也可以被定义为任何自由函数。要定义一个步骤，目标方法或函数必须使用 @step 注解进行装饰。@step 注解用于推断每个工作流的输入和输出类型以进行验证，并确保每个步骤仅在接收到指定的目标事件时才运行。

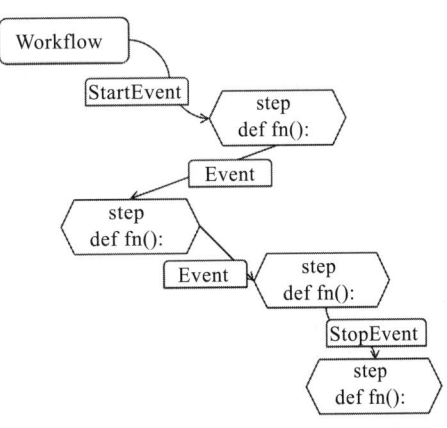

图 1-12　LlamaIndex 工作流的基本组成结构

LlamaIndex 工作流提供基本验证，以尽早捕捉潜在的运行时错误。LlamaIndex 工作流还自动提供了可视化机制，可以为开发人员生成工作流的执行效果图。

在工作流的设计中，某些概念似乎是为了直接与 LangGraph 竞争，尤其是它使用事件而不是边或条件边作为逻辑连接的手段。在工作流中，Agent 的逻辑被封装在步骤中（与 LangGraph 的节点相对应），而事件的触发和监听则负责在不同步骤之间传递信息。代码清单 1-15 展示了如何利用 LlamaIndex 工作流来构建 Agent。

代码清单 1-15　基于 LlamaIndex 工作流构建 Agent

```python
class AgentFlow(Workflow):
    def __init__(self, llm, timeout=300):
        super().__init__(timeout=timeout)
        self.llm = llm
        self.memory = ChatMemoryBuffer(token_limit=1000).from_defaults(llm=llm)
        self.tools = []

        for func in skill_map.get_function_list():
            self.tools.append(
                FunctionTool(
                    skill_map.get_function_callable_by_name(func),
                    metadata=ToolMetadata(
                        name=func, description=skill_map.get_function_description_
                            by_name(func)
                    )
                )
            )

    @step
    async def prepare_agent(self, ev: StartEvent) -> RouterInputEvent:
```

```
user_input = ev.input
user_msg = ChatMessage(role="user", content=user_input)
self.memory.put(user_msg)

chat_history = self.memory.get()
return RouterInputEvent(input=chat_history)
```

以上代码展示了 LlamaIndex 工作流的基本结构。与 LangGraph 类似，这里我们设定了状态信息，并将各种工具与 LLM 对象关联起来。此外，还定义了一个附加步骤"prepare_agent"。这个步骤负责将用户的输入转换为 ChatMessage 格式，并将其存入工作流的历史记忆中。将这一转换过程独立为一个单独的步骤，意味着 Agent 在执行工作流步骤时能够多次回到这个步骤，从而避免重复加载用户信息到记忆存储的必要性。在 LangGraph 的实现中，我们采用了位于图结构之外的 run_agent 方法来实现相同的目的，你可以对此进行简单的对比。

1.5.4　多 Agent 框架

想要开发多 Agent 系统，我们可以使用前面提到的 LangGraph 和 LlamaIndex 框架。而除了这两个框架之外，常见的多 Agent 系统开发框架还包括 AutoGen 和 CrewAI 等。在本节中，我们将对这些框架进行详细介绍，并最终给出框架之间的对比结果。

1. AutoGen

想要构建多 Agent 系统，微软推出的 AutoGen 框架为开发者提供了一个强大的工具，以实现高效的多 Agent 对话和复杂任务的自动化处理。AutoGen 框架致力于简化多 Agent 系统的开发过程，使开发者能够轻松构建出 Agent 之间能够相互协作、交流并共同解决问题的应用程序。在这个框架中，Agent 是具有特定功能和角色的实体，它们能够通过自然语言进行交流和协作，共同完成复杂的任务。简单来说，这就像组建了一个虚拟的团队，团队中的每个成员都有自己的专长，通过相互沟通和配合，实现诸如问题解答、任务执行、项目管理等各类目标。比如，在一个内容创作项目中，有的 Agent 负责收集资料，有的 Agent 负责撰写文案，还有的 Agent 负责审核和修改，它们通过对话协作，最终产出高质量的内容。

AutoGen 功能非常丰富，其核心功能特性包括多 Agent 对话、精简化工作流以及模块化设计。

（1）多 Agent 对话

AutoGen 允许开发者创建多个自主 Agent，这些 Agent 可以在一个对话环境中相互交流、协作，以完成复杂的任务。每个 Agent 都有其独特的角色和功能，它们通过发送和接收消息来进行互动。例如，在一个数据分析项目中，可以创建一个数据收集 Agent，负责从各种数据源获取数据；一个数据分析 Agent，负责对收集的数据进行分析和建模；以及一个报告生成 Agent，负责根据分析结果生成详细的报告。这三个 Agent 通过多轮对话，逐步推进项目，从数据获取到分析再到报告生成，最终完成整个数据分析任务。这种多 Agent 对话机制，极大地提高了任务处理的效率和灵活性，能够应对各种复杂的业务场景。

（2）精简化工作流

该框架简化了工作流的编排、自动化和优化过程。以往，开发者在使用LLM构建应用时，需要手动处理大量烦琐的流程，如模型调用、参数设置、对话管理等。而AutoGen通过提供一系列工具和接口，将这些复杂的操作封装并自动化处理。开发者只需关注业务逻辑和任务需求，通过简单的配置和代码编写，就可以实现高效的LLM应用开发。例如，在一个智能客服系统中，开发者可以利用AutoGen快速搭建对话流程，使客服Agent能够自动识别用户问题并调用合适的模型进行回答，无须手动编写复杂的对话管理逻辑。这不仅减少了开发时间和工作量，还提高了应用的稳定性和可维护性。

（3）模块化设计

AutoGen采用模块化的架构设计，使开发者可以轻松创建自定义Agent，并根据具体需求进行灵活组合。每个模块都具有独立的功能，如Agent模块负责与其他Agent进行对话和交互，模型模块负责提供LLM支持，工具模块负责调用外部工具等。这种模块化设计使框架具有很高的可扩展性和可定制性。开发者可以根据自己的业务需求，选择合适的模块进行组合，或者开发新的模块来满足特定的功能要求。例如，在一个电商智能推荐系统中，开发者可以基于AutoGen的模块化设计，创建一个商品推荐Agent，该Agent可以结合用户行为数据、商品信息等，利用语言模型进行分析和推理，最终为用户提供个性化的商品推荐。同时，开发者还可以根据实际情况，对Agent的功能进行扩展和优化，如增加实时数据更新功能、优化推荐算法等。

我们来看一个基于AutoGen框架开发的多Agent系统示例，如代码清单1-16所示。

代码清单1-16　基于AutoGen框架开发多Agent系统

```
import asyncio
from autogen_agentchat.agents import AssistantAgent
from autogen_agentchat.teams import RoundRobinGroupChat
from autogen_agentchat.conditions import TextMentionTermination
from autogen_agentchat.ui import Console
from autogen_ext.models.openai import OpenAIChatCompletionClient

async def main():
    model_client = OpenAIChatCompletionClient(model="gpt-4o-mini")
    writer = AssistantAgent(
        name="诗人",
        model_client=model_client,
        system_message="你是一位才华横溢的诗人，擅长创作各种主题的诗歌。"
    )
    critic = AssistantAgent(
        name="评论家",
        model_client=model_client,
        system_message="你是一位专业的文学评论家，对诗歌有独到的见解。当诗歌符合你的标准时，请回复'通过'。"
    )
    termination = TextMentionTermination("通过")
    team = RoundRobinGroupChat([writer, critic], termination_condition=termination)
```

```
    await Console(team.run_stream(task="写一个关于夏天的三行诗"))
asyncio.run(main())
```

上述创建了一个包含"writer"和"critic"两个 Agent 的 RoundRobinGroupChat 团队。writer 负责创作诗歌，critic 负责提供反馈，当 critic 的回复中包含"APPROVE"时，对话结束。

2. CrewAI

CrewAI 是一个多 Agent 协作框架，旨在通过模拟人类团队的工作方式，实现复杂任务的自动化处理。其核心思想是将多个 Agent 组织成一个团队，每个 Agent 扮演特定角色，通过协作完成任务。CrewAI 的设计灵感来源于人类团队的分工与合作，适用于自动化工作流、数据分析、内容生成等场景。

CrewAI 的核心功能特性包括：

- 多 Agent 协作：CrewAI 允许多个 Agent 协同工作，每个 Agent 可以承担不同的角色（如分析师、作家、工程师等）。Agent 之间可以通过对话、任务分配和信息共享实现高效协作。
- 角色定义与任务分配：用户可以为每个 Agent 定义明确的角色和目标，例如"数据分析师"负责处理数据，"内容创作者"负责生成报告。任务可以按优先级分配，确保团队高效运作。
- 自动化工作流：CrewAI 支持创建复杂的工作流，Agent 可以自动执行任务并传递结果给下一个 Agent。适用于需要多步骤处理的任务，如数据收集、分析、报告生成等。
- 灵活的任务管理：支持动态调整任务优先级和分配。用户可以实时监控任务进度，并根据需要干预或调整。

我们同样来感受一下基于 CrewAI 框架开发的多 Agent 系统示例，如代码清单 1-17 所示。

代码清单 1-17　基于 CrewAI 框架开发多 Agent 系统代码示例

```
from crewai import Agent, Task, Crew, Process
from crewai_tools import SerperDevTool
from crewai_tools import BaseTool

# 创建搜索引擎工具
search_tool = SerperDevTool()

# 创建高级研究员 Agent
researcher = Agent(
    role='高级研究员',
    goal='发现 AI 领域的突破性技术',
    backstory="被好奇心驱使，你在创新的前沿。",
    tools=[search_tool],
    allow_delegation=True
```

```python
)

# 创建作家 Agent
writer = Agent(
    role='作家',
    goal='撰写引人入胜的科技文章',
    backstory="你擅长讲故事,简化复杂主题。",
    tools=[search_tool],
    allow_delegation=False
)

# 定义研究任务
research_task = Task(
    description="识别 AI 领域的下一个大趋势。",
    expected_output='关于最新 AI 趋势的全面报告。',
    agent=researcher,
)

# 定义写作任务
write_task = Task(
    description="撰写一篇关于 AI 进展的文章。",
    expected_output='一篇关于 AI 趋势的高质量文章。',
    agent=writer,
)

# 组建团队并定义顺序流程
crew = Crew(
    agents=[researcher, writer],
    tasks=[research_task, write_task],
    process=Process.sequential,
    verbose=True
)

# 启动团队执行任务
result = crew.kickoff(inputs={'topic': '医疗中的AI'})
print(result)

# 访问 Crew 的输出
print(f"原始输出: {crew.output.raw}")
if crew.output.json_dict:
    print(f"JSON 输出: {crew.output.json_dict}")
print(f"任务输出: {crew.output.tasks_output}")
print(f"Token 使用情况: {crew.output.token_usage}")
```

运行上述代码后,CrewAI 框架将按照定义的流程执行任务。Researcher Agent 将负责研究任务,识别 AI 领域的下一个大趋势;Writer Agent 将根据研究结果撰写一篇关于 AI 进展的文章。最终输出将包含任务的执行结果以及相关统计信息。

3. 多 Agent 框架对比

为了更好地选择合适的多 Agent 系统开发框架,我们需要进行技术选型。表 1-2 展示了 LangGraph、LlamaIndex、CrewAI 和 AutoGen 这四个框架的对比。

表 1-2 主流多 Agent 系统开发框架对比

对比维度	LangGraph	LlamaIndex	CrewAI	AutoGen
核心定位	基于图结构构建有状态多 Agent 工作流	聚焦文档索引与检索增强型应用	模拟真实团队协作,支持动态流程设计	灵活的多模型协作平台,用户和助手两类 Agent
工作流控制	支持复杂工作流,包括循环、分支、并行	通过事件驱动的 step 连接工作流	支持动态任务分配和协作	主要基于用户-助手对话模式
可控性	提供细粒度的流程和状态控制	可控性相对较低,主要依赖事件传递	通过角色和任务定义实现一定程度的控制	控制能力较弱,依赖 LLM 自主决策
持久性	内置持久性功能,支持全局状态控制和记忆	未明确提及持久性功能	未明确提及持久性功能	未明确提及持久性功能
人机协同	支持人工干预,可暂停图执行进行人工批准或编辑	未明确提及人机协同功能	支持 Agent 在任务执行期间请求人工输入	支持人机交互,但方式较为简单
应用场景	适合复杂、有状态的多 Agent 应用,如代码生成与自我纠正、Web 自动化导航	适合文档检索与问答场景	适合模拟真实团队协作,如多角色任务分配和问题解决	适合简单的用户-助手对话任务,如问答、文档处理

通过表 1-2 中的对比,我们明确针对构建多 Agent 而言,LangGraph 具备较强的灵活性和定制化功能,具体表现在:

- 复杂工作流支持:LangGraph 基于图结构,支持循环、分支、并行等多种复杂工作流控制,能够处理需要重复步骤或反馈循环的复杂任务,如代码生成与自我纠正、Web 自动化导航。相比之下,LlamaIndex 主要通过事件驱动的步骤连接工作流,CrewAI 和 AutoGen 在复杂工作流控制方面相对较弱。
- 高度可控性:LangGraph 提供了对应用程序流程和状态的精细控制,开发人员可以根据自己的特定需求定制工作流程的每个方面。而 LlamaIndex 的可控性相对较低,CrewAI 和 AutoGen 的控制能力也较弱。
- 持久性功能:LangGraph 内置了持久性功能,能够在图的每一步之后自动保存状态,支持在任何点暂停和恢复图的执行,这对于实现长期任务的一致性和连续性非常关键。而 LlamaIndex、CrewAI 和 AutoGen 均未明确提及持久性功能。
- 强大的图结构优势:LangGraph 的图结构在表达复杂关系和动态流程方面具有天然的优势,能够更好地支持多 Agent 系统的开发。例如,它可以通过图形化展示帮助理解任务间的依赖关系,简化复杂工作流程设计。相比之下,LlamaIndex 更侧重于文档索引与检索,CrewAI 和 AutoGen 则缺乏类似的图结构支持。

基于以上考虑,本书第 8 章,也就是最后一章,将基于 LangGraph 框架实现一个复杂且综合的多 Agent 系统。

1.6 本章小结

本章系统地介绍了 AI Agent 的开发模式,涵盖了 Agent 的基本概念、核心价值、应用场景、与 LLM 的集成技术，以及 Agent 的关键技术和开发框架。我们首先定义了 Agent 的概念，强调其自主性、适应性、主动性和社会性，并分析了 Agent 在不同领域的应用类型和融合方式。随后，我们探讨了 LLM 技术体系，包括聊天模型、聊天记忆、文本嵌入、向量数据库等核心技术，并讨论了如何通过提示工程优化 Agent 的交互能力。

接着，本章深入分析了 Agent 的关键技术，包括规划、记忆、工具和行动。我们讨论了任务分解、自我反思、记忆类型、记忆来源、工具调用和执行模块的作用，并介绍了 Agent 的实现类型，包括通用型 Agent、知识型 Agent 和多模态 Agent 的设计与架构。此外，我们还对比了多种 Agent 开发框架，包括 LangChain、LangGraph、LlamaIndex、AutoGen 和 CrewAI，分析了它们的优缺点和适用场景。

通过本章的学习，读者可以全面了解 AI Agent 的开发模式，掌握 Agent 与 LLM 的集成方法，以及如何选择合适的框架来构建 Agent 系统。

CHAPTER 2

第 2 章

LLM 和 Agent

想要构建 Agent，开发人员首先需要掌握 LLM 技术。本章将带领读者深入探索 LLM 和 Agent 的强大能力，看它们如何通过协同工作实现复杂任务的自动化和智能化。我们将从 OpenAI 的 LLM 技术入手，探讨如何通过参数配置和 API 集成，将这些强大的模型融入实际应用中。随后，我们将逐步讨论如何基于 LLM 构建 Agent，展示如何利用 Agent 实现目标驱动的任务执行，并通过工具组件实现 Agent 与外部系统之间的对接，从而完成复杂任务。此外，我们还将引入 OpenAI 的 Swarm 框架，揭示如何高效编排和管理多 Agent 系统，从而展现一个完整的智能系统构建路径。

2.1 集成 OpenAI LLM

OpenAI 平台提供了目前应用最为广泛的 LLM。在本节中，我们将介绍 OpenAI LLM 的构建和集成过程，并重点对其函数调用机制进行详细介绍。函数调用是使用 OpenAI LLM 构建 Agent 的核心技术。

2.1.1 引入 OpenAI LLM

为了使用 OpenAI LLM，我们首先需要掌握该模型的参数配置和功能特性。

1. OpenAI 模型的参数配置

任何一个 LLM 都具备一定的参数，开发人员使用 LLM 的第一项工作就是设置这些参数。根据所选择的模型，可以设置的参数大致分为两类，即模型的连接参数和模型的输出参数。其中，模型的连接参数通常用于控制访问 URL、授权密钥（API Key）、超时、重试、日志记录等，而模型的输出参数则是那些在生成内容（如文本、图像）过程中决定质量或特性的相关参数。

我们先来看与模型连接相关的参数，常见的包括：
- model_name：模型名称，例如 OpenAI 的 GPT-3.5-turbo、GPT-4o 等。
- api_key：授权密钥，需要你自己在 OpenAI 平台开通账户并申请。
- request_timeout：模型调用的超时时间。

在开发过程中，与模型输出相关的比较常用的几个参数如下：
- temperature：使用的采样温度（介于 0 和 2 之间）。较高的值（例如 0.8）会使输出更随机，而较低的值（例如 0.2）则会使其更加集中和确定。
- top_p：这个参数定义了一个概率质量的累积分布（介于 0 和 1 之间），模型在生成文本时只考虑累积概率在这个范围内的词汇。例如，如果将 top_p 设置为 0.9，那么模型只会从累积概率最高的 90% 的词汇中选择下一个词。top_p 参数通常与 temperature 参数一起使用，以影响模型生成文本的方式。
- max_tokens：在聊天过程中可以生成的最大令牌数量。输入的令牌和生成的令牌的总长度受模型上下文长度的限制。
- frequency_penalty：在 −2.0 和 2.0 之间的数字。如果该值为正，则会根据某些词汇在已有文本中出现的频率对其进行惩罚，使出现次数越多的词，生成概率越低，从而降低模型直接重复生成内容的可能性。
- presence_penalty：同样是在 −2.0 和 2.0 之间的数字。该参数根据生成文本中某些词汇是否出现过来调整其生成概率。当设置 presence_penalty 为正值时，模型倾向于降低已经出现过的词汇的生成概率，从而降低文本中词汇的重复性。

很多参数会有默认值，例如 temperature 的默认值是 1，而 frequency-penalty 的默认值是 0。通常，你可以在各个模型的官方网站上找到所有参数及其含义。例如，OpenAI API 的参数可以在 https://platform.openai.com/docs/api-reference/chat 上找到。我们可以使用如代码清单 2-1 所示的参数设置方式来初始化一个 OpenAI 模型。

代码清单 2-1　OpenAI 模型初始化的简单示例

```
(
    model="gpt-4o",
    max_tokens=100
)
```

这里我们指定 OpenAI 模型的名称为"gpt-4o"并设置它的最大令牌数量。代码清单 2-2 所示的是一个更复杂的 OpenAI 模型参数设置的方式。

代码清单 2-2　OpenAI 模型初始化的复杂示例

```
(
    model="gpt-3.5-turbo",
    max_tokens=100,
    temperature=0.7,
    top_p=1.0,
    frequency_penalty=0.0,
    presence_penalty=0.0,
```

```
    stop=["\n"]
)
```

这里我们设置了 temperature 参数为 0.7，确保模型的输出具有一定的随机性，而 frequency_penalty、presence_penalty 和 top_p 则都使用模型的默认值。

2. OpenAI 模型的功能特性

我们知道 OpenAI 平台开放了 API 供开发人员对接。OpenAI 平台提供的 API 功能非常丰富，主要包括：

- ❑ 文本生成：使用 OpenAI 模型可以生成连贯的文本内容，适用于内容创作、扩展、对话等场景。
- ❑ 聊天模型：通过 ChatCompletion API，可以实现多轮对话或单轮对话任务，使模型根据提供的消息列表生成回复。
- ❑ 图像生成：使用 DALL-E 模型，可以根据给定的自然语言提示生成和编辑图像。
- ❑ 音频转文本：Whisper 模型可以将音频转换为文本，适用于音频处理和转录任务。
- ❑ 文本嵌入：Embeddings 模型可以将文本转换为数字形式，用于语义搜索和分类等任务。
- ❑ 内容审核：Moderation 模型可以检测文本是否包含敏感或不安全的内容，适用于内容审核和过滤。
- ❑ 模型微调：OpenAI 平台还提供微调 API，允许用户针对特定用例对基础模型进行定制和优化。

在本章中，我们尝试使用 OpenAI 模型来构建一个 Agent，因此重点讨论的是聊天模型功能。在接下来的内容中，我们将分析如何集成 OpenAI 平台提供的 ChatCompletion API。

2.1.2 集成 OpenAI API

对于 LLM 应用开发而言，需要使用系统集成的技术手段完成应用与 OpenAI 平台之间的交互。通常，开发人员可以借助 OpenAI 平台提供的一系列 API 来实现这一目标。

1. 使用 openai 工具库

基于 OpenAI 平台所开放的 API 定义，原则上开发人员可以使用任何开发语言和技术完成接口的调用及集成。OpenAI 平台提供的接口都是 REST API。但事实上我们不需要重复"造轮子"，因为针对目前主流的开发语言，平台官方都提供了对应的 OpenAI API 集成工具包，例如 Python 版本的 openai 库和 Java 版本的 openai4j 库。在本书中，我们选择 Python 语言和相关技术来构建 Agent，因此我们使用的是 openai 库。

openai 库是 OpenAI 官方提供的 Python 开发库，用于让开发人员方便地访问 OpenAI REST API。这个库支持 Python 3.7 及以上版本，并包含了所有请求参数和响应字段的类型定义。它是基于 HTTP 构建的，同时提供同步和异步调用客户端。我们可以通过"pip install openai"命令来安装此库。openai 开发库提供了一系列功能，几乎能实现 2.1.1 节提到的 OpenAI 模型的所有特性。openai 开发库支持流式响应和异步请求，有助于提高应用程序的响应和执行效率。

想要使用 openai 开发库，第一步就是设置 OpenAI 平台的授权密钥（API Key），实现方式如代码清单 2-3 所示。

代码清单 2-3　加载 OpenAI 平台的授权密钥

```
import os
import openai

# 从环境变量或密钥管理服务中加载 API Key
openai.api_key = os.getenv("OPENAI_API_KEY")
```

可以看到，我们在这里通过系统的环境变量中获取 OpenAI 平台的 API Key，这是日常开发过程中常见的一种做法。

2. 构建聊天消息

想要正确使用聊天语言模型，我们还需要对聊天消息的类型有充分的认识。在使用 LLM 时，我们通常会使用以下 3 种类型的聊天消息：

- 用户消息（HumanMessage）：顾名思义，用户消息是一种来自用户的消息。请注意，这里的用户可以是应用程序的最终用户（人类），也可以是应用程序本身。根据 LLM 支持的开发模式，HumanMessage 既可以仅包含文本，也可以包含文本和图像。
- AI 消息（AIMessage）：AI 消息指的就是 AI 生成的消息，通常是对用户消息的响应。
- 系统消息（SystemMessage）：这是来自系统的消息。通常情况下，开发人员应该定义这条消息的内容。你可以在系统消息中编写有关 LLM 在此对话中的角色、应该执行什么样的行为、以何种风格回答等指示。

这些消息类型可以根据不同的需求和上下文进行组合使用。例如，在构建一个聊天机器人时，可能会交替使用 HumanMessage 和 AIMessage 来模拟对话。SystemMessage 可能用于在对话开始时设置上下文或在对话中改变模型的行为。而 LLM 被训练得比其他类型的消息更加关注 SystemMessage。因此需要谨慎，最好不要让最终用户自由定义或注入输入到 SystemMessage 中。SystemMessage 是一种相对复杂的消息类型，通常位于对话的开始部分。

请注意，上述聊天消息类型是一种抽象表示，而不同的 LLM 工具自身可能采用了不同的命名方式来定义聊天消息，但这些聊天消息背后的设计思想和方法是类似的。在 LangChain 和 LlamaIndex 等主流的 LLM 开发框架中也使用了类似的抽象方法来管理聊天消息。

在了解了通用的聊天消息类型之后，回到 OpenAI LLM，看看如何基于 LLM 来创建聊天消息。基于 OpenAI 平台，我们可以使用 ChatCompletion API 来构建对话系统。而对话系统的主要功能就是聊天，模型的输入是一个包含对话的消息列表，模型的输出则为一个消息回复。每条消息可以包含如下 3 个组成部分：

- role（string，必填）：发送此消息的角色，必须是 user、system 或 assistant 之一。你可以将 user 和 system 角色所发送的消息分别看作用户消息和系统消息，而 assistant

是 OpenAI LLM 内置的一种角色，用于设置模型的先前响应，以保持对话的连贯性。
- content（string，必填）：消息的内容。
- name（string，选填）：消息的发送者，可以包含 a～z、A～Z、0～9 和下划线，最大长度为 64 个字符。

可以看到，在基于 ChatCompletion API 构建聊天消息时，我们需要使用"角色"这个概念来区分消息类型。如代码清单 2-4 所示，该示例代码展示的就是基于"user"这个角色发送的消息，也就是一种用户消息。

代码清单 2-4　user 角色的消息

```
message=[
    {"role": "user", "content": "2024 年奥运会是在哪里举行的？"},
)
```

当然，你也可以创建同时包含 user 和 system 角色的聊天消息，这样 OpenAI LLM 就会基于系统消息的内容来回复你的用户消息，如代码清单 2-5 所示。

代码清单 2-5　包含 system 和 user 角色的消息列表

```
messages=[
    {"role": "system", "content": "你是一个体育知识专家。"},
    {"role": "user", "content": "2024 年奥运会是在哪里举行的？"},
]
```

此外，你也可以通过简单的字符串处理技术来创建动态的聊天消息，实现方式如代码清单 2-6 所示。

代码清单 2-6　动态聊天消息的创建方式

```
prompt = f"以下内容是哪种语言: {text}？"
messages.append(
    {"role": "user", "content": prompt},
)
```

上述创建提示词的做法非常简单，但不够灵活。我们将在后面内容中引入其他方法来解决这个问题。不过现在，你只需要明确，聊天消息实际上就是一组包含角色和内容的文本数组而已。

3. 创建聊天对话

一旦我们准备好聊天消息，下一步就可以创建聊天对话了。开发人员可以通过 openai 库的 chat.completions.create 方法创建一个对话系统，如代码清单 2-7 所示。

代码清单 2-7　chat.completions.create 方法调用

```
messages=[
    {"role": "system", "content": "你是一个体育知识专家。"},
    {"role": "user", "content": "2024 年奥运会是在哪里举行的？"}
]
```

```python
response = openai.chat.completions.create(
    model="gpt-4o",
    messages=messages,
    max_tokens=100,
    temperature=0.7,
    top_p=1.0,
    frequency_penalty=0.0,
    presence_penalty=0.0,
    stop=["\n"]
)
```

这里我们对 OpenAI 模型的各种参数进行了设置，并通过 messages 变量传入了一组聊天消息。通过这种实现方法，我们完成了业务系统与 OpenAI 模型之间的远程交互。本质上，上述代码的执行结果与我们直接发起如代码清单 2-8 所示的 HTTP 请求的结果是一致的。

代码清单 2-8　OpenAI HTTP 请求示例

```
curl -s https://api.openai.com/v1/chat/completions \
    -H "Content-Type: application/json" \
    -H "Authorization: Bearer YOUR-API-KEY" \
    -d '{
        "model": "gpt-3.5-turbo",
        "messages": [
            {"role": "system", "content": "你是一个体育知识专家。"},
            {"role": "user", "content": "2024年奥运会是在哪里举行的？"}
        ],
        ...
}'
```

注意到在 openai.chat.completions.create 方法的调用结果中，返回的是一个 ChatCompletion 对象，我们来看看这个对象包含哪些内容，如代码清单 2-9 所示。

代码清单 2-9　ChatCompletion 对象的组成结构

```
{
    "id": "chatcmpl-AQnRNdMzJ56Qqmk72iybb3vWQwdwD",
    "choices": [
        {
            "finish_reason": "stop",
            "index": 0,
            "logprobs": null,
            "message": {
                "content": "2024年夏季奥运会将在法国的巴黎举行。",
                "refusal": null,
                "role": "assistant",
                "function_call": null,
                "tool_calls": null
            }
        }
    ],
```

```
        "created": 1730949941,
        "model": "gpt-3.5-turbo-0125",
        "object": "chat.completion",
        "service_tier": null,
        "system_fingerprint": null,
        "usage": {
            "completion_tokens": 24,
            "prompt_tokens": 40,
            "total_tokens": 64,
            "completion_tokens_details": {
                "reasoning_tokens": 0,
                "audio_tokens": 0,
                "accepted_prediction_tokens": 0,
                "rejected_prediction_tokens": 0
            },
            "prompt_tokens_details": {
                "cached_tokens": 0,
                "audio_tokens": 0
            }
        }
    }
```

可以看到，OpenAI LLM 的响应对象中包含了本次请求的基本信息，如 ID、所采用的模型以及 API 类型，同时包含了回复的信息以及令牌的使用情况。其中，OpenAI LLM 的回复在 choices 的 messages 列表中，我们可以使用 response["choices"][0]["message"]["content"] 提取这一信息。

另外，我们也可以通过 openai 库实现流式（Streaming）对话。如果你使用过 ChatGPT，那么就应该体验过它的流式生成技术。LLM 会以一次生成一个令牌（token-by-token）的方式生成响应结果，因此许多 LLM 提供商采用了一种逐令牌的流式传输响应的方式，而不是等待整个文本生成完毕再响应。流式机制显著提高了用户体验，因为用户无须等待未知长度的时间，几乎可以立即开始获取响应结果。借助 openai 库，实现流式对话也非常简单，我们只需要设置一个 stream 参数即可，如代码清单 2-10 所示。

代码清单 2-10　chat.completions.create 流式调用示例

```
response = openai.chat.completions.create(
    model="gpt-3.5-turbo",
    messages=[
        {"role": "system", "content": "你是一个体育知识专家。"},
        {"role": "user", "content": "2024 年奥运会是在哪里举行的？"}
    ],
    stream=True
)

for chunk in response:
    if chunk.choices[0].delta.content is not None:
        print(chunk.choices[0].delta.content, end="")
```

基于以上设置，聊天模型将流式地发送部分消息增量，与使用 ChatGPT 的体验一样。令牌将作为数据服务器推送事件被发送。流式调用的执行效果如代码清单 2-11 所示。

代码清单 2-11　流式调用执行效果示例

2024 年夏季奥运会将在法国的巴黎举行，这将是巴黎第三次举办夏季奥运会，之前两次分别是在 1900 年和 1924 年。

请注意，上述结果并不会直接整体出现在控制台中，而是以一定的速率按令牌逐个展示，展示的速度取决于客户端接收和处理数据流的能力。在 OpenAI 的流式机制中，LLM 的推理和令牌的生成是在服务器端连续进行的，与客户端如何消费流没有直接关联。一旦收到带有 stream=True 的请求，位于服务器端的模型就会开始推理过程。模型在生成每个新令牌之后，会立即通过流式连接发送给客户端。这个过程是连续且自动的，不依赖客户端的消费速度。通常在服务器和客户端之间会存在某种形式的网络缓冲区（Buffer）。这个缓冲区位于传输层，负责暂时存储从服务器发送的数据块，直到客户端消费完毕为止。

2.1.3　理解函数调用

OpenAI 为什么要引入函数调用？本质上，这是为了解决 LLM 与外部工具之间的连接问题。函数调用对于构建 Agent 至关重要。可以说，Agent 就是 LLM 和函数调用的整合体。

1. 函数调用的基本概念

当你提出问题时，LLM 会用自然语言向你回复。这是生成式 AI 的优点之一，即 AI 能够使用自然语言与用户交流。然而，对于试图将 AI 模型的响应与其他应用程序连接起来的开发人员来说，这可能是一场噩梦。因为开发人员通常必须使用正则表达式或提示工程将输出转换成所需的格式，然后才能将其传递到其他应用程序中。为了解决这个问题，OpenAI 引入了一个新概念——函数调用（Function Calling）。通过函数调用，我们可以提供一个用户定义的 JSON 字符串，其中包含希望从 LLM 得到的响应结构，以及希望向 LLM 提出的问题。这样，开发人员收到的响应将遵循预先定义的结构，从而实现统一的结构化处理。

为了进一步了解函数调用，接下来通过一个具体的例子来解释其概念。假设你使用 ChatCompletion 方法向 OpenAI LLM 提出一个问题，那么方法调用的过程应该如代码清单 2-12 所示。

代码清单 2-12　ChatCompletion 调用示例

```python
from openai import OpenAI
import json

client = OpenAI()

prompt = '''
浙江省的人口、省会及城市，以 JSON 格式返回
'''

response = client.chat.completions.create(
    model = "gpt-4o",
```

```
    messages = [{"role": "user", "content": prompt}],
    max_tokens = 1024,
    temperature = 0)

json.loads(response.choices[0].message.content)
```

上述代码片段调用了 OpenAI LLM，要求它提供浙江省的人口、省会和城市的信息，并且要求模型将结果以 JSON 对象的形式返回，执行结果如代码清单 2-13 所示。

代码清单 2-13　ChatCompletion 调用结果

```
{
    "population": 66700000,
    "capital": "杭州市",
    "cities": 11
}
```

现在对提示词稍作调整，这次请求江苏省的相关信息。调整后的提示词如代码清单 2-14 所示。

代码清单 2-14　调整后的提示词

```
prompt = '''
江苏省的人口、省会及城市，以 JSON 格式返回
'''
```

此时返回的是如代码清单 2-15 所示的结果。

代码清单 2-15　调整提示词后的 ChatCompletion 调用结果

```
{
    "population": "8475 万",
    "capital": "南京市",
    "cities": [
        "南京市", "无锡市", ..., "宿迁市"
    ]
}
```

显然，两次返回的结果有着明显的不同。首先，人口数据的格式不同：第一次查询以整数形式返回人口（66700000），而第二次查询以字符串形式返回人口（"8475 万"）。其次，第一次响应以数字（一个省的城市总数）的形式返回 cities 的结果，而第二次响应则以数组的形式返回具体的城市名称。这种响应结果的不一致性给开发人员带来了很多麻烦，因为他们可能需要使用这些结果，并将其传递给其他函数或 API。

既然我们已经明确了问题所在，那么就可以探索解决方案了。对此，需要讨论函数调用中"函数"这个概念。我们定义一个具体的函数，并将其设置为如代码清单 2-16 所示的内容。

代码清单 2-16　函数定义示例

```
country_functions = [
    {
```

```
            'name': 'get_province_details',
            'description': 'Get the details of a province',
            'parameters': {
                'type': 'object',
                'properties': {
                    'Population': {
                        'type': 'integer',
                        'description': 'Population of the province'
                    },
                    'Capital': {
                        'type': 'string',
                        'description': 'Capital of the province'
                    },
                    'Cities': {
                        'type': 'string',
                        'description': 'States of the province'
                    },
                }
            }
        }
    ]
```

这里我们定义了一个名为 get_province_details 的函数。开发人员可以为这个函数起任何想要的名字,并为该函数提供说明。同时,我们定义了一组参数,将其视为该函数的参数,具体来说包括 3 个参数,即 Population(人口)、Capital(首都)和 Cities(城市)。我们使用 type 关键字定义了参数的类型,并使用 description 关键字描述了参数的用途。请注意我们定义的数据类型:描述人口的参数类型为整数,描述省会和城市的参数类型均为字符串。总的来说,上述 JSON 对象描述了 OpenAI LLM 返回给我们的内容。我们希望返回的结果符合这样的特定格式,以便使用 get_province_details(Population, Capital, Cities) 的形式调用自定义的函数。

定义好 JSON 格式后,我们就可以使用 functions 参数,将其传递给 OpenAI LLM 的 completions.create 方法,如代码清单 2-17 所示。

代码清单 2-17　通过 functions 参数调用函数

```
response = client.chat.completions.create(
    model = "gpt-4o",
    messages = [{"role": "user", "content": prompt}],
    functions = province_functions,
    function_call = "auto",
    max_tokens = 1024,
    temperature = 0)

print(response.choices[0].message.function_call.name)
print(json.loads(response.choices[0].message.function_call.arguments))
```

如果我们使用上述代码对获取"浙江省"的相关信息,那么输出结果如代码清单 2-18 所示。

代码清单 2-18　函数调用的执行结果

```
get_province_details
{
    "population": "6670 万",
    "capital": "杭州市",
    "cities": [
        "杭州市", "宁波市", ..., "丽水市"
    ]
}
```

有了这些结果，我们就可以用刚刚获得的值调用任何需要调用的函数。请注意，这里出现了另一个名为 function_call 的参数，它被设置为 "auto"。这是为了让 OpenAI LLM 自己决定使用哪个函数。这个参数在多函数调用的过程中会被用到，我们在后续内容中会看到它的使用场景。

2. 使用 tools 参数

前面对 OpenAI 传统的函数调用机制进行了介绍。目前，代码清单 2-17 中展示的 functions 参数已经被 OpenAI 平台废弃，官方推荐使用 tools 参数来指定工具。使用 tools 参数可以实现与传统函数调用机制同样的功能，示例代码如代码清单 2-19 所示。

代码清单 2-19　通过 tools 参数调用函数

```
province_tools = [
    {
        'name': 'get_province_details',
        'description': 'Get the details of a province',
        'parameters': {
            'type': 'object',
            'properties': {
                'Population': {
                    'type': 'integer',
                    'description': 'Population of the province'
                },
                'Capital': {
                    'type': 'string',
                    'description': 'Capital of the province'
                },
                'Cities': {
                    'type': 'string',
                    'description': 'Cities of the province'
                },
            }
        }
    }
]
response = client.chat.completions.create(
    model = "gpt-4o",
    messages = [{"role": "user", "content": prompt}],
    tools = my_tools,
    tool_choice = "auto",
```

```
    max_tokens = 1024,
    temperature = 0)

prompt = '''...'''

print(response.choices[0].message.tool_calls[0].function.name)
print(json.loads(response.choices[0].message.tool_calls[0].function.arguments))
```

上述代码的执行结果与代码清单 2-18 完全一致。注意这里我们为 province_tools 指定了它的 type 为 "function"，即函数调用。这也是目前 OpenAI 平台所支持的唯一一种工具类型。

3. 多函数调用

OpenAI 函数调用的真正威力体现在多函数调用的过程中。我们继续用例子来解释。假设你定义了如代码清单 2-20 所示的两个自定义函数。

代码清单 2-20　两个自定义函数的定义

```
country_tools = [
    {
        "type": "function",
        "function": {
            "type": "object",
            "name": "get_country_details",
            "description": "Get the details of a country",
            "parameters": {
                ...
            }
        }
    },
    {
        "type": "function",
        "function": {
            "type": "object",
            "name": "get_latlng",
            "description": "Get the Latitude and Longitude of a country",
            "parameters": {
                "type": "object",
                "properties": {
                    "Latitude": {
                        "type": "string",
                        "description": "Latitude"
                    },
                    "Longitude": {
                        "type": "string",
                        "description": "Longitude"
                    }
                }
            }
        }
    }
]
```

可以看到，新函数名为 get_latlng，它有 Longitude 和 Latitude 两个参数，用来获取一个国家的经度和纬度。我们把这两个参数传入 OpenAI LLM 的 completions.create 方法。这时，你可以使用如代码清单 2-21 所示的提示词来获取一个国家的经度和纬度信息。

代码清单 2-21   获取国家经度和纬度信息的提示词

```
country = 'USA'
prompt = f'Get the Latitude and Longitude of {country}.'
```

上述提示词的响应结果如代码清单 2-22 所示。

代码清单 2-22   经度和纬度提示词的响应结果

```
get_latlng
{'Latitude': '37.0902', 'Longitude': '-95.7129'}
```

有趣的是，OpenAI LLM 现在知道你在询问一个国家的经纬度，因此会返回 get_latlng1 函数名和相关参数。这主要是因为 tool_choice 参数被设置为"auto"。在 OpenAI 的 Chat Completions API 中，tool_choice 参数用于控制模型是否调用工具。当设置为"auto"时，模型会根据当前的上下文和用户问题自动决定是否调用工具，这也是 OpenAI API 的默认值。而如果将 tool_choice 参数设置为"required"，则 OpenAI LLM 会强制调用一个或多个工具。我们也可以将这个参数设置为"none"，那么此时就会禁用工具调用，模型仅生成文本响应。

4. 并行函数调用

并行函数调用是指 LLM 同时执行多个函数调用的能力，这些函数的调用过程和结果会被并行解析。如果函数调用需要花费较长时间，并行调用就非常有用了。例如，LLM 可能需要调用函数以同时获取 3 个不同地点的天气信息，这样在 tool_calls 参数中需要包含 3 个函数调用，并返回一个消息结果。

针对并行函数调用，我们同样举一个例子。我们先定义一个用来获取不同城市天气的函数，如代码清单 2-23 所示。

代码清单 2-23   定义获取城市天气的函数

```python
def get_current_weather(location, unit="fahrenheit"):
    """返回指定地区的实时天气"""
    if "北京" in location.lower():
        return json.dumps({"location": "北京", "temperature": "12", "unit": unit})
    elif "上海" in location.lower():
        return json.dumps({"location": "上海", "temperature": "21", "unit": unit})
    elif "杭州" in location.lower():
        return json.dumps({"location": "杭州", "temperature": "12", "unit": unit})
    else:
        return json.dumps({"location": location, "temperature": "未知"})
```

注意，这个例子采用硬编码的方式模拟函数调用的结果，返回相同数据格式的天气。

在实际生产中，我们需要集成后台 API 或第三方天气查询服务。

然后，我们通过如下代码将"北京、上海、杭州 3 地的天气现在是什么样的？"这一提示词发送给 LLM，并触发函数调用，如代码清单 2-24 所示。

代码清单 2-24　触发获取城市天气函数的调用

```python
messages = [{"role": "user", "content": "北京、上海、杭州3地的天气现在是什么样的？"}]
tools = [
    {
        "type": "function",
        "function": {
            "name": "get_current_weather",
            "description": "返回指定地区的温度",
            "parameters": {
                "type": "object",
                "properties": {
                    "location": {
                        "type": "string",
                        "description": "location",
                    },
                    "unit": {"type": "string", "enum": ["celsius", "华氏温度"]},
                },
                "required": ["location"],
            },
        },
    }
]
response = client.chat.completions.create(
    model="gpt-4o",
    messages=messages,
    tools=tools,
    tool_choice="auto",
)
response_message = response.choices[0].message
print(response_message)
```

执行完上述代码，我们可以从响应结果中获取如代码清单 2-25 所示的信息。

代码清单 2-25　获取城市天气函数的调用结果

```
{
    "content": null,
    "refusal": null,
    "role": "assistant",
    "audio": null,
    "function_call": null,
    "tool_calls": [
        {
            "id": "call_3Q91LDv3rB186IgLUKX6JoYu",
            "function": {
                "arguments": "{\"location\": \"北京\"}",
                "name": "get_current_weather"
            },
```

```
            "type": "function"
        },
        {
            "id": "call_2WvuzwIq2SaoQ4WoStv7hpOY",
            "function": {
                "arguments": "{\"location\": \" 上海 \"}",
                "name": "get_current_weather"
            },
            "type": "function"
        },
        {
            "id": "call_6TbSv6cMxaWX7C7TFSYAWecM",
            "function": {
                "arguments": "{\"location\": \" 杭州 \"}",
                "name": "get_current_weather"
            },
            "type": "function"
        }
    ]
}
```

显然，这里我们获取了一个 tool_calls 列表，代表该次请求所需触发的函数调用。注意到 tool_calls 列表中的每一个 tool_call 都包含了一个唯一 ID、函数的名称和参数以及工具的类型。基于这些函数调用信息，我们就可以构建一组消息内容，并把它们整合在一起发送给 LLM，实现方式如代码清单 2-26 所示。

代码清单 2-26　通过 tool_calls 列表执行工具调用

```
tool_calls = response_message.tool_calls
# 检查模型是否需要调用一个函数
if tool_calls:
    # 调用函数
    available_functions = {
        "get_current_weather": get_current_weather,
    }

    messages.append(response_message)                    # 将回复加入消息中

    # 将每一个函数调用及其相应的响应发送给模型
    for tool_call in tool_calls:
        function_name = tool_call.function.name          # 返回函数调用名
        function_to_call = available_functions[function_name] # 具体函数
        function_args = json.loads(tool_call.function.arguments) # 将函数所用的参数解
                                                              # 析为 JSON 格式
        function_response = function_to_call(            # 调用函数并传指定参数
            location=function_args.get("location"),
            unit=function_args.get("unit"),
        )
        """
        函数调用返回结果加入新的会话
        "tool_call_id": tool_call.id, -> 函数返回的 ID
        "role": "tool", -> role 类型为 tool
```

```
        "name": function_name, -> 动态解析的函数调用名
        "content": function_response, -> 内容为函数调用的返回结果
        """
        messages.append(
            {
                "tool_call_id": tool_call.id,
                "role": "tool",
                "name": function_name,
                "content": function_response,
            }
        )
    print(messages)
```

在上述代码中,我们根据 tool_calls 参数中的函数调用信息,对 get_current_weather 这个函数循环执行调用并获取结果,最后把函数调用的请求和结果构建成一组聊天消息,执行结果如代码清单 2-27 所示。

代码清单 2-27　基于函数调用的请求和结果构建聊天消息

```
[
    {
        "role": "user",
        "content": "北京、上海、杭州 3 地的天气现在是什么样的?"
    },
    {
        "role": "assistant",
        "content": null,
        "refusal": null,
        "audio": null,
        "function_call": null,
        "tool_calls": [
            {
                "id": "call_jPOWG75VzE8h0UOvKENcXqUN",
                "function": {
                    "name": "get_current_weather",
                    "arguments": "{\"location\": \"北京市\"}"
                },
                "type": "function"
            },
            {
                "id": "call_KmJfQ6MWNZMNEBT9s46Inxlb",
                "function": {
                    "name": "get_current_weather",
                    "arguments": "{\"location\": \"上海市\"}"
                },
                "type": "function"
            },
            {
                "id": "call_XVa95r7oqbLqUgYAQrzuFtmP",
                "function": {
                    "name": "get_current_weather",
                    "arguments": "{\"location\": \"杭州市\"}"
```

```
                },
                "type": "function"
            }
        ]
    },
    {
        "tool_call_id": "call_jPOWG75VzE8h0UOvKENcXqUN",
        "role": "tool",
        "name": "get_current_weather",
        "content": "{\"location\": \"\\u5317\\u4eac\", \"temperature\":
            \"16\", \"unit\": null}"
    },
    {
        "tool_call_id": "call_KmJfQ6MWNZMNEBT9s46Inxlb",
        "role": "tool",
        "name": "get_current_weather",
        "content": "{\"location\": \"\\u4e0a\\u6d77\", \"temperature\":
            \"21\", \"unit\": null}"
    },
    {
        "tool_call_id": "call_XVa95r7oqbLqUgYAQrzuFtmP",
        "role": "tool",
        "name": "get_current_weather",
        "content": "{\"location\": \"\\u676d\\u5dde\", \"temperature\":
            \"22\", \"unit\": null}"
    }
]
```

可以看到，上述聊天消息由两部分组成，其中第一部分来自原始请求，而第二部分则是 3 条 tool_call 信息，包含 tool_call 的 ID、函数名称以及函数调用的结果。现在把这组聊天消息再次发给 OpenAI LLM，如代码清单 2-28 所示。

代码清单 2-28　通过聊天消息再次调用 LLM

```
# 模型理解函数返回的响应结果后，返回一个新的响应结果
final_response = client.chat.completions.create(
    model="gpt-4o",
    messages=messages,
)

print(final_response)
```

最终的响应结果如代码清单 2-29 所示。

代码清单 2-29　基于聊天消息获取最终响应结果

```
{
    "id": "chatcmpl-At1uBj32ZYsiqwMk37kYJpd0bJOmU",
    "choices": [
        {
            "finish_reason": "stop",
            "index": 0,
            "logprobs": null,
            "message": {
```

```
              "content": " 北京现在的温度是 16℃，上海现在的温度是 21℃，杭州现在的温度
                  是 22℃。",
              "refusal": null,
              "role": "assistant",
              "audio": null,
              "function_call": null,
              "tool_calls": null
          }
      }
  ],
  "created": 1737678727,
  "model": "gpt-3.5-turbo-0125",
  "object": "chat.completion",
  "service_tier": "default",
  "system_fingerprint": null,
  "usage": {
      "completion_tokens": 37,
      "prompt_tokens": 174,
      "total_tokens": 211,
      "completion_tokens_details": {
          "accepted_prediction_tokens": 0,
          "audio_tokens": 0,
          "reasoning_tokens": 0,
          "rejected_prediction_tokens": 0
      },
      "prompt_tokens_details": {
          "audio_tokens": 0,
          "cached_tokens": 0
      }
  }
}
```

可以看到，这里我们获取了针对 3 个城市的天气信息，以及一组包含 Token 消耗数量的 LLM 调用元数据。在底层，函数调用信息被注入系统消息中。这意味着函数长度也需要遵循模型的上下文限制，并作为输入的 Token 进行计数。如果遇到上下文限制，那么建议减少函数数量或缩短函数参数长度。

2.2 基于 OpenAI LLM 从零构建并执行 Agent

本质上，所谓的 Agent 无非是一个能够调用工具 / 函数并循环运行以实现目标的 LLM，它的基本组成结构如图 2-1 所示。

可以看到，用户可以为 Agent 指派一个目标。Agent 的组成结构包括 LLM，而该 LLM 能够调用一系列工具。LLM 接收目标，并在需要时使用任何工具以实现该目标。正如前面所介绍的，对于 OpenAI LLM 而言，目前唯一可用的工具就是函数调用。在本节中，我们将基于函数调用功能从零开始构建一个 Agent。

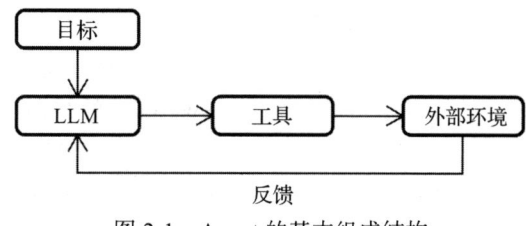

图 2-1　Agent 的基本组成结构

2.2.1 构建 Agent

在本节中,我们基于图 2-1 来创建 Agent 并完成函数调用过程。

1. 定义 Agent

我们先来创建一个代表 Agent 的 Python 类,如代码清单 2-30 所示。

代码清单 2-30　Agent 的 Python 类定义

```python
class Agent(BaseModel):
    name: str = "Agent"
    model: str = "gpt-4o"
    instructions: Union[str, Callable[[], str]] = "You are a helpful agent."
    functions: List[AgentFunction] = []
    tool_choice: str = None
    parallel_tool_calls: bool = True
```

可以看到,在这个 Agent 类中,它可以接收一个指令(变量名为 instructions)、一个 LLM(变量名为 model)以及一系列工具(变量名为 functions)。同时,我们也分别指定了 tool_choice 和 parallel_tool_calls 参数,分别用于指定函数调用的模式以及是否允许并行函数调用的标志位。

接下来,定义一组工具类,分别指定函数调用的相关数据结构以及 Agent 执行的结果,如代码清单 2-31 所示。

代码清单 2-31　指定数据结构和结果的工具类定义

```python
class Response(BaseModel):
    messages: List = []
    agent: Optional[Agent] = None       # Agent 实例对象

class Function(BaseModel):
    arguments: str
    name: str

class ChatCompletionMessageToolCall(BaseModel):
    id: str                              # 工具调用的 ID
    function: Function                   # 模型调用的函数
    type: Literal["function"]            # 工具的类型,目前仅支持 function,即函数调用
```

可以看到,这里定义了代表函数的 Function 类、代表工具调用的 ChatCompletionMessageToolCall 类以及与消息结果相关的响应类。

2. 执行函数调用

现在有了 Agent 的定义,接下来定义一个 Swarm 类,该类包含 OpenAI LLM 调用工具,实现既定目标的逻辑。Swarm 类的结构如代码清单 2-32 所示。

代码清单 2-32　Swarm 类的结构

```python
class Swarm:
    def __init__():
```

```
        # 实现了LLM与工具调用协同工作的逻辑

    def get_chat_completion():
        # 实现了Completion的执行逻辑

    def handle_tool_calls():
        # 实现了工具调用的逻辑

    def handle_function_result():
        # 处理工具的输出

    def run():
        # 运行整个逻辑流程：目标→LLM→工具→输出→环境反馈
```

基于以上代码结构，我们可以充分利用OpenAI的函数调用机制来构建完整的Swarm类，如代码清单2-33所示。

代码清单2-33　基于函数调用机制构建Swarm类

```
class Swarm:
    def __init__(
        self,
        client=None,
    ):
        if not client:
            client = OpenAI()
        self.client = client

    def get_chat_completion(
        self,
        agent: Agent,
        history: List,
        model_override: str
    ):
        messages = [{"role": "system", "content": agent.instructions}] + history

        # 将Agent中的函数定义通过JSON转换为Tool定义所需的数据格式
        tools = [function_to_json(f) for f in agent.functions]

        create_params = {
            "model": model_override or agent.model,
            "messages": messages,
            "tools": tools or None,
            "tool_choice": agent.tool_choice,
        }

        if tools:
            create_params["parallel_tool_calls"] = agent.parallel_tool_calls

        return self.client.chat.completions.create(**create_params)

    def handle_tool_calls(
        self,
```

```python
        tool_calls: List[ChatCompletionMessageToolCall],
        functions: List[AgentFunction]
    ) -> Response:
        function_map = {f.__name__: f for f in functions}
        partial_response = Response(messages=[], agent=None)
        for tool_call in tool_calls:
            name = tool_call.function.name
            if name not in function_map:
                partial_response.messages.append(
                    {
                        "role": "tool",
                        "tool_call_id": tool_call.id,
                        "tool_name": name,
                        "content": f"Error: Tool {name} not found.",
                    }
                )
                continue

            args = json.loads(tool_call.function.arguments)
            raw_result = function_map[name](**args)
            print(f'Called function {name} with args: {args} and obtained result:
                {raw_result}')
            print('#################################################')
            result: Result = self.handle_function_result(raw_result)
            partial_response.messages.append(
                {
                    "role": "tool",
                    "tool_call_id": tool_call.id,
                    "tool_name": name,
                    "content": result.value,
                }
            )
            if result.agent:
                partial_response.agent = result.agent

        return partial_response

    def run(
        self,
        agent: Agent,
        messages: List,
        model_override: str = None,
        max_turns: int = float("inf"),
        execute_tools: bool = True,
    ) -> Response:
        active_agent = agent
        history = copy.deepcopy(messages)
        init_len = len(messages)

        print('#################################################')
        print(f'history: {history}')
        print('#################################################')
        while len(history) - init_len < max_turns and active_agent:
```

```python
        completion = self.get_chat_completion(
            agent=active_agent,
            history=history,
            model_override=model_override
        )
        message = completion.choices[0].message
        message.sender = active_agent.name
        print(f'Active agent: {active_agent.name}')
        print(f"message: {message}")
        print('###############################################')

        # 添加聊天历史信息
        history.append(json.loads(message.model_dump_json()))

        if not message.tool_calls or not execute_tools:
            print(' 没有可用的 Tool')
            print('###############################################')
            break

        partial_response = self.handle_tool_calls(message.tool_calls, active_
            agent.functions)
        history.extend(partial_response.messages)

        if partial_response.agent:
            active_agent = partial_response.agent
            message.sender = active_agent.name
    return Response(
        messages=history[init_len:],
        agent=active_agent,
    )
```

上述代码虽然有点长,但理解起来并不复杂。其核心技术点在于基于用户与 LLM 之间的聊天消息构建满足函数调用条件的 tool_call 信息,充分利用了 2.1 节介绍的函数调用的实现过程和技巧。我们重点来看一下如代码清单 2-34 所示的一个 while 循环。

代码清单 2-34　控制聊天过程的 while 代码循环

```
while len(history) - init_len < max_turns and active_agent:
```

注意到这里的 active_agent 便是主导对话的 Agent 变量。这个循环会持续执行,直到达到最大回合数(max_turns)或者 active_agent 变为 None。它的主要步骤如下:

① 获取 Completion 结果。
② 将新消息添加到历史记录中。
③ 检查是否有工具调用。
④ 如果有工具调用,则进行处理,可能需要切换 Agent。
⑤ 更新上下文变量。

当循环结束后,会返回一个 Response 对象,该对象包含整个对话的历史、最后活跃的 Agent 和上下文变量。

请注意，这里我们需要将在 Agent 中定义的函数方法转换为 JSON 格式的 tool_call 消息。为此，我们可以专门实现一个 function_to_json 的工具方法，如代码清单 2-35 所示。

代码清单 2-35　function_to_json 工具方法

```python
def function_to_json(func) -> dict:
    type_map = {
        str: "string",
        int: "integer",
        float: "number",
        bool: "boolean",
        list: "array",
        dict: "object",
        type(None): "null",
    }

    try:
        signature = inspect.signature(func)
    except ValueError as e:
        raise ValueError(
            f"Failed to get signature for function {func.__name__}: {str(e)}"
        )

    parameters = {}
    for param in signature.parameters.values():
        try:
            param_type = type_map.get(param.annotation, "string")
        except KeyError as e:
            raise KeyError(
                f"Unknown type annotation {param.annotation} for parameter {param.name}: {str(e)}"
            )
        parameters[param.name] = {"type": param_type}

    required = [
        param.name
        for param in signature.parameters.values()
        if param.default == inspect._empty
    ]

    return {
        "type": "function",
        "function": {
            "name": func.__name__,
            "description": func.__doc__ or "",
            "parameters": {
                "type": "object",
                "properties": parameters,
                "required": required,
            },
        },
    }
```

显然，想要获取 Agent 类中所定义的函数方法并将其转换为 JSON 对象，我们需要使用反射技术。这里引入了 inspect 库来实现这一目标。inspect 是 Python 的一个标准库，用于获取对象的详细信息，例如模块、类、方法和函数等。它提供了丰富的功能，适用于调试、动态分析和反射处理。function_to_json 方法的执行效果如代码清单 2-36 所示。

代码清单 2-36　function_to_json 方法的执行效果

```
# 输入：函数定义
def add_two_numbers(a: int, b: int) -> int:
    # 将两个数字相加
    return a + b

# 输出：JSON 格式的 tool_call 信息
{
    'type': 'function',
    'function': {
        'name': 'add_two_numbers',
        'description': 'Adds two numbers together',
        'parameters': {
            'type': 'object',
            'properties': {
                'a': {'type': 'integer'},
                'b': {'type': 'integer'}
            },
            'required': ['a', 'b']
        }
    }
}
```

现在，我们已经成功构建了 Agent 对象及其使用方法。接下来对这个 Agent 进行测试。

2.2.2　执行 Agent

在本节中，我们会基于两种场景来测试已构建的 Agent，分别是单个 Agent 场景以及多个 Agent 场景。

1. 单个 Agent 场景

针对单个 Agent 场景，我们希望实现一个简单的天气助手 Agent，它的目标是为用户获取天气信息。我们开发了一个 get_weather 工具，如代码清单 2-37 所示。简单起见，这里我们通过硬编码的方式返回指定城市的气温值。

代码清单 2-37　get_weather 工具定义

```
def get_weather(location, time="now"):
    """模拟获取给定地点的当前天气。地点必须是一个城市。"""
    return json.dumps({"location": location, "temperature": "65", "time": time})
```

接下来,我们基于 get_weather 工具定义 Agent,并通过 Swarm 执行这个 Agent,如代码清单 2-38 所示。

代码清单 2-38　定义并执行 Agent

```
weather_agent = Agent(
    name="Weather Agent",
    instructions="你是一个提供天气信息的有用助手。",
    functions=[get_weather],
)

client = Swarm()
print("Weather Agent: 问我今天的天气如何? ")

messages = []
agent = weather_agent

while True:
    user_input = input("\033[90mUser\033[0m: ")
    messages.append({"role": "user", "content": user_input})

    response = client.run(agent=agent, messages=messages)
    pretty_print_messages(response.messages)

    messages.extend(response.messages)
    agent = response.agent
```

上述代码的执行结果如代码清单 2-39 所示,其中"user"部分为用户的输入,"history"部分为历史聊天消息的列表。

代码清单 2-39　Agent 执行结果

```
Weather Agent: 问我今天的天气如何?
User: 杭州
##########################################
history: [{'role': 'user', 'content': '杭州'}]
##########################################
Active agent: Weather Agent
message: ChatCompletionMessage(content=None, refusal=None, role='assistant',
    audio=None, function_call=None, tool_calls=[ChatCompletionMessageToolCall(id=
    'call_5XdE3VWEPT0x5vws9hDgSpaf', function=Function(arguments='{"location":"
    杭州"}', name='get_weather'), type='function')], sender='Weather Agent')
##########################################
Called function get_weather with args: {'location': '杭州'} and obtained result:
    {"location": "\u676d\u5dde", "temperature": "65", "time": "now"}
##########################################
Active agent: Weather Agent
message: ChatCompletionMessage(content='当前杭州的气温是 65 华氏度。还有什么需要帮助的
    吗? ', refusal=None, role='assistant', audio=None, function_call=None, tool_
    calls=None, sender='Weather Agent')
##########################################
No tool calls hence breaking
```

```
##############################################
Weather Agent: get_weather("location"= "\u676d\u5dde")
Weather Agent: 当前杭州的气温是 65 华氏度。还有什么需要帮助的吗?
```

上述日志信息详细展示了 Agent 的执行过程。不难看出,我们成功调用了 get_weather 工具,并获取了工具的执行结果。

现在再实现一个用于发送邮件的函数,并把它也添加到 Agent 的 functions 列表中,如代码清单 2-40 所示。

代码清单 2-40　添加发送邮件的函数到 functions 列表中

```python
def send_email(recipient, subject, body):
    return f"Sent! email to {recipient} with the subject: {subject} and body: {body}"

weather_agent = Agent(
    name="Weather Agent",
    instructions="你是一个提供天气信息的有用助手。",
    functions=[get_weather, send_email],
)
```

注意在 weather_agent 的 functions 列表中,我们同时添加了 get_weather 和 send_email 这两个函数,意味着这个 Agent 同时具备了查询天气以及发送邮件的能力。现在,先从 Agent 获取天气信息,再把这个天气信息通过邮件的形式发送出去,交互过程如代码清单 2-41 所示。

代码清单 2-41　天气信息获取和发送邮件效果

```
Weather Agent: 问我今天的天气如何?
User: 杭州
##############################################
Active agent: Weather Agent
message: ChatCompletionMessage(content=None, refusal=None, role='assistant',
    audio=None, function_call=None, tool_calls=[ChatCompletionMessageToolCall(id=
    'call_vukmH2UIcUrWsHMlRtyKOCQZ', function=Function(arguments='{"location":"杭
    州"}', name='get_weather'), type='function')], sender='Weather Agent')
##############################################
Called function get_weather with args: {'location': '杭州'} and obtained
    result: {"location": "\u676d\u5dde", "temperature": "65", "time": "now"}
##############################################
Active agent: Weather Agent
message: ChatCompletionMessage(content='The current temperature in Hangzhou is
    65° F.', refusal=None, role='assistant', audio=None, function_call=None,
    tool_calls=None, sender='Weather Agent')
##############################################
Weather Agent: get_weather("location"= "\u676d\u5dde")
Weather Agent: The current temperature in Hangzhou is 65° F.
User: 发邮件
##############################################
Active agent: Weather Agent
message: ChatCompletionMessage(content=' 请提供收件人的电子邮件地址、主题和邮件正文的
```

详细信息，以便我能帮您发送邮件。', refusal=None, role='assistant', audio=None, function_call=None, tool_calls=None, sender='Weather Agent')
##
Weather Agent: 请提供收件人的电子邮件地址、主题和邮件正文的详细信息，以便我能帮您发送邮件。
User: test@126.com
##
Active agent: Weather Agent
message: ChatCompletionMessage(content=' 请提供邮件的主题和正文内容。', refusal=None, role='assistant', audio=None, function_call=None, tool_calls=None, sender='Weather Agent')
##
Weather Agent: 请提供邮件的主题和正文内容。
User: 杭州天气
##
Active agent: Weather Agent
message: ChatCompletionMessage(content=None, refusal=None, role='assistant', audio=None, function_call=None, tool_calls=[ChatCompletionMessageToolCall(id='call_LK24N1WAxGfElWdp2YIwBcI5', function=Function(arguments='{"recipient":"test@126.com","subject":"杭州天气","body":"当前杭州的温度是 65°F。"}', name='send_email'), type='function')], sender='Weather Agent')
##
Called function send_email with args: {'recipient': 'test@126.com', 'subject': ' 杭州天气', 'body': ' 当前杭州的温度是 65°F。'} and obtained result: Sent! email to test@126.com with the subject: 杭州天气 and body: 当前杭州的温度是 65°F。
##
Active agent: Weather Agent
message: ChatCompletionMessage(content=' 邮件已发送到 test@126.com，主题是" 杭州天气"，内容是" 当前杭州的温度是 65°F。', refusal=None, role='assistant', audio=None, function_call=None, tool_calls=None, sender='Weather Agent')
##
Weather Agent: send_email("recipient"= "test@126.com", "subject"= "\u676d\u5dde\u5929\u6c14", "body"= "\u5f53\u524d\u676d\u5dde\u7684\u6e29\u5ea6\u662f 65\u00b0F\u3002")
Weather Agent: 邮件已发送到 test@126.com，主题是" 杭州天气"，内容是" 当前杭州的温度是 65°F。

可以看到，这里我们先对"杭州"这个城市的天气情况进行了查询，然后通过指定邮件的收件地址和主题内容成功发送了邮件。请注意，上述日志中省略了每次交互过程所产生的聊天消息列表，我们也可以将这些聊天消息进行裁剪，选择比较重要的部分打印出来供大家参考，如代码清单 2-42 所示。

代码清单 2-42 裁剪后的聊天消息列表

```
{
    "history": [
        {
            "role": "user",
            "content": " 杭州 "
        },
        {
            "role": "assistant",
            "function_call": null,
```

```
            "tool_calls": [
                {
                    "id": "call_vukmH2UIcUrWsHMlRtyKOCQZ",
                    "function": {
                        "arguments": "{\"location\":\" 杭州 \"}",
                        "name": "get_weather"
                    },
                    "type": "function"
                }
            ],
            "sender": "Weather Agent"
        },
        {
            "role": "tool",
            "tool_call_id": "call_vukmH2UIcUrWsHMlRtyKOCQZ",
            "tool_name": "get_weather",
            "content": "{\"location\": \"\\u676d\\u5dde\", \"temperature\":
                \"65\", \"time\": \"now\"}"
        },
        {
            "content": "The current temperature in Hangzhou is 65° F.",
            "role": "assistant",
            "function_call": null,
            "tool_calls": null,
            "sender": "Weather Agent"
        },
        {
            "role": "user",
            "content": " 发邮件 "
        },
        {
            "content": " 请提供收件人的电子邮件地址、主题和邮件正文的详细信息，以便我能帮
                您发送邮件。",
            "role": "assistant",
            "function_call": null,
            "tool_calls": null,
            "sender": "Weather Agent"
        },
        {
            "role": "user",
            "content": "test@126.com"
        },
        {
            "content": " 请提供邮件的主题和正文内容。",
            "role": "assistant",
            "function_call": null,
            "tool_calls": null,
            "sender": "Weather Agent"
        },
        {
            "role": "user",
            "content": " 杭州天气 "
        }
    ]
}
```

我们在这里花费了较多的篇幅展示 Agent 与 OpenAI LLM 之间的交互过程。理解这些交互过程对于掌握函数调用机制非常有用，也是我们理解 LangChain、LlamaIndex 等主流开发框架工作原理的基础。

2. 多个 Agent 场景

现在，考虑一个更复杂的场景。在这个场景中，我们需要构建多个 Agent 来完成一个在线客服类的聊天机器人，整体架构如图 2-2 所示。

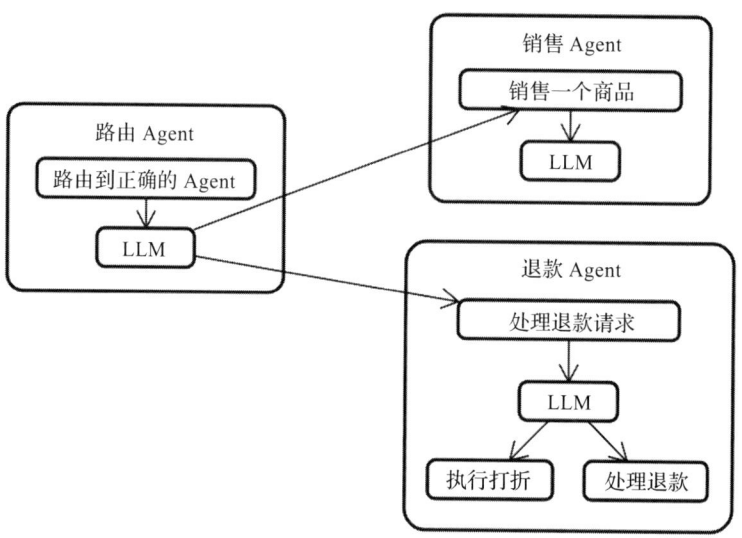

图 2-2　在线客服类的聊天机器人中的 Agent 架构

在图 2-2 中，我们设计了 3 个 Agent，分别是：
- 路由 Agent：充当请求路由功能的 Agent。
- 销售 Agent：执行销售服务的 Agent。
- 退款 Agent：执行退款服务的 Agent。

通过这 3 个 Agent 之间的相互协作，我们可以构建一个相对复杂的 Agent 系统。其中，路由 Agent 的作用非常重要，它能够根据用户的不同请求，确定哪个 Agent 最适合处理用户的请求，并将对话转接给目标 Agent。这 3 个 Agent 的定义如代码清单 2-43 所示。

代码清单 2-43　3 个 Agent 的定义

```
router_agent = Agent(
    name=" 路由 Agent",
    instructions="""确定哪个 Agent 最适合处理用户的请求，并将对话转接给该 Agent。
    - 关于购买、定价、折扣和产品咨询。 -> Sales Agent
    - 关于退款、退货和投诉。 -> Refunds Agent
    切勿直接处理请求——务必转接给相应的 Agent。""",
)
sales_agent = Agent(
    name=" 销售 Agent",
```

```
        instructions=" 对销售手机表现出极度的热情。",
)
refunds_agent = Agent(
        name=" 退款 Agent",
        instructions=" 帮助用户处理退款事宜。如果原因是商品价格过高，可以为用户提供一个退款码。
                      如果用户坚持要求退款，那么就为其办理退款手续。",
        functions=[process_refund, apply_discount],
)
```

注意到对于 refunds_agent 而言，我们定义了两个函数 process_refund 和 apply_discount，分别用于处理退款请求和应用折扣。这两个函数的定义如代码清单 2-44 所示，这里均采用了模拟实现。

代码清单 2-44　process_refund 和 apply_discount 函数

```
def process_refund(item_id, reason="NOT SPECIFIED"):
    """退还一件商品。确保你有商品 ID，其形式为 item_...。在处理退款之前，需要向用户确认"""
    print(f"[mock] 因为 {reason} 对 {item_id} 进行退款...")
    return "退款成功！"

def apply_discount():
    """为用户的购物车应用折扣。"""
    print("[mock] 应用打折...")
    return " 应用 11% 的打折 "
```

为了能够在多个 Agent 之间进行相互转换，我们还需要为每个 Agent 提供用于转换的函数，实现方式如代码清单 2-45 所示。

代码清单 2-45　Agent 转换函数

```
def transfer_back_to_router():
    """如果用户询问的话题超出了当前 Agent 的处理范围，请调用此函数。"""
    return router_agent

def transfer_to_sales():
    return sales_agent

def transfer_to_refunds():
    return refunds_agent

router_agent.functions = [transfer_to_sales, transfer_to_refunds]
sales_agent.functions.append(transfer_back_to_router)
refunds_agent.functions.append(transfer_back_to_router)
```

现在，我们已经成功构建了 3 个 Agent，是时候把它们整合在一起，我们可以实现如代码清单 2-46 所示的方式来构建系统的交互循环。

代码清单 2-46　多 Agent 的交互循环

```
client = Swarm()
messages = []
```

```
agent = router_agent

while True:
    user_input = input("User: ")
    messages.append({"role": "user", "content": user_input})

    response = client.run(agent=agent, messages=messages)

    for message in response.messages:
        if message["role"] == "assistant" and message.get("content"):
            print(f"{message['sender']}: {message['content']}")
        elif message["role"] == "tool":
            tool_name = message.get("tool_name", "")
            if tool_name in ["process_refund", "apply_discount"]:
                print(f"System: {message['content']}")

    messages.extend(response.messages)
    agent = response.agent
```

上述代码展示了不同消息的处理过程。如果消息的角色是"assistant"并且有内容,表示这是 Agent 的回复,那么就显示发送者和内容。而如果消息的角色是"tool",并且工具名称是"process_refund"或"apply_discount",则显示这条系统消息。启动上述代码后,我们模拟用户的请求,并获取如代码清单 2-47 所示的交互日志。

代码清单 2-47　多 Agent 交互日志

```
User: 退款
##############################################
Active agent: Router Agent
message: ChatCompletionMessage(content=None, refusal=None, role='assistant',
    audio=None, function_call=None, tool_calls=[ChatCompletionMessageToolCall
    (id='call_Q9KL0kFDUKkZmTh4ZBsS70Vi', function=Function(arguments='{}',
    name='transfer_to_refunds'), type='function')], sender='Router Agent')
##############################################
Called function transfer_to_refunds with args: {} and obtained result:
    name='Refunds Agent' model='gpt-4o' instructions='帮助用户处理退款事宜。如果
    原因是商品价格过高,可以为用户提供一个退款码。如果用户坚持要求退款,那么就为其办理退款手
    续。' functions=[<function process_refund at 0x000001A0463927A0>, <function
    apply_discount at 0x000001A046392840>, <function transfer_back_to_router at
    0x000001A0463928E0>] tool_choice=None parallel_tool_calls=True
##############################################
Active agent: Refunds Agent
message: ChatCompletionMessage(content='您好,请问您所需退款的商品 ID 是? 此外, 是
    有什么问题需要帮助吗?例如商品价格过高? ', refusal=None, role='assistant',
    audio=None, function_call=None, tool_calls=None, sender='Refunds Agent')
##############################################
Refunds Agent: 您好,请问您所需退款的商品 ID 是?此外,是有什么问题需要帮助吗?例如商品价格过高?
User: 价格过高
##############################################
Active agent: Refunds Agent
message: ChatCompletionMessage(content=None, refusal=None, role='assistant',
    audio=None, function_call=None, tool_calls=[ChatCompletionMessageToolCall
```

```
            (id='call_ML4uU8D26rmCSZMecxCLpEd1', function=Function(arguments='{}',
            name='apply_discount'), type='function')], sender='Refunds Agent')
##############################################
[mock] 应用打折 ...
Called function apply_discount with args: {} and obtained result: 应用 11% 的打折
##############################################
Active agent: Refunds Agent
message: ChatCompletionMessage(content=' 我已经为您的购物车应用了 11% 的折扣。请查看
        是否能让您满意。如果您坚持要求退款，请告诉我，我将为您办理退款手续。', refusal=None,
        role='assistant', audio=None, function_call=None, tool_calls=None,
        sender='Refunds Agent')
##############################################
System: 应用 11% 的打折
Refunds Agent: 我已经为您的购物车应用了 11% 的折扣。请查看是否能让您满意。如果您坚持要求退
        款，请告诉我，我将为您办理退款手续。
User: 坚持退款
##############################################
Active agent: Refunds Agent
message: ChatCompletionMessage(content=' 请您提供需要退款的商品 ID，我们将为您办理退
        款手续。', refusal=None, role='assistant', audio=None, function_call=None,
        tool_calls=None, sender='Refunds Agent')
##############################################
Refunds Agent: 请您提供需要退款的商品 ID，我们将为您办理退款手续。
User: item_001
##############################################
Active agent: Refunds Agent
message: ChatCompletionMessage(content=None, refusal=None, role='assistant',
        audio=None, function_call=None, tool_calls=[ChatCompletionMessageTool
        Call(id='call_Y7P9teNemBcV0Hw9tXS8O8P3', function=Function(arguments=
        '{"item_id":"item_001","reason":" 价 格 过 高 "}', name='process_refund'),
        type='function')], sender='Refunds Agent')
##############################################
[mock] 因为价格过高对 item_001 进行退款 ...
Called function process_refund with args: {'item_id': 'item_001', 'reason':
        ' 价格过高 '} and obtained result: 退款成功！
##############################################
Active agent: Refunds Agent
message: ChatCompletionMessage(content=' 您的商品 (ID: item_001) 已成功退款。如
        果您有其他问题或需要进一步帮助，请随时告诉我！ ', refusal=None, role='assistant',
        audio=None, function_call=None, tool_calls=None, sender='Refunds Agent')
##############################################
System: 退款成功！
Refunds Agent: 您的商品 (ID: item_001) 已成功退款。如果您有其他问题或需要进一步帮助，请
        随时告诉我！
User: 查询商品价格
##############################################
Active agent: Refunds Agent
message: ChatCompletionMessage(content=None, refusal=None, role='assistant',
        audio=None, function_call=None, tool_calls=[ChatCompletionMessageToolCall(id='call_
        CdZz5nlGimqJw3DlgkN10zIK', function=Function(arguments='{}', name='transfer_back_
        to_router'), type='function')], sender='Refunds Agent')
##############################################
Called function transfer_back_to_router with args: {} and obtained result:
```

```
name='Router Agent' model='gpt-4o' instructions='确定哪个 Agent 最适合处理用户
的请求,并将对话转接给该 Agent。\n    - 关于购买、定价、折扣和产品咨询。-> Sales Agent\n
- 关于退款、退货和投诉。 -> Refunds Agent\n        切勿直接处理请求——务必转接给相应的
Agent。' functions=[<function transfer_to_sales at 0x000001A046392980>,
<function transfer_to_refunds at 0x000001A046392A20>] tool_choice=None
parallel_tool_calls=True
##################################################
Active agent: Router Agent
message: ChatCompletionMessage(content=None, refusal=None, role='assistant',
    audio=None, function_call=None, tool_calls=[ChatCompletionMessageToolCa
    ll(id='call_hK3otwdn5KaeblvMy7iUT9Rw', function=Function(arguments='{}',
    name='transfer_to_sales'), type='function')], sender='Router Agent')
##################################################
Called function transfer_to_sales with args: {} and obtained result:
    name='Sales Agent' model='gpt-4o' instructions='对销售手机表现出极度的热
    情。' functions=[<function transfer_back_to_router at 0x000001A0463928E0>]
    tool_choice=None parallel_tool_calls=True
##################################################
Active agent: Sales Agent
message: ChatCompletionMessage(content='请告诉我您想要查询的商品名称或 ID,我将为您
    提供最新的价格信息。', refusal=None, role='assistant', audio=None, function_
    call=None, tool_calls=None, sender='Sales Agent')
##################################################
Sales Agent: 请告诉我您想要查询的商品名称或 ID,我将为您提供最新的价格信息。
User: iphone16
##################################################
Active agent: Sales Agent
message: ChatCompletionMessage(content='iPhone 16是一款非常优秀的手机,它的设计
    精美,性能卓越。当前这款手机的售价是 999 美元。您还有其他想要了解的信息吗?或者说,您想
    立即购买这款令人惊叹的手机吗? ', refusal=None, role='assistant', audio=None,
    function_call=None, tool_calls=None, sender='Sales Agent')
##################################################
Sales Agent: iPhone 16是一款非常优秀的手机,它的设计精美,性能卓越。当前这款手机的售价是
    999 美元。您还有其他想要了解的信息吗?或者说,您想立即购买这款令人惊叹的手机吗?
User: 立即购买
##################################################
Active agent: Sales Agent
message: ChatCompletionMessage(content=' 太棒了! 您将为自己选购到一款卓越的设备。在
    帮助您完成购买之前,请您提供所需信息:数量和交货地址。如果您有任何疑问或需要额外的帮助,
    请随时让我知道! ', refusal=None, role='assistant', audio=None, function_
    call=None, tool_calls=None, sender='Sales Agent')
##################################################
Sales Agent: 太棒了! 您将为自己选购到一款卓越的设备。在帮助您完成购买之前,请您提供所需信息:
    数量和交货地址。如果您有任何疑问或需要额外的帮助,请随时让我知道!
```

上述日志比较长,但整体流程并不难理解。这里重点要注意的就是"Called function transfer_back_to_router""Called function apply_discount""Called function transfer_to_sales"和"Called function transfer_to_refunds"等日志段,这些日志段表明了 router_agent、sales_agent 和 refunds_agent 这 3 个 Agent 之间的交互以及切换的详细过程。

讲到这里,实际上我们已经构建了一个简单但又完整的多 Agent 系统。这部分内容同样为在第 7 章和第 8 章中系统化地构建多 Agent 系统打好基础。

2.3 基于 OpenAI Swarm 构建 Agent

Swarm 是 OpenAI 开源的一个多 Agent 编排框架，一个专注于构建轻量级、高度可控且易于测试的多 Agent 开发框架。相比目前市面上的 LangGraph 和 AutoGen 等开发框架，可以认为 Swarm 更像是一套从零到一搭建 Agent 系统的基础框架。它的实现方式与前面介绍的从零构建 Agent 的过程比较类似，但也有一些设计上的亮点，你可以对比着进行学习。

2.3.1 OpenAI Swarm 开发模式

想要使用 Swarm 框架，我们需要掌握它的核心功能，其中最为关键的就是它的 Handoffs 机制。本节将对 Swarm 框架的这些功能以及背后的开发模式进行详细介绍。

1. Swarm 应用方式

想要运行 Swarm，我们需要首先安装它。Swarm 的安装需要执行如代码清单 2-48 所展示的命令中的任意一个，并确保 Python 的版本高于 3.10。

代码清单 2-48　安装 Swarm 命令

```
pip install git+ssh://git@github.com/openai/swarm.git
pip install git+https://github.com/openai/swarm.git
```

一旦成功安装 Swarm，接下来可以编写一个如代码清单 2-49 所示的测试用例来验证它的基本功能。

代码清单 2-49　Swarm 测试用例

```python
from swarm import Swarm, Agent
client = Swarm()

def transfer_to_agent_b():
    return agent_b

agent_a = Agent(
    name="Agent A",
    instructions="你是一个有用的助手",
    functions=[transfer_to_agent_b],
)

agent_b = Agent(
    name="Agent B",
    instructions="仅仅使用繁体字说话",
)

response = client.run(
    agent=agent_a,
    messages=[{"role": "user", "content": "我想和 Agent B 说话"}],
)
```

```
print("User 和 AgentA 说：我想和 Agent B 说话。")
print("Agent: ", response.messages[-1]["content"])
```

可以看到，这里我们引入 Swarm 框架中的 Agent 类来构建了两个 Agent，分别是 agent_a 和 agent_b。同时通过 Swarm 工具类创建了一个客户端组件 client。注意到 client.run 方法执行的 Agent 是 agent_a，我们编写一个返回 agent_b 的函数作为 agent_a 的函数调用。为了更好地区分回复来自 agent_a 还是 agent_b，我们让 agent_a 用简体中文，而让 agent_b 用繁体字进行输出。上述代码的执行结果如代码清单 2-50 所示。

代码清单 2-50　Swarm 测试用例执行结果

```
User 和 AgentA 说：我想和 Agent B 说话。
Agent: 你已轉接給 Agent B，很樂意為你服務，有什麼我可以幫你解答的嗎？
```

从执行结果可以看到，agent_a 响应了我们的请求并将对话交给了 agent_b 进行执行。从交互过程中可以看出，Swarm 框架提供了一种灵活的方式来协调多个 Agent，允许执行复杂的交互和工作流程，同时保持实现的轻量级和可控性。事实上，我们在 2.2 节中从零开始构建 Agent 的过程就是借鉴了 Swarm 框架的实现过程，并采用了类似的命名方式来设计技术组件。在 Swarm 中，核心的技术组件包括：

- Swarm 客户端：运行 Agent 的入口。
- Agent：封装指令和函数。
- 函数：Agent 可以调用的 Python 函数。
- 切换（Handoffs）：允许在 Agent 之间转移执行。

基于上述组件，Swarm 会从当前 Agent 获取交互信息，执行工具调用。如果发生切换操作，则切换 Agent 并更新上下文变量。如果没有新的函数调用则返回。

2. Swarm 的 Handoffs 机制

在前面介绍的示例中，我们明明给 agent_a 发送了消息，为什么响应来自 agent_b 呢？原因是这里为 agent_a 添加了一个函数"transfer_to_agent_b"。那么为什么加了这个函数之后就能实现 Agent 之间的切换呢？这就需要对 Swarm 框架的 Handoffs 机制进行剖析，这是该框架运行的核心。

为了深入理解 Swarm 的 Handoffs 机制的执行原理，我们来到源代码 core.py 中的 run 函数，该函数的实现过程如代码清单 2-51 所示。

代码清单 2-51　core.py 中的 run 函数

```python
def run(
    self,
    agent: Agent,
    messages: List,
    context_variables: dict = {},
    model_override: str = None,
    stream: bool = False,
    debug: bool = False,
```

```python
        max_turns: int = float("inf"),
        execute_tools: bool = True,
    ) -> Response:
        if stream:
            return self.run_and_stream(
                agent=agent,
                messages=messages,
                context_variables=context_variables,
                model_override=model_override,
                debug=debug,
                max_turns=max_turns,
                execute_tools=execute_tools,
            )
        active_agent = agent
        context_variables = copy.deepcopy(context_variables)
        history = copy.deepcopy(messages)
        init_len = len(messages)

        while len(history) - init_len < max_turns and active_agent:
            # 基于当前的聊天历史信息获取响应结果
            completion = self.get_chat_completion(
                agent=active_agent,
                history=history,
                context_variables=context_variables,
                model_override=model_override,
                stream=stream,
                debug=debug,
            )
            message = completion.choices[0].message
            debug_print(debug, "Received completion:", message)
            message.sender = active_agent.name
            history.append(
                json.loads(message.model_dump_json())
            )

            if not message.tool_calls or not execute_tools:
                debug_print(debug, "Ending turn.")
                break

            # 处理函数调用，更新上下文变量，以及切换 Agent
            partial_response = self.handle_tool_calls(
                message.tool_calls, active_agent.functions, context_variables, debug
            )
            history.extend(partial_response.messages)
            context_variables.update(partial_response.context_variables)
            if partial_response.agent:
                active_agent = partial_response.agent

        return Response(
            messages=history[init_len:],
            agent=active_agent,
            context_variables=context_variables,
        )
```

上述代码是不是似曾相识？没错，参考 2.2 节中从零构建 Agent 的实现过程，你就会发现两者的基本原理是完全一致的，只不过 Swarm 框架的实现过程更加全面，添加了流式处理、debug 等辅助性功能。这里我们同样看到了一个 while 循环，并在这个循环中实现了对 OpenAI LLM 中 Completion API 的调用、聊天历史记录的维护、工具调用、Agent 切换等功能。图 2-3 对整个执行流程进行了总结。

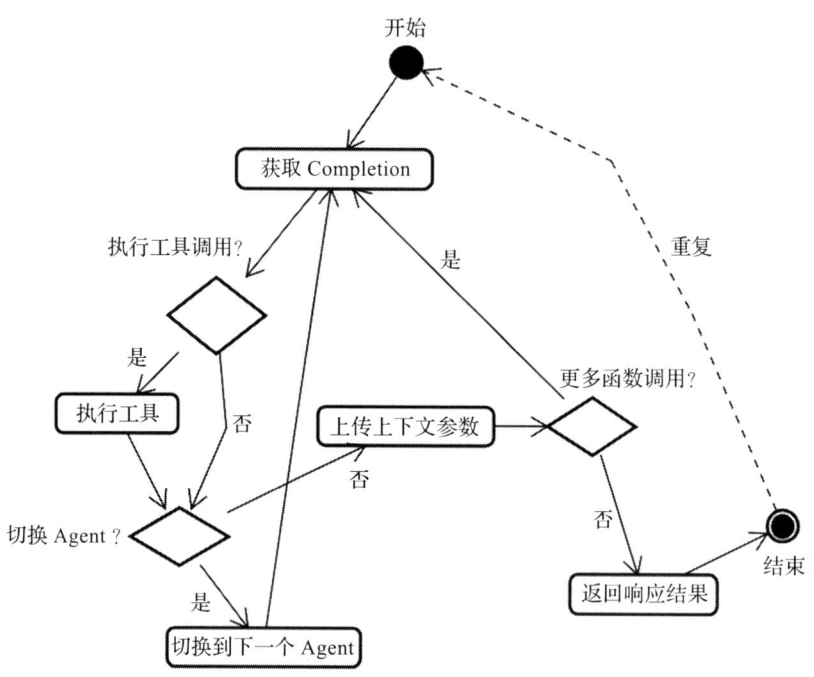

图 2-3　Swarm 框架整体执行流程

我们可以基于前面的案例对上述源码的执行过程进行验证。在我们的代码示例中，while 循环执行了两次。第一次循环使用 agent_a，触发了 transfer_to_agent_b 函数，返回 agent_b，同时调用 handle_tool_calls 方法处理函数调用。当 transfer_to_agent_b 函数被调用时，它返回 agent_b，从而导致活跃的 Agent 从 agent_a 切换到 agent_b。紧接着执行第二次循环，当使用完 agent_b 之后，active_agent 变为 None，循环退出并生成最终的响应结果。

2.3.2　OpenAI Swarm 案例解析

在本节中，我们将基于 Swarm 框架构建一个案例系统，该系统将包含多个 Agent，用于处理不同类型的任务。

1. Swarm 案例设计

作为一个完整的案例系统，我们希望在 Swarm 框架的基础上提供更为完整而强大的功能特性，从而满足企业级开发的需求。为此，我们提出了如下设计要点：
- 模块化设计：每个 Agent 都被封装在其自己的目录中，具有特定的配置和指令。
- 灵活配置：每个 Agent 的 JSON 配置文件允许轻松自定义 LLM 参数。
- 工具函数：将通用功能抽象为工具函数，以提高代码的复用性。
- Markdown 指令：Agent 的指令存储在单独的 Markdown 文件中，以便更好地阅读和维护。

同时，从架构设计的角度出发，为实现各个业务 Agent 之间的解耦，我们专门设计了一个 Router Agent 来充当中央路由器。该路由器用于分析用户输入并将查询定向到最合适的业务 Agent 进行处理。

2. Swarm 案例实现

我们先来看充当路由器的 Router Agent 的实现过程，如代码清单 2-52 所示。

代码清单 2-52　Router Agent

```python
def transfer_to_brainstormer():
    return brainstormer_agent

def transfer_to_editor():
    return editor_agent

def transfer_to_programmer():
    return programmer_agent

agent_dir = os.path.dirname(__file__)
instructions_file = os.path.join(agent_dir, 'router_instructions.md')

router_agent = Agent(
    name="Router Agent",
    instructions=open(instructions_file, 'r', encoding='utf-8').read(),
    functions=[transfer_to_brainstormer, transfer_to_editor, transfer_to_programmer],
    llm_config={
        "model": "gpt-4o-mini",
        "temperature": 0.0,
        "max_tokens": 20,
    },
)
```

注意到这里定义了 3 个函数来实现 Agent 之间的切换。从这些函数定义中，我们不难看出系统中存在 3 个业务 Agent：
- Brainstormer Agent：针对任何给定主题生成创意想法。
- Editor Agent：校对并改进文本，专注于语法、清晰度和风格。
- Programmer Agent：提供编程协助，包括代码片段和解释。

此外，我们注意到这里从硬盘上加载了一个名为 router_instructions.md 的 Markdown 文件，作为 Router Agent 的运行指令。该文件的内容如代码清单 2-53 所示。

代码清单 2-53　router_instructions.md 文件内容

```
# Router Agent Instructions
你是一个 Router Agent。
**任务：**
- 分析用户的消息。
- 决定哪位 Agent 最适合提供帮助。
- **调用相应函数以转移对话。**

**可用函数：**
- `transfer_to_brainstormer()`：转移至 Brainstormer Agent。
- `transfer_to_editor()`：转移至 Editor Agent。
- `transfer_to_programmer()`：转移至 Programmer Agent。

**重要提示：**
- 不要提供任何其他回复。
- 仅调用适当的函数。
```

显然，这里指定了 Router Agent 到其他业务 Agent 的切换规则。通过这种方式，我们把一个 Agent 的定义和它的运行目标分离开来，从而实现系统解耦。类似地，在其他几个业务 Agent 的实现过程中，我们同样采用了这种方式。例如 Programmer Agent 的实现过程如代码清单 2-54 所示。

代码清单 2-54　Programmer Agent

```
agent_dir = os.path.dirname(__file__)
instructions_file = os.path.join(agent_dir, 'instructions.md')

# 加载 LLM 配置
config_file = os.path.join(agent_dir, 'programmer_configuration.json')
if os.path.exists(config_file):
    with open(config_file, 'r') as f:
        llm_config = json.load(f)
else:
    llm_config = {
        "model": "gpt-3.5-turbo-0613",
        "temperature": 0.3,
    }

programmer_agent = create_agent(
    name="Programmer Agent",
    instructions_file=instructions_file,
    functions=[
        save_content,
        get_coding_conventions_python,
        get_coding_conventions_typescript,
    ],
    llm_config=llm_config,
)
```

可以看到，我们定义了 save_content、get_coding_conventions_python 和 get_coding_conventions_typescript 这 3 个函数来充当工具。其中 save_content 函数用于将响应结果保存到物理

文件中。get_coding_conventions_python 和 get_coding_conventions_typescript 函数分别获取基于 Python 和 Typescript 的编码规则。例如，get_coding_conventions_python 函数的实现方式如代码清单 2-55 所示。

代码清单 2-55　get_coding_conventions_python 函数

```
def get_coding_conventions_python() -> str:
    """ 返回Python 编码规范 """
    return "Use PEP 8 style guidelines and include docstrings."
```

对于 Programmer Agent 而言，它的运行指令如下所示。

```
# Programmer Agent Instructions
你是一个编程助手。根据用户的编程相关问题，提供代码片段、解释或帮助调试代码。

** 任务： **
- 清晰地回答编程问题。
- 根据需要使用 `get_coding_conventions_python` 或 `get_coding_conventions_typescript` 函数。
- 将规范应用到你的代码示例中。
- 使用 `save_content` 函数将代码片段或解释保存到 Markdown 文件中。

** 重要提示： **
- 保存内容后，通知用户。
```

同时，我们还注意到，在 Programmer Agent 的实现过程中，通过一个 JSON 文件加载了 LLM 相关的配置项，这也是一种用于实现业务代码和配置信息分离的最佳实践。

另外，两个业务 Agent 的实现过程与 Programmer Agent 的实现过程类似，这里不再重复赘述。

3. Swarm 案例测试

现在，编写相应的测试用例来演示案例系统的执行效果，如代码清单 2-56 所示。

代码清单 2-56　案例系统测试用例

```
def main():
    load_dotenv()
    client = Swarm()

    # 模拟用户请求
    user_messages = [
        "如何基于 Python 语言编写一个函数 ",
    ]

    for message in user_messages:
        print(f"\nUser: {message}")
        # 启动 Router Agent
        response = client.run(
            agent=router_agent,
            messages=[{"role": "user", "content": message}],
            debug=True,  # Enable debug output
```

```python
    )

    # 打印详细日志
    for msg in response.messages:
        role = msg['role'].capitalize()
        sender = msg.get('sender', 'Unknown')
        content = msg['content']
        if role == 'Assistant':
            print(f"Assistant ({sender}): {content}")
        elif role == 'Function':
            print(f"Function Call: {msg['name']} with arguments {msg
                ['arguments']}")
        elif role == 'Tool_response':
            print(f"Function Response: {content}")
        elif role == 'User':
            print(f"User: {content}")

    # 显示Agent名称
    print(f"Agent Name: {response.agent.name}")
```

上述代码的详细执行过程和结果如代码清单2-57所示。

代码清单2-57　案例系统执行过程和结果

```
User: 如何基于Python语言编写一个函数
Getting chat completion for...: [{'role': 'system', 'content': '# Router Agent
    Instructions\n\n你是一个 Router Agent。\n\n** 任务：**\n- 分析用户的消息。\n- 决
    定哪位 Agent 最适合提供帮助。\n- **调用相应函数以转移对话。**\n\n** 可用函数：**\n\
    n- `transfer_to_brainstormer()`：转移至 Brainstormer Agent。\n- `transfer_to_
    editor()`：转移至 Editor Agent。\n- `transfer_to_programmer()`：转移至 Programmer
    Agent。\n\n** 重要提示：**\n- 不要提供任何其他回复。\n- 仅调用适当的函数。'},
    {'role': 'user', 'content': ' 如何基于Python语言编写一个函数 '}]
 Received completion: ChatCompletionMessage(content=None, refusal=None,
    role='assistant', audio=None, function_call=None, tool_calls=[ChatComplet
    ionMessageToolCall(id='call_N2sBGmQRnx1mdu4rFhpzFv8U', function=Function
    (arguments='{}', name='transfer_to_programmer'), type='function')])
 Processing tool call: transfer_to_programmer with arguments {}
 Getting chat completion for...: [{'role': 'system', 'content': '# Programmer
    Agent Instructions\n\n你是一个编程助手。根据用户的编程相关问题，提供代码片段、解释或
    帮助调试代码。\n\n** 任务：**\n- 清晰地回答编程问题。\n- 根据需要使用 `get_coding_
    conventions_python` 或 `get_coding_conventions_typescript` 函数。\n- 将规范应
    用到你的代码示例中。\n- 使用 `save_content` 函数将代码片段或解释保存到 Markdown 文件
    中。\n\n** 重要提示：**\n\n- 保存内容后，通知用户。'}, {'role': 'user', 'content':
    ' 如何基于Python语言编写一个函数 '}, {'content': None, 'refusal': None, 'role':
    'assistant', 'audio': None, 'function_call': None, 'tool_calls': [{'id':
    'call_N2sBGmQRnx1mdu4rFhpzFv8U', 'function': {'arguments': '{}', 'name':
    'transfer_to_programmer'}, 'type': 'function'}], 'sender': 'Router Agent'},
    {'role': 'tool', 'tool_call_id': 'call_N2sBGmQRnx1mdu4rFhpzFv8U', 'tool_
    name': 'transfer_to_programmer', 'content': '{"assistant": "Programmer
    Agent"}'}]
 Received completion: ChatCompletionMessage(content=' 编写一个Python函数非常简单...)
 Ending turn.
 Assistant (Router Agent): None
 Assistant (Programmer Agent): 编写一个Python函数非常简单。首先，你需要使用 `def` 关
```

键词来开始函数定义，然后是函数的名称，接着是括号内的参数列表，最后以冒号结束。在函数体内，你可以编写执行的代码。以下是一个简单的例子，它定义了一个函数来计算两个数字的和：

```python
def add_numbers(x, y):
    """ 返回两个数的和 """
    return x + y

# 使用函数
result = add_numbers(5, 3)
print(f"The sum is: {result}")   # 输出：The sum is: 8
```

在这个示例中：

- `def add_numbers(x, y):` 定义了一个名为 `add_numbers` 的函数，接收两个参数 `x` 和 `y`。
- `""" 返回两个数的和 """` 是一个文档字符串，用于描述函数的功能。
- `return x + y` 语句返回两个输入参数的和。

如果你有更多需要，请告诉我！如果你想了解 Python 的编码规范，我可以提供更多信息。
Assistant Name: Programmer Agent

从上述日志中我们不难看出，Router Agent 会根据用户的输入请求自动选择合适的业务 Agent。针对"如何基于 Python 语言编写一个函数"这一用户请求，系统将请求定向到了 Programmer Agent。Programmer Agent 基于既定的操作指令和可用的函数调用，与 LLM 进行了交互，从而对用户请求给出了正确的响应。用户可以通过不同的请求触发对其他业务 Agent 的调用，你可以基于案例代码进行相应的测试和练习。

2.4 本章小结

本章全面深入地探讨了 OpenAI LLM 与 Agent 技术的集成与应用，涵盖了从基础概念到高级实现的多个方面。我们首先介绍了 OpenAI LLM 的集成方法，详细讨论了模型参数的配置、功能特性以及 API 的使用，为后续的 Agent 开发奠定了坚实的基础。随后，我们深入探讨了 Agent 的基本概念，包括其定义、结构以及在不同场景中的应用方式，并分析了 Agent 如何通过函数调用实现工具组件。

接着，本章进一步探讨了 Agent 的高级实现，包括多 Agent 系统的协作机制、并行函数调用以及如何通过 OpenAI 的 Swarm 框架高效编排 Agent 之间的交互。我们详细讨论了如何从零开始构建 Agent 系统，包括 Agent 的定义、工具调用的实现以及多 Agent 之间的切换逻辑。此外，我们还通过具体案例展示了如何利用 Swarm 框架实现模块化设计、灵活配置和环境变量支持，从而进一步提升 Agent 系统的可扩展性和易用性。

通过本章的学习，读者不仅掌握了 OpenAI LLM 与 Agent 技术的集成方法，还了解了如何构建和优化 Agent 系统，以实现复杂任务的自动化处理。

AI Agent 实现篇

- 第 3 章　通用型 Agent
- 第 4 章　知识型 Agent
- 第 5 章　多模态 Agent

CHAPTER 3

第 3 章

通用型 Agent

本章关注日常开发过程中最常见的通用型 Agent 及其构建方式。我们将从 ReAct Agent 和 Plan-and-Execute Agent 这两种先进的 Agent 架构出发，深入探讨它们的设计理念和实现方法。ReAct Agent 通过推理与行动的结合，将复杂任务分解为可执行的步骤；而 Plan-and-Execute Agent 则通过明确的规划和动态调整，确保任务的高效执行。在本章中，我们将综合应用 LangChain 和 LlamaIndex 这两款主流的开发框架，分别构建 ReAct Agent 和 Plan-and-Execute Agent，通过具体的代码示例和执行日志，充分展示这两种 Agent 的实现过程和工作原理。

3.1　ReAct Agent

ReAct 是指将推理（Reasoning）和行动（Acting）相结合。ReAct Agent 是为解决 LLM 在处理复杂任务时的局限性而提出的，通过结合推理和行动来增强 LLM 的透明度、可解释性和实用性。本节将对 ReAct 架构进行详细解析，并分别利用 LlamaIndex 和 LangChain 框架来构建 ReAct Agent。

3.1.1　ReAct 架构解析

ReAct 的核心思想是将 LLM 的语言理解与外部环境的交互相结合，形成思考与行动的循环。ReAct 架构由 LLM、环境和行动空间组成，适用于任务导向型对话系统、自动化脚本编写以及机器人控制等领域。

ReAct 的概念有点抽象，我们进一步对该架构进行拆解会发现，它实际上具备 3 个重要的组成部分，即 Thought（思考）、Action（行动）和 Observation（观测），如图 3-1 所示。

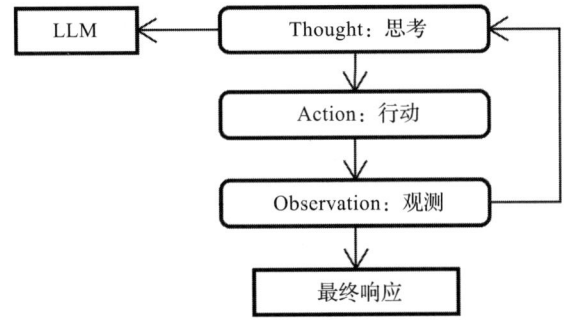

图 3-1 ReAct 架构的执行流程

基于图 3-1，我们可以举一个例子来阐述 ReAct 架构的实际应用场景。比方说，马上就要过节了，一家人准备出去旅游，从杭州到北京的飞机票预算是 1000 元。这时，你对这件事情的处理方式大致如下：

① 通过大脑思考，提出一个方案——从杭州直飞北京，这就是 Thought（思考）。

② 需要通过去哪儿等订票网站落实第一步的规划方案，这就是 Action（行动）。

③ 对订票的过程进行观测（Observation），发现从杭州直飞北京的机票最便宜的都需要 1500 元，原定预算不够，因此需要重新规划行程，选择可行的转机方案。

本质上，ReAct 架构是通过提示词的方式，将人类的思维和做事方式传递给 LLM，使其能够进行思考和规划，并调用工具完成执行。这个过程形成循环，持续迭代，直到完成对应的任务。如果我们想要实现一个基础的 ReAct 架构，一般需要完成以下核心步骤：

① 生成提示词。将代码中预设好的 ReAct 提示词模板与用户的问题进行合并。ReAct 提示词模板的格式为 Quesion→Thought→Action→Observation。我们将在后续内容中提供具体的模板内容。

② 调用 LLM。将提示词发送给 LLM，LLM 生成一系列 Thought、Action 和 Observation。

③ 调用外部工具组件完成执行。在获得 Action 后，LLM 将 Action 中的自然语言转化为外部工具可理解的 API 调用。这一功能实际上是通过对 LLM 进行微调，以实现自然语言到 API 格式的精准转换。

④ 生成 Observation。接收外部工具返回的数据后，系统会将其转化为自然语言表述，形成 Observation。随后，系统将新生成的 Observation 与先前的 Thought 及 Action 一并提交给 LLM，继续执行第二步和第三步。这一循环将持续进行，直到所有 Action 都完成为止。

⑤ 获取执行结果并完成输出。

在流程结束时，最后一个 Observation 会被转化为易于理解的自然语言表述并呈现给用户，作为整个交互过程的最终输出结果。如代码清单 3-1 所示的是 ReAct 架构执行过程中所产生的日志信息示例。

代码清单 3-1　查询天气场景中的 ReAct 架构执行日志

```
Processing task: What is the weather tomorrow?
User Input: What is the weather tomorrow?
```

```
Action Taken: Query weather service
Observation: Agent processed the input and decided to: Query weather service
Final Response: Tomorrow's weather is expected to be partly cloudy with a high
    of 24°C.
```

上述日志信息来自天气查询场景。从日志中，我们看到了调用"weather service"这个外部工具组件，并返回了明天的天气情况。这个场景相对较简单，而对于复杂场景而言，ReAct 架构的执行过程可能会涉及多轮内部交互过程。我们可以通过如代码清单 3-2 所示的伪代码来介绍 ReAct 架构的执行顺序。

代码清单 3-2 ReAct 架构执行顺序的伪代码

```
next_action = agent.get_action(...)
while next_action != AgentFinish:
    observation = run(next_action)
    next_action = agent.get_action(..., next_action, observation)
return next_action
```

可以看到这是一个循环，每一次循环都会调用代表下一次操作的 next_action。该循环判断 next_action 的执行结果是否为 AgentFinish，如果是，则结束循环。如果 next_action 的执行结果不是 AgentFinish，则将得到的结果作为模型的观测数据。模型通过观察执行的操作以及该操作得到的结果，决定下一次需要执行的操作。一般而言，为了防止无限循环，我们也会设置一定的循环执行次数上限。一旦执行次数达到上限，则自动结束循环。

3.1.2 基于 LlamaIndex 构建 ReAct Agent

我们可以使用 LlamaIndex 框架来构建 ReAct Agent。在本节中，我们将通过案例详细介绍 LlamaIndex 内置的 ReActAgent 类的功能特性和使用方式。

1. LlamaIndex 中的 OpenAIAgent 类

为了更好地理解 LlamaIndex 框架内置的 ReActAgent 类，我们首先讨论 OpenAIAgent 这一实现类。OpenAIAgent 是一款专门针对 OpenAI LLM 的 Agent 实现方案，利用了 OpenAI 模型的能力，特别是那些支持函数调用 API 的模型。我们在 2.1 节中已经演示了函数调用的基本使用方式，OpenAIAgent 的运作机制与此类似。

在 LlamaIndex 中，OpenAIAgent 的关键优势在于，工具的选择逻辑是直接由模型本身实现的。当我们向 OpenAIAgent 提供查询条件以及聊天历史信息时，它将分析上下文并决定是否需要调用另一个工具，或者是否可以返回最终响应。如果它确定需要调用某个工具，函数调用将输出该工具的名称。然后，OpenAIAgent 将执行该工具，并将工具的响应传回聊天历史。这个循环继续进行，直到返回最终消息，表明推理循环已经完成。图 3-2 展示了 OpenAIAgent 的工作流程。

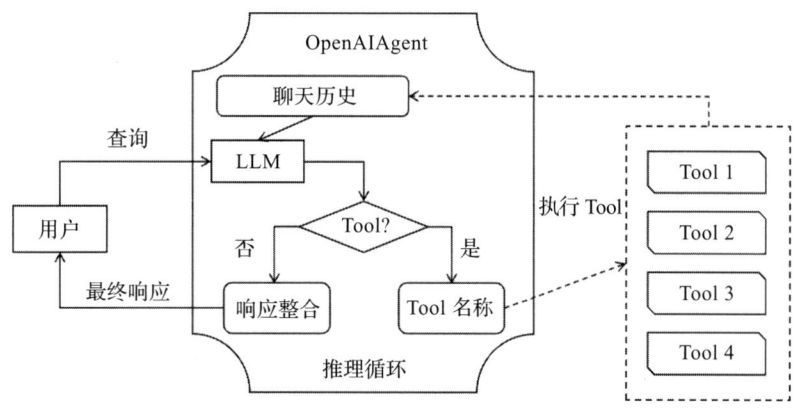

图 3-2　OpenAIAgent 的工作流程

如果你想要在应用中使用 OpenAIAgent，就需要引入 llama-index-agent-openai 这个依赖包。然后，必须定义可用的工具，并使用这些工具组件来初始化 OpenAIAgent，同时添加所需的任意自定义参数。OpenAIAgent 常用的初始化参数包括：

- tools：在聊天会话期间 Agent 可以使用的工具实例列表。这些工具可以来自专门的查询引擎和自定义处理方法。
- llm：任何支持函数调用 API 的 OpenAI 模型。
- memory：这是一个 ChatMemoryBuffer 实例，用于存储和管理聊天历史记录。
- prefix_messages：作为聊天会话开始时的预置消息或提示词的 ChatMessage 实例列表。
- max_function_calls：在单次聊天互动中可以对 OpenAI 模型发起的最大函数调用次数，默认值为 5。
- default_tool_choice：一个字符串，指示在有多个工具可用时默认使用的工具。这有助于强制 Agent 使用特定的工具。
- callback_manager：一个可选的 CallbackManager 实例，用于在聊天过程中管理回调，辅助追踪和调试。
- system_prompt：一个可选的初始系统提示词，为 Agent 提供上下文或指令。

如果想要基于一组工具创建一个 OpenAIAgent 对象，则可以采用如代码清单 3-3 所示的实现过程。

代码清单 3-3　基于工具创建 OpenAIAgent 对象

```
from llama_index.agent.openai import OpenAIAgent
from llama_index.llms.openai import OpenAI

llm = OpenAI(model="gpt-4")
agent = OpenAIAgent.from_tools(
    tools=tools,
    llm=llm,
    verbose=True,
```

```
    max_function_calls=20
)
```

在这段代码中,我们使用一组工具初始化了 OpenAIAgent。verbose 参数将使 Agent 显示每个执行步骤,以便我们更好地观察推理过程。我们还调整了 max_function_calls 参数,因为对于复杂任务而言,该参数的默认值可能不足以让 Agent 完成任务。请注意,在 OpenAIAgent 执行的每一步中,Agent 都将工具的输出纳入其持续的推理过程中。我们将在后续的案例系统实现过程中具体分析这一执行效果。

接下来,我们来看一下 OpenAIAgent 的具体使用示例。首先,我们定义两个工具组件,如代码清单 3-4 所示。

代码清单 3-4 定义两个工具组件

```
def multiply(a: int, b: int) -> int:
    """将两个整数相乘并返回结果。"""
    return a * b
multiply_tool = FunctionTool.from_defaults(fn=multiply)

def add(a: int, b: int) -> int:
    """将两个整数相加并返回结果。"""
    return a + b
add_tool = FunctionTool.from_defaults(fn=add)
```

可以看到,这里我们引入了 LlamaIndex 中的 FunctionTool 类来实现工具。FunctionTool 使得任何用户定义的函数都可以被转换成工具组件。

基于这两个工具组件,我们构建一个 OpenAIAgent 并通过它与 LLM 进行交互,实现过程如代码清单 3-5 所示。

代码清单 3-5 使用 OpenAIAgent 完成与 LLM 交互

```
llm = OpenAI(model="gpt-4")
agent = OpenAIAgent.from_tools(
    [multiply_tool, add_tool], llm=llm, verbose=True
)

response = agent.chat("What is (121 * 3) + 42?")
print(str(response))
```

可以看到,这里通过 OpenAIAgent 的 chat 方法进行对话,响应结果如代码清单 3-6 所示。

代码清单 3-6 OpenAIAgent 执行结果

```
Added user message to memory: What is (121 * 3) + 42?
=== Calling Function ===
Calling function: multiply with args: {
    "a": 121,
    "b": 3
}
Got output: 363
```

```
=======================
=== Calling Function ===
Calling function: add with args: {
    "a": 363,
    "b": 42
}
Got output: 405
=======================

The result of (121 * 3) + 42 is 405.
```

从执行结果中可以明显看到"(121 * 3) + 42"这个数学公式背后的两次计算过程，分别调用两个工具组件来执行乘法和加法操作。

请注意，OpenAIAgent 的 chat 方法采用的是同步交互机制，我们也可以使用 achat 方法来实现异步交互，还可以使用 stream_chat 方法来实现流式交互。

2. LlamaIndex 中的 ReActAgent 类

与通过函数调用 API 将多个工具链接在一起的 OpenAIAgent 类不同，ReActAgent 类的执行逻辑完全依赖其提示词。ReActAgent 使用预定义的循环和最大迭代次数，以及策略性提示词来模拟推理循环。通过策略性提示词，ReActAgent 可以实现有效的工具编排和链式执行，类似于 OpenAI 函数调用 API 的输出。而这里关键的一点在于，OpenAI 函数调用 API 的逻辑是嵌入在模型中的，而 ReActAgent 依赖其提示词的结构来引导所需的工具选择行为。这种方法具备高度的灵活性，因为它可以适配不同的 LLM，无论其是否提供函数调用机制。

想要在 LlamaIndex 中创建一个 ReActAgent 实现类，我们可以复用在创建 OpenAIAgent 时所使用的一组参数，包括 tool、llm、memory、callback_manager 和 verbose 等。同时，ReActAgent 还包含如下所示的一组特定参数：

- max_iterations：类似于 OpenAIAgent 中的 max_function_calls 参数，此参数设置了 ReAct 循环可以执行的最大迭代次数。这个限制确保 Agent 不会陷入无限的处理循环。
- react_chat_formatter：一个 ReActChatFormatter 实例。它将聊天历史格式化为一个结构化的 ChatMessages 列表，根据提供的工具、聊天历史和推理步骤，在用户和助手角色之间切换。这有助于保持推理循环中的清晰度和一致性。
- output_parser：一个可选的 ReActOutputParser 类的实例。这个解析器处理 Agent 生成的输出，并将它们格式化。
- tool_retriever：一个可选的 ObjectRetriever 实例。这个检索器可以根据某些标准动作获取工具。当我们需要处理大量工具时，这尤其有用。
- context：一个可选的字符串，为 Agent 提供初始指令。

初始化和使用 ReActAgent 类的方式与 OpenAIAgent 类相同，只是你无须安装任何集成包，因为 ReActAgent 类是 LlamaIndex 核心组件的一部分，创建方式如代码清单 3-7 所示。

代码清单 3-7　ReActAgent 类的创建方式

```
from llama_index.agent.react import ReActAgent
agent = ReActAgent.from_tools(tools)
```

总的来说，ReActAgent 最大的特色是它的灵活性，因为它可以使用任何 LLM 来驱动其独特的 ReAct 循环，从而智能地选择和使用各种工具。

接下来，我们来看一个示例，代码清单 3-8 展示了创建和使用 ReActAgent 类的实现方式。

代码清单 3-8　创建和使用 ReActAgent 类的示例

```
llm = OpenAI(model="gpt-3.5-turbo")
agent = ReActAgent.from_tools([multiply_tool, add_tool], llm=llm, verbose=True)

agent.chat("What is 20+(2*4)? Calculate step by step")
```

这里我们复用了前面介绍的两个工具组件，并执行了一个简单的数学演算，执行结果如代码清单 3-9 所示。

代码清单 3-9　使用 ReActAgent 进行数学演算的结果

```
> Running step f100aeb5-7209-4b2f-83ee-d9923808c585. Step input: What is
    20+(2*4)? Calculate step by step
Thought: The current language of the user is: English. I need to use a tool
    to help me answer the question.
Action: multiply
Action Input: {'a': 2, 'b': 4}
Observation: 8
> Running step 3ae5e50a-ccad-4595-8578-55992ada75a9. Step input: None
Thought: The current language of the user is: English. I need to use a tool
    to help me answer the question.
Action: add
Action Input: {'a': 20, 'b': 8}
Observation: 28
> Running step 27d599c4-67e6-4661-bb23-0a965ab9a43b. Step input: None
Thought: I can answer without using any more tools. I'll use the user's language
    to answer
Answer: The result of 20 + (2 * 4) is 28.
```

可以看到，这里展示了 Quesion→Thought→Action→Observation 这样一个推演过程，并最终获取了计算结果。现在通过如代码清单 3-10 所示的方式来获取 ReActAgent 在这个过程中所使用的提示词。

代码清单 3-10　获取 ReActAgent 的内置提示词

```
prompt_dict = agent.get_prompts()
print(prompt_dict)
for k, v in prompt_dict.items():
    print(f"Prompt: {k}\n\nValue: {v.template}")
```

可以看到这里出现了一个 get_prompts 方法，该方法返回的字典将键（用于标识不同类型的提示词）映射到值（提示词模板）。提示词定义如代码清单 3-11 所示。

代码清单 3-11　ReActAgent 内置提示词的定义

```
Prompt: agent_worker:system_prompt

Value: You are designed to help with a variety of tasks, from answering
    questions to providing summaries to other types of analyses.

## 调用工具
You have access to a wide variety of tools. You are responsible for using the
    tools in any sequence you deem appropriate to complete the task at hand.
This may require breaking the task into subtasks and using different tools to
    complete each subtask.

You have access to the following tools:
{tool_desc}

## 输出格式

Please answer in the same language as the question and use the following
    format:
```
Thought: The current language of the user is: (user's language). I need to
    use a tool to help me answer the question.
Action: tool name (one of {tool_names}) if using a tool.
Action Input: the input to the tool, in a JSON format representing the kwargs
    (e.g. {{"input": "hello world", "num_beams": 5}})
```
Please ALWAYS start with a Thought.

NEVER surround your response with markdown code markers. You may use code
    markers within your response if you need to.

Please use a valid JSON format for the Action Input. Do NOT do this {{'input':
    'hello world', 'num_beams': 5}}.

If this format is used, the user will respond in the following format:

```
Observation: tool response
```

You should keep repeating the above format till you have enough information
    to answer the question without using any more tools. At that point, you
    MUST respond in the one of the following two formats:

```
Thought: I can answer without using any more tools. I'll use the user's
    language to answer
Answer: [your answer here (In the same language as the user's question)]
```

```
Thought: I cannot answer the question with the provided tools.
Answer: [your answer here (In the same language as the user's question)]
```
```

```
## 当前对话
Below is the current conversation consisting of interleaving human and
    assistant messages.
```

这就是 ReActAgent 内置的一个系统提示词模板，用来指导该 Agent 对工具的调用。事实上，LlamaIndex 内置了一组常用的系统提示词，查阅这些系统提示词对于我们理解 LLM 的运行过程以及排查可能出现的问题非常有用。

3.1.3 基于 LangChain 构建 ReAct Agent

LangChain 同样内置一个功能强大的 ReActAgent 类，本节将带你掌握利用该内置类构建 ReAct Agent 的流程，并给出案例演示。

1. LangChain ReAct Agent 开发流程

在 LangChain 中，我们可以遵循如下步骤来实现一个 Agent：

① 定义工具。
② 绑定工具到 LLM。
③ 创建提示词。
④ 组装 AgentExecutor。

在接下来的内容中，我们将对以上步骤进行详细介绍。

（1）定义工具

针对工具的调用方式，LangChain 推出了一个全新的标准接口，旨在统一不同模型提供商的工具调用方式。这意味着，无论使用的是哪一模型，你都可以通过一个统一的接口来管理和调用工具。

现在假设我们有"add"和"subtract"这两个工具组件，分别用于对数字执行加法和减法操作，它们的实现方式如代码清单 3-12 所示。

代码清单 3-12 基于 @tool 装饰器定义工具组件

```
@tool
def add(x: float, y: float) -> float:
    """Add 'x' to the 'y'."""
    return x**y

@tool
def subtract(x: float, y: float) -> float:
    """Subtract 'x' from 'y'."""
    return y-x
```

可以看到这里用到了 @tool 装饰器。通过装饰器来定义工具是 LangChain 中最简单的方式，它会使用默认的函数名作为工具的名称。你也可以传入一个 string 类型的参数来设置名称。此外，装饰器会使用函数的注释作为工具的描述，因此函数必须包含注释。当然，如果不想使用 @tool 装饰器，那么你也可以通过继承 BaseTool 的方式来创建一个工具，其实现方式如代码清单 3-13 所示。

代码清单 3-13　继承 BaseTool 定义工具组件

```
class AddTool(BaseTool):
    name = "add"
    description = "Add 'x' to the 'y'."
    def _run(self, x: float, y: float) -> float:
        return x + y
class SubtractTool(BaseTool):
    name = "subtract"
    description = "Subtract 'x' from 'y'."
    def _run(self, x: float, y: float) -> float:
        return y - x
```

（2）绑定工具到 LLM

接下来，我们就可以定义一个 LLM 对象，并将该对象与工具组件绑定在一起，如代码清单 3-14 所示。

代码清单 3-14　定义并绑定 LLM 对象和工具组件

```
llm = OpenAI()
llm_with_tools = llms.bind([add, subtract])
```

LLM 的 bind 方法允许你将工具附加到模型调用过程中。你可以传递一个工具组件列表，告诉模型哪些工具是可用的。

现在，我们可以通过 llm_with_tools 的 invoke 方法发起对工具的调用，示例代码如代码清单 3-15 所示。

代码清单 3-15　通过 invoke 方法调用工具组件

```
response = llm_with_tools.invoke([
    ("system","You're a helpful assistant"),
    ("human","What is the sum of 1 and 2? ")
])
print(response.tool_calls)
```

这里我们打印了 AIMessage 中的 tool_calls 属性，如果有任一工具被调用，该属性将被填充，并且将构建一个 ToolCall 数据结构，示例如代码清单 3-16 所示。

代码清单 3-16　tool_calls 属性数据结构

```
{
    'tool_calls':[
        {
            'name': 'exponentiate',
            'args': {'y':1, 'x': 2},
            'id': '54c166b2-f81a-481a-9289-eea68fc84e4f'
        }
    ]
}
```

也就是说，无论我们使用的是 Anthropic、OpenAI 还是 Google 的模型，只要有工具调用，它就会通过 AIMessage 的 tool_calls 属性生成标准的数据结构。

（3）创建提示词

在 LangChain 中，我们可以获取如代码清单 3-17 所示的 ReAct 提示词。

代码清单 3-17　获取 LangChain 中的 ReAct 提示词

```
from langchain_core.prompts import PromptTemplate

template = '''Answer the following questions as best you can. You have access
    to the following tools:

{tools}

Use the following format:

Question: the input question you must answer
Thought: you should always think about what to do
Action: the action to take, should be one of [{tool_names}]
Action Input: the input to the action
Observation: the result of the action
... (this Thought/Action/Action Input/Observation can repeat N times)
Thought: I now know the final answer
Final Answer: the final answer to the original input question

Begin!

Question: {input}
Thought:{agent_scratchpad}'''
```

在上述提示词中，我们看到了 {tools}、{tool_names} 和 {input} 参数，分别代表工具列表、每一个工具名称以及用户的输入参数。同时，我们还注意到这里出现了一个 {agent_scratchpad} 参数。在 LangChain 框架中，agent_scratchpad 是一个用于格式化 Agent 中间步骤的占位符或工具。它主要用于记录 Agent 在执行任务过程中的思考过程或操作等中间步骤，并将其格式化为字符串。这些中间步骤通常是一个包含动作和观测结果的元组列表。agent_scratchpad 的作用很多，可以将 Agent 在执行任务时的中间步骤记录下来，方便开发者调试和理解 Agent 的行为。同时，在提示词模板中，agent_scratchpad 作为占位符会在运行时插入工具调用指令，从而让 Agent 能够动态调用工具，正如上述提示词中所展示的那样。在后续章节中，我们还会多次看到 agent_scratchpad 的使用场景。

（4）组装 AgentExecutor

有了包含一组工具组件的 LLM 对象 llm_with_tools 之后，下一步我们就可以通过 create_react_agent 方法来创建一个 Agent 对象了，实现方式如代码清单 3-18 所示。

代码清单 3-18　通过 create_react_agent 方法创建 Agent

```
agent = create_react_agent(llm=llm, tools=tools, prompt=prompt)
```

当定义了 Agent 之后，最后我们要做的事情是创建一个 AgentExecutor 执行器对象，并通过它的 invoke 方法来触发对 Agent 的调用，实现过程如代码清单 3-19 所示。

代码清单 3-19　通过 invoke 方法触发对 Agent 的调用

```
from langchain.agents import AgentExecutor

agent_executor = AgentExecutor(agent=agent, tools=tools, verbose=True)
response_text = agent_executor.invoke(...)
```

可以认为 AgentExecutor 是 Agent 的运行环境，它调用 Agent 并执行 Agent 选择的工具。当然，AgentExecutor 也负责处理多种复杂情况，包括处理 Agent 选择无效工具的情况、处理工具调用出错的情况、处理 Agent 产生无法解析为工具调用的输出的情况，并记录 Agent 决策和工具调用过程中的日志信息。AgentExecutor 的执行过程如图 3-3 所示。

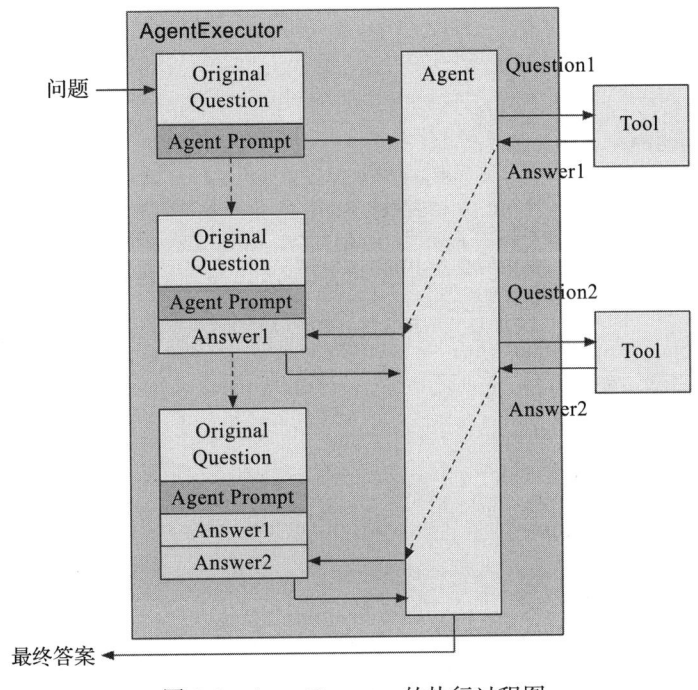

图 3-3　AgentExecutor 的执行过程图

可以看到，AgentExecutor 负责协调 Agent 的执行。它调用 Agent，执行 Agent 返回的工具，然后再次调用 Agent，将执行操作的结果传递给 Agent。这个过程会一直持续，直到 Agent 生成最终答案。

2. LangChain ReAct Agent 案例分析

接下来，我们通过一个案例来介绍 LangChain ReAct Agent 的开发过程，示例代码如代码清单 3-20 所示。

代码清单 3-20　LangChain ReAct Agent 开发过程的示例代码

```python
from langchain import hub
from langchain.agents import AgentExecutor, create_react_agent
from langchain.agents import tool
from langchain_experimental.tools.python.tool import PythonREPLTool
from langchain_openai import ChatOpenAI

# 从 LangChain Hub 获取 ReAct Agent 提示词
prompt = hub.pull("hwchase17/react")

llm = ChatOpenAI(
    model = "gpt-4o",
    temperature=0.7,
    stop=['Observation:', 'Observation:\n']
)

# 创建 PythonREPLTool 实例
python_repl_tool = PythonREPLTool()

@tool
def code_interpreter(code):
    '''code_interpreter: 使用此工具来执行 Python 命令。输入应为有效的 Python 命令，并
        使用 Markdown 样式 ```python xxx ```。如果你想查看某个值的输出，那么你应该使用
        `print(...)` 打印出来。'''
    codeStr = code.replace("```python","")
    codeStr = code.replace("```","")
    run_ret = python_repl_tool.run(codeStr)
    print("run_ret:",run_ret)
    return run_ret

tools = [code_interpreter]

# 构建 React Agent
agent = create_react_agent(llm=llm, tools=tools, prompt=prompt)
input = "计算 5+5*2"

agent_executor = AgentExecutor(agent=agent, tools=tools, verbose=True)
agent_executor.invoke({"input": input})
```

这里出现的 LangChain Hub 是一个面向 LangChain 开发者的资源中心，旨在提供高质量的提示词、链和 Agent 等组件，帮助开发者更高效地构建基于 LLM 的应用。ReAct Agent 所使用的提示词可以通过 LangChain Hub 获取，正如上述代码所展示的那样。原则上，开发人员也可以对这些提示词进行修改，从而满足自身的开发需求。接着，我们引入 LangChain 内置的 PythonREPLTool 类。这是一个工具类，用于执行 Python 代码。它允许将 Python 代码作为输入，并返回执行结果。借助 PythonREPLTool 工具类，我们定义了一个可以执行 Python 命令的工具组件。

我们执行上述案例代码，得到如代码清单 3-21 所示的执行日志。

代码清单 3-21　LangChain ReAct Agent 执行日志

```
Action: code_interpreter
Action Input:
```python
result = 5 + 5 * 2
print(result)
```
run_ret: 15

15
I now know the final answer.

Final Answer: 计算结果是15。

> Finished chain.
```

显然，根据运算符的优先级，乘法运算先于加法运算。因此，表达式 5 + 5 * 2 应该先计算 5 * 2，然后再加上 5，从而得到最终的计算结果为 15。

现在，调整实现方案，打印每一个中间步骤，示例代码如代码清单 3-22 所示。

代码清单 3-22　打印中间步骤实现过程

```
agent_executor = AgentExecutor(agent=agent, tools=tools, verbose=True,
    return_intermediate_steps=True)
for step in agent_executor.stream({"input": input}):
    thought = step["messages"][0].content.split("\nAction")[0]
    print(step)
```

执行上述代码，我们就可以获取 ReAct Agent 执行过程中的所有中间步骤，如代码清单 3-23 所示。

代码清单 3-23　ReAct Agent 执行过程中的所有中间步骤

```
{
    "actions": [
        {
            "tool": "code_interpreter",
            "tool_input": "```python\nresult = 5 + 5 * 2\nprint(result)\n```",
            "log": " 根据数学运算的优先级，乘法优先于加法。因此，首先要计算 \\(5 \\times 2\\)，然后再加上 5。让我来计算一下。",
            "action_details": {
                "action": "code_interpreter",
                "action_input": "```python\nresult = 5 + 5 * 2\nprint(result)\n```"
            }
        }
    ],
    "messages": [
        {
            "content": " 根据数学运算的优先级，乘法优先于加法。因此，首先要计算 \\(5 \\times 2\\)，然后再加上 5。让我来计算一下。",
            "action_details": {
```

```
                    "action": "code_interpreter",
                    "action_input": "```python\nresult = 5 + 5 * 2\nprint(result)\n```"
                },
                "additional_kwargs": {},
                "response_metadata": {}
            }
        ]
    }
run_ret: 15
{
    "steps": [
        {
            "action": {
                "tool": "code_interpreter",
                "tool_input": "```python\nresult = 5 + 5 * 2\nprint(result)\n```",
                "log": " 根据数学运算的优先级，乘法优先于加法。因此，首先要计算 \\(5 \\times 2\\)，然后再加上5。让我来计算一下。"
            },
            "observation": "15"
        }
    ],
    "messages": [
        {
            "content": "15",
            "additional_kwargs": {},
            "response_metadata": {}
        }
    ]
}

{
    "output": " 计算 \\(5 + 5 \\times 2\\) 的结果是 15。",
    "intermediate_steps": [
        {
            "action": {
                "tool": "code_interpreter",
                "tool_input": "```python\nresult = 5 + 5 * 2\nprint(result)\n```",
                "log": " 根据数学运算的优先级，乘法优先于加法。因此，首先要计算 \\(5 \\times 2\\)，然后再加上5。让我来计算一下。"
            },
            "action_details": {
                "action": "code_interpreter",
                "action_input": "```python\nresult = 5 + 5 * 2\nprint(result)\n```"
            },
            "result": "15"
        }
    ],
    "messages": [
        {
            "content": "I now know the final answer.",
            "final_answer": " 计算 \\(5 + 5 \\times 2\\) 的结果是 15。",
```

```
            "additional_kwargs": {},
            "response_metadata": {}
        }
    ]
}
```

可以看到，整个过程通过 code_interpreter 工具完成了代码执行。Agent 正确地解释了数学运算的优先级，并通过代码执行得出了正确的结果。这个示例虽然并不复杂，但对于那些涉及复杂多步推理的 ReAct Agent 任务而言，通过日志观察并把握其执行效果是最佳实践。

3.2 Plan-and-Execute Agent

Plan-and-Execute 架构的本质是先规划再执行，即先把用户的问题分解成一个个子任务，然后再执行各个子任务，并根据执行情况调整计划。本节将对 Plan-and-Execute 架构进行详细解析，并基于 LangChain 框架来构建 Plan-and-Execute Agent。

3.2.1 Plan-and-Execute 架构解析

Plan-and-Execute 架构的最大特点在于在规划和执行的基础上加入了重规划（Replan）机制，其架构上包含规划器、执行器和重规划器这三个技术组件。

规划器（Planner）负责将复杂任务分解为多个子任务，并生成详细的执行计划。它通常利用 LLM 的推理能力，理解问题的本质并设计出清晰的解决方案。例如，对于"在北京，100 元人民币能买几束玫瑰？"这一问题，规划器会计划获取北京平均一束玫瑰的价格，然后基于 100 元人民币执行数学计算并对结果进行取整，从而获取最终可购买玫瑰的数量。

执行器（Executor）根据规划器生成的计划，逐步执行每个子任务。执行器需要理解各种可用资源和工具，并选择最合适的执行路径。例如，在 LangChain 的实现中，执行器本身是一个 ReAct Agent，能够接受目标并使用工具来实现这一目标。

重规划器（Replanner）的主要功能是在执行过程中动态调整计划。它接收来自执行器的执行结果和状态信息，根据这些信息评估当前计划的可行性，并对计划进行必要的调整。例如，如果某个子任务的执行结果与预期不符，或者执行过程中出现新的问题，重规划器可以重新生成或修改后续的计划步骤。

图 3-4 展示了 Plan-and-Execute 的基本原理。

可以看到，想要实现 Plan-and-Execute 架构，我们需要完成以下步骤：
① 规划器接收来自用户的输入，输出具体的任务清单。
② 将任务清单交给任务 Agent，即执行器，执行器会在循环中逐个处理任务。
③ 执行器每处理一个任务，就将处理结果和状态同步给重规划器，重规划器一方面会输出反馈给用户，另一方面会更新任务清单。
④ 任务清单再次交给执行器进行执行。

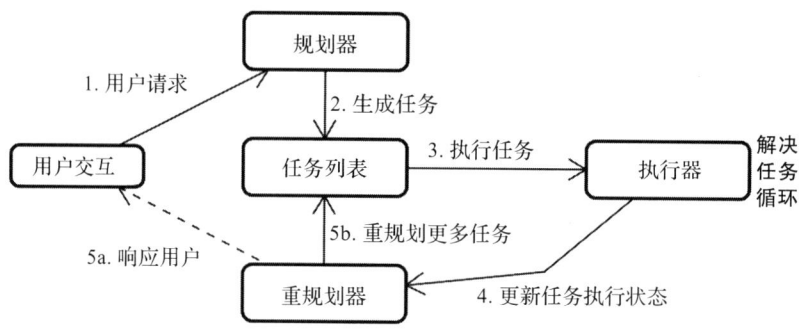

图 3-4 Plan-and-Execute 的基本原理

我们可以举一个现实中的示例。例如，对于"上海和北京之间的人口差距是多少？"这一问题，规划器会生成以下计划：

① 搜索上海 2024 年人口。
② 搜索北京 2024 年人口。
③ 计算两者的人口差值。

然后，Plan-and-Execute 架构会执行上述计划并获取类似代码清单 3-24 所示的执行日志。

代码清单 3-24　Plan-and-Execute 执行日志示例

```
steps=[Step(value='查找上海的人口数量。'), Step(value='查找北京的人口数量。'), Step(value=
'计算两个城市的人口差距。'), Step(value='根据上述步骤，回答用户的原始问题。\n\n')]

Action:
{
    "action": "Search",
    "action_input": "上海的人口数量"
}

Step: 查找上海的人口数量。
Response: 2023 年上海的人口数量为 2487.45 万人。

Action:
{
    "action": "Search",
    "action_input": "Beijing population 2023"
}

Step: 查找北京的人口数量。
Response: 2023 年北京的人口数量为 2185.8 万人。

Action:
{
    "action": "Calculator",
    "action_input": "2487.45 - 2185.8"
}
```

```
Step: 计算两个城市的人口差距。
Response: 上海和北京的人口差距约为 301.65 万人。

Step: 根据上述步骤, 回答用户的原始问题。
Response: 上海和北京的人口差约为 301.65 万人。
```

可以看到, 通过多个步骤的执行, 我们获取了最终想要的答案。目前, LangChain 的 Experiment 包中支持 Plan-and-Execute 架构, 开发者可以尝试创建 Plan-and-Execute Agent, 对任务先进行计划再具体执行。上述执行过程正是基于 Plan-and-Execute 架构的执行过程和结果。我们将在本节后续内容中给出详细的案例分析。Plan-and-Execute 架构使得 LLM 能够先综合考虑任务的多个方面, 然后按计划行动, 这在复杂的项目管理或需要多步骤决策的场景中尤为有效, 如自动化工作流程管理。

事实上, 如果使用 LangChain, 开发人员也可以利用 LangGraph 这样的状态图组件来构建 Plan-and-Execute 架构, 示例方法如代码清单 3-25 所示。

代码清单 3-25　Plan-and-Execute 架构实现代码

```
# 获取规划器、执行器和重规划器
planner = get_planner(llm)
agent_executor = get_agent_executor(llm)
replanner = get_replanner(llm)

# 构建 LangGraph 中的状态图
workflow = StateGraph(PlanExecute)

# 为每个节点函数创建函数
plan_step_partial = functools.partial(plan_step, planner=planner)
execute_step_partial = functools.partial(execute_step, agent_executor=agent_executor)
replan_step_partial = functools.partial(replan_step, replanner=replanner)

# 添加规划器节点
workflow.add_node("planner", plan_step_partial)
# 添加执行步骤
workflow.add_node("agent", execute_step_partial)
# 添加重规划器节点
workflow.add_node("replan", replan_step_partial)
workflow.add_edge(START, "planner")
# 从规划器节点到执行节点
workflow.add_edge("planner", "agent")
# 从执行节点到重规划器节点
workflow.add_edge("agent", "replan")
workflow.add_conditional_edges(
    "replan",
    # 传入一个函数, 用于决定下一步调用哪个节点
    should_end,
)
```

我们会在第 8 章详细介绍 LangGraph 框架的使用方式。现在我们只需要明确, 在上述代码中, 系统包含一定的决策逻辑, 用以确定是继续执行、进入重规划阶段, 还是结束流

程。这一决策过程基于计划的当前状态以及执行步骤所获得的结果，从而形成如图3-5所示的执行流程。

从原理上看，Plan-and-Execute架构和3.1节介绍的ReAct架构有一定的相似之处，但Plan-and-Execute架构的优点在于具备明确的长期规划，这一点即使是非常强大的LLM也难以实现。针对Plan-and-Execute架构，我们可以仅使用较大的模型进行规划，而使用较小的模型执行具体步骤，从而降低执行成本。Plan-and-Execute架构的局限性在于，每个任务必须按顺序执行的，下一个任务必须等待上一个任务完成后才能开始，这可能导致总执行时间的增加。

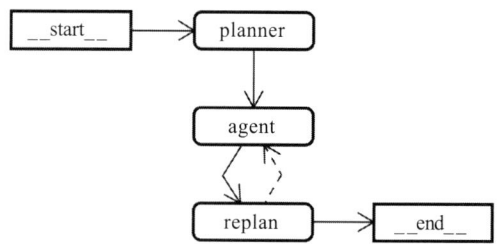

图3-5 基于LangGraph的Plan-and-Execute架构执行流程

3.2.2 基于LangChain实现Plan-and-Execute Agent

在本节中，我们将通过一个具体案例来介绍如何基于LangChain实现Plan-and-Execute Agent。

1. 实现Plan-and-Execute Agent

想象这样一种场景：你需要知道在北京这个特定的城市中，100元人民币可以买多少束玫瑰。这个问题看起来并不复杂，但实际上涉及数学计算以及信息检索。为此，我们首先需要构建两个工具，一个是数据计算工具，一个是信息检索工具。实现方式如代码清单3-26所示。

代码清单3-26 数据计算和信息检索工具实现代码

```
from langchain.chat_models import ChatOpenAI
from langchain.tools import DuckDuckGoSearchRun, Tool
from langchain import LLMMathChain

llm = ChatOpenAI(model="gpt-4-1106-preview",temperature=0)
llm_math_chain = LLMMathChain.from_llm(llm=llm, verbose=True)

search = DuckDuckGoSearchRun()

calcuator_tool = Tool(
    name="Calculator",
    func=llm_math_chain.run,
    description="当你需要进行数学计算时非常有用。"
)

search_tool = Tool(
    name="Search",
    func=search.run,
    description="有助于回答关于最新和当前事件的问题。"
)
```

在上述代码中，我们初始化了一个LLMMathChain实例，它是一个用于数学计算的链式工具。在它的构造函数中，我们需要将之前创建的LLM实例传递给LLMMathChain，使其能够利用 LLM 执行数学计算。同时，我们注意到这里初始化了一个 DuckDuckGoSearchRun 实例，用于调用 DuckDuckGo 搜索引擎。DuckDuckGo 是一款强调隐私保护的搜索引擎，LangChain 框架内置了对这款搜索引擎的集成。

接着，我们分别基于 LLMMathChain 和 DuckDuckGoSearchRun 实例构建了两个工具 calcuator_tool 和 search_tool，分别用于执行数学计算和信息检索。有了这两个工具之后，我们就可以构建在 LangChain 中代表 Plan-and-Execute 架构的 PlanAndExecute 类了，如代码清单 3-27 所示。

代码清单 3-27　LangChain 中 PlanAndExecute 类的使用方式

```
from langchain_experimental.plan_and_execute import PlanAndExecute, load_agent_
    executor, load_chat_planner

agent_tools = [search_tool, calcuator_tool]
model = ChatOpenAI(model="gpt-4",temperature=0)

# 加载一个规划器
planner = load_chat_planner(model)

# 加载一个执行器
executor = load_agent_executor(model, agent_tools, verbose=True)

# 创建 Plan-and-Execute Agent，组合规划器和执行器
agent = PlanAndExecute(planner=planner, executor=executor, verbose=True)
```

在上述代码中，我们分别通过 LangChain 提供的 load_chat_planner 和 load_agent_executor 方法加载了一个规划器和执行器。规划器的作用是根据输入的任务描述生成一个任务执行计划。这个计划会决定如何使用搜索引擎或计算器工具来完成任务。而执行器的作用是根据规划器生成的计划，实际调用工具并执行任务。它负责将工具的功能与 LLM 的输出结合起来，完成具体的任务。

最后，我们通过 PlanAndExecute 类来创建一个 Plan-and-Execute Agent，组合了规划器和执行器，这样整个实现过程就完成了。

2. 验证 Plan-and-Execute Agent

现在，对创建的 Plan-and-Execute Agent 进行验证。Plan-and-Execute Agent 调用示例如代码清单 3-28 所示。

代码清单 3-28　Plan-and-Execute Agent 调用示例

```
agent.run(" 在北京，1000 元人民币能买几束玫瑰？请使用中文进行推理 ")
```

上述代码执行过程的详细日志如代码清单 3-29 所示。

代码清单 3-29　Plan-and-Execute Agent 执行日志

```
> Entering new PlanAndExecute chain...
steps=[Step(value=' 查找上海的人口数量。'), Step(value=' 查找北京的人口数量。'), Step(value=' 计
```

算两个城市的人口差距。'), Step(value=' 根据上述步骤，回答用户的原始问题。\n\n')]

> Entering new AgentExecutor chain...
Thought: I need to search for the current population of Shanghai.
Action:
```
{
    "action": "Search",
    "action_input": "上海的人口数量"
}
```
  ddgs_gen = ddgs.text(

Observation: 您所在的位置：首页；统计服务；统计制度；年定报制度目录；字号．大；中；小．分享．19.上海市人口 综合统计报表制度（2024年统计年报和2025年定期统计报表）上海市统计局 2025-02-11 上海市人口综合统计报表制度（2024年统计年报和2025年定期统计报表）... 截至2023年年末，上海全市的常住人口数量为2487.45万人，位列全国人口（省、直辖市、自治区）排名第23位 ... 上海市16个区的面积、户籍人口、常住人口和GDP数据 ...
Thought:The search results show that the population of Shanghai at the end of 2023 was 24.8745 million (2487.45万人). I will use this information to answer the question.
Action:
```
{
    "action": "Final Answer",
    "action_input": "截至2023年年末，上海全市的常住人口数量为2487.45万人。"
}
```

> Finished chain.
*****

Step: 查找上海的人口数量。

Response: 截至2023年年末，上海全市的常住人口数量为2487.45万人。

> Entering new AgentExecutor chain...
Thought: The user wants to know the population of Beijing. I will use the search tool to find the most recent data.
Action:
```
{
    "action": "Search",
    "action_input": "北京的人口数量"
}
```
  ddgs_gen = ddgs.text(

Observation: 近期变化[latest] 基本信息 北京市是我们中华人民共和国的首都，也是中国的直辖市，历史别名燕京、蓟、幽州、北平，目前北京有16个市辖区，管辖面积为16410．红黑人口库 ... 平均每个家庭户的人口为2.31人，与2010年第六次全国人口普查的2.45人相比，减少0.14人。... 从城乡构成看，城镇人口1919.8万人，乡村人口266万人；城镇人口占全市常住人口的比重为87.8%。数据来源：《北京市2023年国民经济和社会发展统计公报》（数据发布时间：2024年3月21日）... 北京市16个区的面积、户籍人口、常住人口和GDP数据 ...
Thought:The search results show that the population of Beijing in 2023 is 2184.3

million. I will provide this information to the user.
Action:
```
{
    "action": "Final Answer",
    "action_input": "截至2023年年末，北京全市的常住人口数量为2184.3万人。"
}
```

> Finished chain.
*****

Step：查找北京的人口数量。

Response：截至2023年年末，北京全市的常住人口数量为2184.3万人。

> Entering new AgentExecutor chain...
Thought: The user wants to know the population difference between Shanghai and Beijing. I have the population of both cities from the previous steps. I can use the calculator tool to find the difference.

Action:
```
{
    "action": "Calculator",
    "action_input": "2487.45 - 2184.3"
}
```

> Entering new LLMMathChain chain...
2487.45 - 2184.3```text
2487.45 - 2184.3
```
...numexpr.evaluate("2487.45 - 2184.3")...

Answer: 303.14999999999964
> Finished chain.

Observation: Answer: 303.14999999999964
Thought:The calculator tool has provided the difference between the populations of Shanghai and Beijing. The difference is approximately 303.15 million people. Now I can provide this information to the user.

Action:
```
{
    "action": "Final Answer",
    "action_input": "上海和北京的人口差距约为303.15万人。"
}
```

> Finished chain.
\*\*\*\*\*
```

```
Step: 计算两个城市的人口差距。

Response: 上海和北京的人口差距约为303.15万人。

> Entering new AgentExecutor chain...
Thought: 根据之前的步骤，用户想要知道上海和北京两个城市的人口差距。我们已经查找到了两个城市
    的人口数量，并计算出了他们的差距。现在，我可以直接回答用户的问题。
Action:
```
{
    "action": "Final Answer",
    "action_input": "上海和北京的人口差距约为303.15万人。"
}
```

> Finished chain.
*****

Step: 根据上述步骤，回答用户的原始问题。

Response: 上海和北京的人口差距约为303.15万人。
> Finished chain.
```

可以看到，这里通过执行"Search""Calculator"以及"Final Answer"这些动作得到了最终答案。

为了更好地理解上述日志的执行过程，我们可以通过如代码清单3-30所示的代码打印系统提示词。

代码清单3-30　打印系统提示词代码

```
print(executor.chain.agent.llm_chain.prompt.messages[0].prompt.template)
```

打印出来的提示词如代码清单3-31所示。

代码清单3-31　系统提示词打印结果

```
Search: 有助于回答关于最新和当前事件的问题。args: {{'tool_input': {{'type': 'string'}}}}
Calculator: 当你需要进行数学计算时非常有用。args: {{'tool_input': {{'type': 'string'}}}}

Use a json blob to specify a tool by providing an action key (tool name) and
    an action_input key (tool input).

Valid "action" values: "Final Answer" or Search, Calculator

Provide only ONE action per $JSON_BLOB, as shown:

```
{{
    "action": $TOOL_NAME,
    "action_input": $INPUT
}}
```
```

```
Follow this format:

Question: input question to answer
Thought: consider previous and subsequent steps
Action:
```
$JSON_BLOB
```
Observation: action result
... (repeat Thought/Action/Observation N times)
Thought: I know what to respond
Action:
```
{{
    "action": "Final Answer",
    "action_input": "Final response to human"
}}
```

Begin! Reminder to ALWAYS respond with a valid json blob of a single action. Use
    tools if necessary. Respond directly if appropriate. Format is Action:```$JSON_
    BLOB```then Observation:.
Thought:
```

从这段提示词中可以获取 Plan-and-Execute Agent 是如何使用工具来解决问题的说明。它详细描述了如何通过指定工具和输入来执行操作并最终生成回答，包括以下组成部分：

- ❑ 工具介绍：包括 Search 和 Calculator 这两个工具，以及它们的定义和用途。
- ❑ 工具调用格式：使用一个 JSON 格式的"工具块"代码来指定工具，每个"工具块"必须包含两个键，即工具名称 action 和工具的输入内容 action_input。
- ❑ 有效操作值：允许的 action 值为 Search（用于搜索信息）、Calculator（用于计算）和 FinalAnswer（用于输出最终回答）。
- ❑ 操作流程：包含 Question（提出需要回答的问题）、Thought（思考如何解决问题，考虑是否需要调用工具）、Action（如果需要调用工具，则执行 JSON 格式的"工具块"）和 Observation（观测工具调用的结果，并根据结果继续思考下一步操作）这三个步骤。重复这些步骤，直到解决问题。
- ❑ 最终回答：当确定最终答案时进行输出。

这段提示词的作用是指导用户如何通过调用工具（如搜索或计算）逐步解决问题，并最终输出答案。它强调了工具调用的格式和操作流程的规范性，确保用户能够高效地使用工具来实现目标。

3.3 本章小结

本章系统地介绍了通用型 Agent 的设计与实现方法，涵盖了基于主流 Agent 实现架构的开发实践。

我们首先介绍了 ReAct Agent 的基本概念，强调其通过推理与行动相结合的方式解决了 LLM 在复杂任务处理中的局限性。随后，我们深入探讨了 ReAct 架构的工作原理，包括其核心组件以及执行流程，并讨论了如何通过提示词优化 Agent 的推理和执行能力。接着，本章详细介绍了基于 LlamaIndex 和 LangChain 框架的 ReAct Agent 实现方法。我们通过具体的代码示例和执行日志，展示了如何利用 LlamaIndex 框架构建并使用 OpenAIAgent 和 ReActAgent，并分析了它们在工具选择、提示词设计和任务执行方面的特点。此外，我们还探讨了基于 LangChain 框架的 ReAct Agent 的开发流程，包括工具定义、LLM 绑定、提示词创建和 AgentExecutor 组装，并通过案例分析展示了 LangChain ReAct Agent 在复杂任务处理中的高效性和灵活性。

针对 Plan-and-Execute Agent，我们深入解析了其架构设计，强调了规划器、执行器和重规划器的协同作用，以及重规划机制在动态调整任务计划中的重要性。通过具体案例分析，我们展示了 Plan-and-Execute Agent 如何通过任务分解、子任务执行和计划调整来完成复杂的多步骤任务，并讨论了其在自动化工作流程管理和项目管理中的应用场景。此外，我们还介绍了基于 LangChain 实现 Plan-and-Execute Agent 的开发流程，包括工具定义、规划器和执行器的加载，以及 Agent 的组装和验证。

通过本章的学习，读者可以全面了解通用型 Agent 的设计思路与实现方法，掌握 ReAct 和 Plan-and-Execute 架构的核心原理及其在不同框架中的实现方式。

CHAPTER 4

第 4 章

知识型 Agent

在当今信息爆炸的时代,知识型 Agent 系统正逐渐成为处理复杂信息和知识检索的重要工具。Agentic RAG 作为一种创新架构,通过引入 Agent 的概念,极大地扩展了传统 RAG 架构的能力,使其能够更高效地处理复杂任务。本章将深入探讨 Agentic RAG 的核心架构、实现过程以及基于 LangChain 和 LlamaIndex 框架的应用案例。我们将从 RAG 应用开发的基本流程入手,逐步剖析 Agentic RAG 如何通过 Agent 的协调和管理,实现更灵活、更强大的知识检索能力。

4.1 引入 Agentic RAG

Agentic RAG 本质上也是一种 RAG 技术。本节将从 RAG 应用的开发过程开始讲起,进而分析 Agentic RAG 的架构体系。

4.1.1 RAG 应用开发流程

RAG 可以被视为一种基于 LLM 的扩展或应用,通过结合 LLM 的生成能力和外部知识库的丰富信息来提供更准确、更全面的输出。我们已经在 1.3 节中介绍了 RAG 的相关概念,而本节将对 RAG 应用的开发过程进行详细介绍。在实现过程中,我们通常认为 RAG 具备 3 个典型的开发阶段,分别是创建索引、实现检索和生成结果。

1. 创建索引

在索引阶段,文档会以一种特定的方式进行预处理,以便在检索过程中实现高效搜索。这个过程可能会根据所使用的信息检索方法而有所不同。在 LLM 应用的开发过程中,我们通常使用向量搜索技术。向量搜索(Vector Search)也被称为语义搜索(Semantic Search)。文本文档通过嵌入模型被转换为数字向量。然后,我们根据查询向量与文档向量之间的余弦相似度或其他相似度/距离等度量标准来查找文档并对其进行排序，从而捕捉更深层的语义含义。对于向量搜索，索引阶段通常涉及以下步骤：

① 清理文档，并用额外的数据和元数据丰富它们。
② 将文档分割成更小的分块信息。
③ 执行嵌入操作。
④ 最后将嵌入结果存储在嵌入存储媒介中，也就是向量数据库中。

索引阶段通常在离线状态下进行，这意味着无须最终用户等待其完成。这可以通过类似定时任务的机制来实现，在一定时间之后重新索引公司内部文档。负责索引的代码也可以是一个单独的应用程序，只处理索引任务。然而，在某些情况下，最终用户可能希望上传他们的自定义文档，并使这些文档能够被 LLM 访问。在这种情况下，创建索引的过程应该在线进行，并成为应用程序的一个组成部分。图 4-1 所示的是一个 RAG 索引阶段的工作流程图。

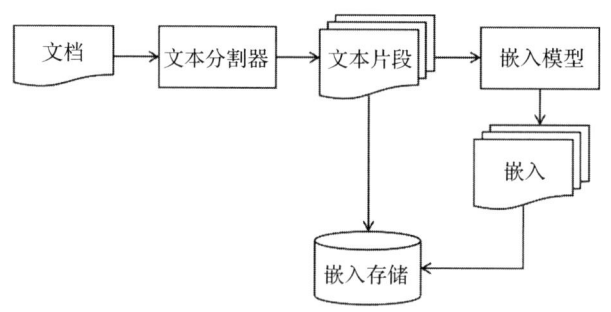

图 4-1　RAG 索引阶段的工作流程图

图 4-1 中出现了与 RAG 索引阶段紧密相关的几个核心概念，这里用一段话进行总结。在 RAG 的索引阶段，文档（Document）首先被输入系统，随后通过文本分割器（TextSplitter）将其分解为更小的片段，这些片段称为文本片段（Segment）。每个片段随后交由嵌入模型（EmbeddingModel）进行处理，转换为能够捕捉其语义信息的数值向量，即嵌入（Embedding）。生成的嵌入向量被存储在嵌入存储（EmbeddingStore）中，这是专门用于存储和管理向量数据的数据库。这样，文档的语义内容被有效地转换和存储，从而为检索阶段的高效搜索和生成任务提供基础。

2. 实现检索

相较于索引阶段，检索阶段通常在线上发生。当用户提交一个问题时，需要使用已索引的文档来进行回答。这个过程同样会根据所使用的信息检索方法而有所不同。对于向量搜索，这通常涉及将用户的查询嵌入到向量空间，并在嵌入存储中执行相似性搜索。然后，搜索结果中的相关部分，也就是原始文档的片段会被注入提示词中发送给 LLM 以获取响应。图 4-2 展示了 RAG 检索阶段的工作流程。

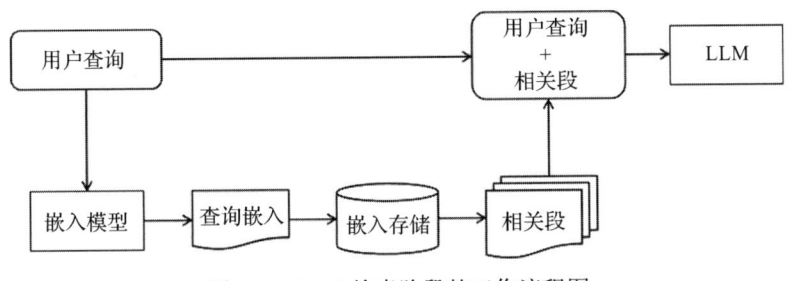

图 4-2 RAG 检索阶段的工作流程图

图 4-2 中展示了一些与 RAG 检索阶段紧密相关的概念。在这个阶段,工作流程首先从用户提交的查询(Query)开始。这个查询被输入到系统中,然后通过嵌入模型进行处理,将查询转换为一个数字向量,称为查询嵌入(Query Embedding)。接下来,系统在嵌入存储中执行相似性搜索。嵌入存储包含索引阶段生成并存储的所有文档嵌入向量。通过比较查询嵌入与存储中的嵌入向量,系统能够识别出与查询最相关的文档段,这些文档段被称为相关段(Relevant Segment)。这些相关段随后被提取出来并融入提示词中,最终发送给 LLM 进行处理,以生成响应或完成任务。整个过程确保用户查询的语义内容能够与文档内容进行有效的匹配和检索。

3. 生成结果

在 RAG 应用开发中,生成结果部分是整个流程的最终环节,其主要目标是将检索到的相关信息与用户的查询相结合,通过生成模型生成准确、连贯且具有上下文相关性的回答。

生成的结果可能需要进一步的后处理(Post-Process)和优化,以确保其准确性和连贯性。例如,可以对生成的回答进行语法检查和事实验证等操作,以提高回答的质量。此外,还可以通过微调生成模型,使其更好地适应特定的应用场景。经过后处理和优化后,生成的结果将最终输出给用户。输出的结果可以是文本形式,也可以是其他形式,如语音或图表,具体取决于应用需求。

4.1.2 实现 Agentic RAG 架构

理解了 RAG 的概念和开发过程之后,我们再来讨论 Agentic RAG。什么是 Agentic RAG? Agentic RAG 通过在 RAG 中引入 Agent 架构,改变了我们处理问答的方式。与传统方法仅依赖 LLM 不同,Agentic RAG 利用 Agent 来处理需要复杂规划、多步推理以及外部工具使用的复杂问题。Agentic RAG 为我们提供了一个易于扩展的实现方案。

我们可以将 Agentic RAG 想象成一支专家研究团队,每个团队成员都具备独特的技能和能力,协同工作以满足特定需求。无论是需要比较不同文档中的观点、深入研究特定文档的细节,还是综合来自各种摘要的信息,Agentic RAG 中的 Agent 都能以精确且高效的方式完成任务。表 4-1 展示了传统 RAG 和 Agentic RAG 的区别,重点突出了 Agentic RAG 相较于传统 RAG 的关键优势。

表 4-1 传统 RAG 与 Agentic RAG 的对比

特性	传统 RAG	Agentic RAG
提示工程	严重依赖手动提示工程和优化技术	可以根据上下文和目标动态调整提示,减少对手动提示工程的依赖
静态性	上下文感知有限,检索决策静态	考虑对话历史并根据上下文调整检索策略
开销	未优化的检索和额外的文本生成可能导致不必要的成本	可以优化检索并减少不必要的文本生成,从而降低成本并提高效率
多步复杂性	需要额外的分类器和模型进行多步推理和工具使用	处理多步推理和工具使用,无需单独的分类器和模型
决策制定	静态规则控制检索和响应生成	决定何时何地检索信息,评估检索数据的质量,并对响应进行生成后检查
检索过程	仅依赖初始查询来检索相关文档	在检索之前或期间执行环境中的操作以收集更多信息
适应性	适应变化情况或新信息的能力有限	可以根据反馈和实时观察调整其方法

本质上,Agentic RAG 是对传统 RAG 框架的扩展,它引入了 Agent 的概念,以增强系统的功能和处理能力。在 Agentic RAG 中,Agent 用于协调和管理 RAG 中的各个组件,并执行超出简单信息检索与生成的任务。

1. Agent 和 RAG 的融合模式

我们知道传统 RAG 实际上就是一个查询管道,通常包括以下组件:
- 查询/提示:用户的输入查询或提示。
- 检索器:一个组件,用于搜索知识库以检索与查询相关的信息。
- 知识库:包含要检索信息的外部数据源。
- LLM:一个强大的大语言模型,根据查询和检索到的信息生成输出。

在 Agentic RAG 中,Agent 被引入以增强和扩展查询管道的功能。以下是将 Agent 集成到 RAG 框架中的具体过程:

- 查询理解和分解:Agent 可以用于更好地理解用户的查询或提示,识别其意图,并将其分解为可以更有效地由 RAG 管道处理的子任务或子查询。例如,像"提供量子计算最新进展及其对网络安全潜在影响的摘要"这样的复杂查询可以被分解为"检索量子计算最新进展的信息"和"检索量子计算对网络安全影响的信息"等子查询。

- 知识库管理:Agent 可以策划和管理 RAG 系统所使用的知识库。这包括识别相关信息源,从这些源中提取结构化数据,并使用新的或修订的信息更新知识库。Agent 还可以为给定查询或任务选择最合适的知识库或知识库子集。

- 检索策略选择和优化:Agent 可以根据查询或任务选择最合适的检索策略(例如关键词匹配、语义相似性或神经检索)。它还可以综合考虑查询复杂性、领域特定知识需求和可用计算资源等因素,对检索过程进行微调和优化以提高性能。

- 结果合成和后处理：在 RAG 管道生成初始输出后，Agent 可以对结果进行合成和后处理。这可能涉及从多个检索源中组合信息，以解决信息不一致的问题，并确保最终的输出连贯、准确且结构化。Agent 还可以应用额外的推理、决策制定或领域特定知识，以进一步增强输出。
- 迭代查询和反馈循环：Agent 可以促进迭代查询过程。用户可以提供反馈、澄清查询或请求更多信息。基于这些反馈，Agent 可以优化 RAG 管道，更新知识库或调整检索与生成策略。
- 任务协调和管理：对于需要多个步骤或子任务的复杂任务，Agent 可以协调和管理这些子任务的执行过程。Agent 可以管理信息流，将子任务分配给不同的组件或模型，并将中间结果组合成最终输出。
- 多模态集成：Agent 可以促进将多模态数据源（如图像、视频、音频）集成到 RAG 管道中。这允许更全面的信息检索和生成能力，使系统能够处理涉及多种模态的查询或任务。
- 持续学习和适应：Agent 可以监控 RAG 系统的性能，识别改进点，并促进持续学习和适应。这可能涉及更新知识库、微调检索策略，或根据用户反馈、性能指标、底层数据或业务领域的变化调整 RAG 管道的其他组件。

通过将 Agent 集成到 RAG 框架中，Agentic RAG 系统可以变得更加灵活和适应性强，能够处理需要跨多个组件和模态进行推理、决策和协调的复杂任务。

Agentic RAG 架构中的 Agent 展现了多种使用模式，每种模式都针对特定任务和目标进行了定制。这些使用模式体现了 Agent 在与 RAG 系统交互时的多功能性和适应性。以下是 RAG 中 Agent 的关键使用模式：

- 利用现有的 RAG 管道作为工具：Agent 可以使用现有的 RAG 管道来完成特定任务或生成输出。通过使用现有管道，Agent 能够简化操作并充分利用 RAG 框架中已有的功能。
- 作为独立的 RAG 工具运行：Agent 可以在框架内作为独立的 RAG 工具运行。这使得 Agent 能够根据输入查询独立生成响应，而无须依赖外部工具或管道。
- 基于查询上下文的动态工具检索：Agent 可以根据查询提供的上下文从 RAG 系统中检索相关工具，例如向量索引。这种工具检索使 Agent 能够根据每个查询的具体要求调整其操作。
- 跨现有工具的查询规划：Agent 能够通过分析输入查询，并从 RAG 系统中预定义的现有工具集中选择合适的工具来执行查询规划任务。这使得 Agent 能够根据查询需求和预期结果优化工具选择。
- 从候选池中选择工具：在 RAG 系统提供多种工具的情况下，Agent 可以从检索到的候选工具池中选择最合适的工具。这一选择过程确保所选工具与查询的上下文和目标紧密匹配。

当我们尝试将 Agent 和传统 RAG 融合在一起时，Agent 充当智能协调者和促进者，增强了 RAG 管道的整体功能和性能。

2. RAG Agent 分类

RAG Agent 可以根据其功能进行分类，提供从简单到复杂的多种能力，具有不同的成本和构建方式。它们可以用于实现路由、查询规划、工具使用，以及我们在第 3 章介绍的 ReAct 和 Plan-and-Execute 等执行方式。

（1）路由 Agent

路由 Agent 使用 LLM 来选择具体的下游 RAG 管道，其中 LLM 通过分析输入查询，选择最合适的 RAG 管道。这是 Agent 推理的基本且简单的形式。图 4-3 展示了路由 Agent 的基本组成结构。

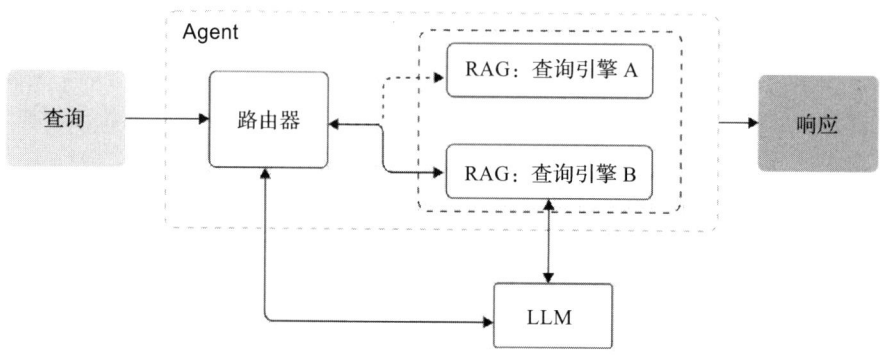

图 4-3　路由 Agent 的基本组成结构

（2）查询规划 Agent

查询规划 Agent 将复杂查询分解为可并行化的子查询，每个子查询可以在基于不同数据源的各种 RAG 管道上执行。然后，这些管道的响应被合并为最终响应。在查询规划中，初始步骤涉及将查询分解为子查询，在每个合适的 RAG 管道上执行每个子查询，并将结果合成为最终响应，如图 4-4 所示。

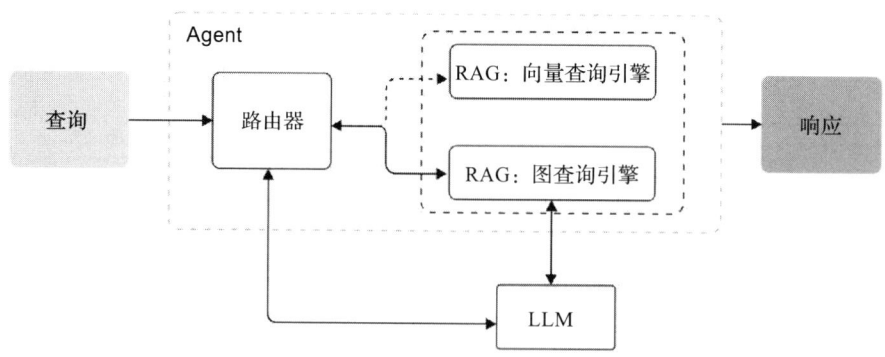

图 4-4　查询规划 Agent 的基本组成结构

可以看到，图 4-3 与图 4-4 的区别在于使用了不同的 RAG 引擎来完成不同的查询操作。

（3）工具使用 Agent

在典型的 RAG 中，用户提交查询以检索与查询语义匹配的最相关文档。然而，在某些情况下，需要从外部源（如 SQL 数据库或具有 API 的应用程序）获取额外数据。此额外数据可用作上下文以增强输入查询，并提交给 LLM 进行处理。在这种情况下，Agent 可以使用 RAG 工具，如图 4-5 所示。

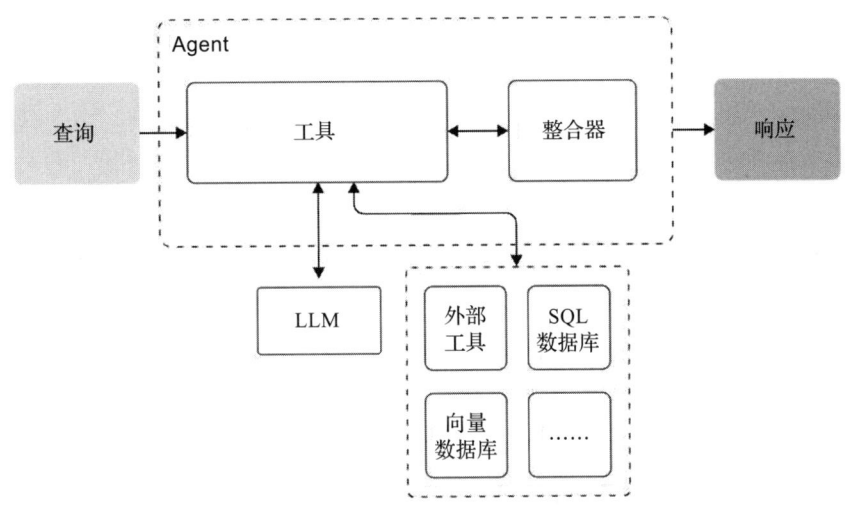

图 4-5　工具使用 Agent 的基本组成结构

构建 Agentic RAG 需要特定的框架和工具以实现 Agent 的创建和协调。虽然从零开始构建这样的系统可能很复杂，但有成熟的框架可以简化实现过程，其中最具代表性的是 LangChain 和 LlamaIndex。因此，在接下来的内容中，我们将分别使用这两款开发框架来构建知识型 Agent。

4.2　基于 LangChain 构建知识型 Agent

使用 LangChain 构建知识型 Agent 遵循一定的步骤。在本节中，我们将从文档处理开始讲起，最终构建出一个集成了 RAG 机制的 ReAct Agent。

4.2.1　处理文档

现在，假设我们有一组 PDF 文档。为了实现 RAG 架构，我们需要将它们转换为嵌入数据并保存在向量数据库中。对于 RAG 应用而言，实现文档向量化的过程是比较通用的。在 LangChain 中，我们可以采用如代码清单 4-1 所示的开发步骤。

代码清单 4-1　文档向量化开发步骤

```
def main():
    # 加载文档
```

```
documents = load_documents()
# 分割文档
chunks = split_documents(documents)
# 保存到向量数据库
add_to_vector_database(chunks)
```

针对第一步加载文档，我们可以引入 LangChain 框架中的文档加载器（Document Loader）组件来处理 PDF 文档。

1. 文档加载和分割

LangChain 中，Document 类是用于表示文本文档的基本数据结构。这个类通常用于存储文本数据及其元数据，为后续的处理、分析、索引和检索提供统一的接口。如代码清单 4-2 所示的是一个 Document 类的基本示例。

代码清单 4-2　LangChain 中 Document 类基本示例

```
doc = Document(
    page_content="Machine learning is a method of data analysis that automates
        analytical model building.",
    metadata={"title": "Introduction to Machine Learning", "author": "John
        Doe", "date": "2024-06-06"}
)
```

可以看到，LangChain 中的 Document 类的核心属性是 page_content，用于存储文档的实际文本内容。这可以是任意形式的文本，如段落、文章、章节等。除了文本内容，Document 类还可以存储与文本相关的元数据。这些元数据可以包括文档的标题、作者、发布时间、标签等，它们都存储在 metadata 这个字典属性中。

现在，我们来处理 PDF 文档。首先，如果我们要处理的是单个 PDF 文档，那么可以采用如代码清单 4-3 所示的实现方式。

代码清单 4-3　基于 PyPDFLoader 加载 PDF 文档

```
from langchain_community.document_loaders import PyPDFLoader

loader = PyPDFLoader("./pdf/test.pdf")
pages = loader.load_and_split()
print(pages)
```

可以看到，这里我们使用了 LangChain 中的 PyPDFLoader 类来加载单个 PDF 文档。从命名上不难看出，PyPDFLoader 底层是使用了 PyPDF 这个专门用来处理 PDF 文档的 Python 库。

而如果你想处理位于一个文件目录下的所有 PDF 文档，那么可以使用另一个 PDF 文档加载器 PyPDFDirectoryLoader，使用方式如代码清单 4-4 所示。

代码清单 4-4　基于 PyPDFDirectoryLoader 加载 PDF 文档

```
from langchain_community.document_loaders import PyPDFDirectoryLoader

# 加载目录中的所有 PDF 文档
```

```
loader = PyPDFDirectoryLoader("pdf/")
docs = loader.load()
print(docs)
```

在案例中，我们也基于该组件来实现对 PDF 文档的批量加载。为此，我们定义了如代码清单 4-5 所示的工具方法。

代码清单 4-5　批量加载 PDF 文档的工具方法

```
def load_documents():
    document_loader = PyPDFDirectoryLoader(DATA_PATH)
    docs = document_loader.load()
    print(docs)
    return docs
```

通过该方法，我们可以将位于 DATA_PATH 文件目录下的所有 PDF 文档加载到系统中。如果将这些文档打印到控制台，你会看到如代码清单 4-6 所示的效果。

代码清单 4-6　控制台文档打印日志

```
[
Document(metadata={'source': 'data\\test_file1.pdf', 'page': 0}, page_content='...'),
Document(metadata={'source': 'data\\test_file1.pdf', 'page': 1}, page_content='...'),
Document(metadata={'source': 'data\\test_file1.pdf', 'page': 2}, page_content='...'),
Document(metadata={'source': 'data\\test_file1.pdf', 'page': 3}, page_content='...'),
...
Document(metadata={'source': 'data\\test_file2.pdf', 'page': 0}, page_content='...'),
Document(metadata={'source': 'data\\test_file2.pdf', 'page': 1}, page_content='...'),
Document(metadata={'source': 'data\\test_file2.pdf', 'page': 2}, page_content='...'),
Document(metadata={'source': 'data\\test_file2.pdf', 'page': 3}, page_content='...')
]
```

可以看到，这里 PyPDFDirectoryLoader 组件成功加载了 test_file1.pdf 和 test_file2.pdf 这两个文档，并完成了内容的分页处理。

一旦获取文档，按照 RAG 的标准开发流程，下一步工作就是对文档进行分割从而获取文本块。和 LlamaIndex 等其他 LLM 应用开发框架一样，LangChain 也为我们提供了一组非常实用的文本分割器组件，比较有代表性的是 RecursiveCharacterTextSplitter。该文本分割器使用一串字符列表作为运行时参数，默认的字符列表是 ["\n\n", "\n", " ", ""]。RecursiveCharacterTextSplitter 会尝试按顺序分割这些字符，直到块足够小。我们可以通过如代码清单 4-7 所示的方式来实例化一个 RecursiveCharacterTextSplitter 对象。

代码清单 4-7　RecursiveCharacterTextSplitter 使用方式

```
from langchain_text_splitters import RecursiveCharacterTextSplitter

text_splitter = RecursiveCharacterTextSplitter(
    separator="。",        # 切割的标志字符
    chunk_size=100,        # 切分的文本块大小，一般通过长度函数计算
    chunk_overlap=20,      # 切分的文本块重叠大小，一般通过长度函数计算
```

```
            length_function=len,        # 计算文本块的长度，确保它们不超过指定的chunk_size
            is_separator_regex=False,   # 是否使用正则表达式作为分割标志
            add_start_index=True        # 是否在返回的文本块中添加起始索引，默认为True
)
```

RecursiveCharacterTextSplitter 的执行逻辑是首先尝试使用较大的文本单元（如段落）进行分割。如果分割后某个部分仍然过大，则进一步使用更小的单元（如句子）进行分割，直至达到期望的文本块大小。在案例系统中，我们可以借助 RecursiveCharacterTextSplitter 来实现如代码清单 4-8 所示的 split_documents 方法。

代码清单 4-8　split_documents 方法实现

```python
def split_documents(documents: list[Document]):
    text_splitter = RecursiveCharacterTextSplitter(
        chunk_size=800,
        chunk_overlap=80,
        length_function=len,
        is_separator_regex=False,
    )
    return text_splitter.split_documents(documents)
```

我们知道，通过文本分割器获取的文本块会自动继承来自原始文档的一组元数据，例如代表文档来源的 source 信息，以及分割后的分页 page 信息。

2. 嵌入模型

现在，我们已经具备一组被分割后的文档，下一步就是将它们向量化并保存到向量数据库中。那么，如何将文档进行向量化呢？此时我们需要实现文本嵌入。关于文本嵌入的基本概念，你可以回顾 1.2 节的内容。为了实现文本嵌入，我们需要引入特定的嵌入模型。嵌入模型可以将文本转换为数字形式，用于执行语义搜索和分类等任务。例如，我们可以使用常见的 SentenceTransformer 模型来实现文本嵌入，其实现过程如代码清单 4-9 所示。

代码清单 4-9　SentenceTransformer 嵌入模型包装器定义

```python
from sentence_transformers import SentenceTransformer

class EmbeddingFunctionWrapper:
    def __init__(self, model):
        self.model = model

    def embed_query(self, query):
        """
        嵌入单个查询
        """
        return self.model.encode([query])[0].tolist()

    def embed_documents(self, documents):
        """
        嵌入一组文档
```

```
        """
        return self.model.encode(documents).tolist()
def embedding_function():
    model = SentenceTransformer('paraphrase-MiniLM-L6-v2')
    embedding_function = EmbeddingFunctionWrapper(model)
    return embedding_function
```

可以看到，这里我们构建了一个 SentenceTransformer 嵌入模型的包装类 Embedding-FunctionWrapper。SentenceTransformer 是一个基于 Python 的开源框架，用于生成句子、段落和图像的密集向量表示。它利用 Transformer 网络（如 BERT）的强大能力，将文本或图像转换为固定大小的向量，这些向量能够反映其语义信息。

4.2.2 集成向量数据库

当完成对文档的嵌入操作后，我们会得到一组向量。通常，我们需要将这些向量持久化，以满足各种定制化检索需求。在本节中，我们将讨论如何基于 LangChain 框架集成 Chroma 和 Faiss 这两款主流的向量数据库。

1. 集成 Chroma

Chroma 是一款 AI 原生开源的向量数据库，同时也是实现 RAG 技术方案的一种有效工具。Chroma 支持多种查询类型，包括范围查询和 k- 最近邻（k-NN）查询，这使得它在需要快速检索相似项的应用中非常有用。

想要使用 Chroma，我们首先通过 pip install chromadb 命令进行安装。Chroma 的运行模式有三种，分别是内存模式、本地模式和服务模式。在内存模式下，使用 Chroma 的方式非常简单，只需要通过代码清单 4-10 中的代码创建一个客户端组件，然后调用该客户端完成一系列操作即可。

代码清单 4-10 创建 Chroma 客户端

```
client = chromadb.Client()
```

请注意，在内存模式下数据不会被持久化。想要数据持久化，可以采用本地模式。我们可以通过配置让 Chroma 保存和加载本地机器上的数据。通过这种方式，数据将自动持久化到本地，并在启动时加载，实现方式如代码清单 4-11 所示。

代码清单 4-11 持久化 Chroma 数据

```
client = chromadb.PersistentClient(path="/path/to/save/to")
```

Chroma 还可以以服务模式运行。这种模式需要搭建独立的服务器组件，设置相对复杂。而在使用服务模式时，客户端无须安装完整的 chromadb 模块，只需依赖 chromadb-client 客户端组件即可。通过这种方式，Chroma 的 API 将以服务模式提供服务。

在本节中，简单起见，我们将使用本地模式来运行 Chroma。当我们启动并连接到

Chroma 之后，下一步要做的事情是创建和管理集合（Collection）。集合是 Chroma 中存储嵌入、文档和元数据的媒介，类似于关系数据库中的表。你可以使用客户端对象的 create_collection 方法创建一个集合，示例代码如代码清单 4-12 所示。

代码清单 4-12　通过 Chroma 客户端创建集合

```
collection = chroma_client.create_collection(name="my_collection")
```

关于 Collection 对象存在一组常见的工具方法，如代码清单 4-13 所示。

代码清单 4-13　Collection 对象常见工具方法

```
# 获取一个存在的 Collection 对象
collection = chroma_client.get_collection("testname")

# 如果不存在，就创建 collection 对象，一般推荐使用这个方法
collection = chroma_client.get_or_create_collection("testname")

# 查看已有的集合
chroma_client.list_collections()

# 删除集合
chroma_client.delete_collection(name="my_collection")
```

成功启动 Chroma 并创建了集合之后，下一步就可以往里面添加文档数据了。当我们向向量数据库中添加新的文档时，需要考虑的点在于不要重复添加向量数据，也就是说，要做到对向量数据的增量更新。那么，如何做到这一点呢？基本思路就是把需要新插入的数据和数据库中已经存在的数据进行比对，从而过滤掉那些重复数据。而比对操作所使用的媒介通常就是目标数据的唯一性 ID，就像我们在处理关系数据库时一样。在这里，为了实现数据比对，我们可以设计如代码清单 4-14 所示的工具方法，该方法用于创建文档唯一性 ID。

代码清单 4-14　创建文档唯一性 ID 的工具方法

```
def calculate_chunk_ids(chunks):
    # 这将创建格式为 source:page:chunk_index 的唯一性 ID, 类似 "xxx.pdf:5:3"

    last_page_id = None
    current_chunk_index = 0

    for chunk in chunks:
        source = chunk.metadata.get("source")
        page = chunk.metadata.get("page")
        current_page_id = f"{source}:{page}"

        # 如果 Page ID 与上一个相同, 则增加索引
        if current_page_id == last_page_id:
            current_chunk_index += 1
        else:
            current_chunk_index = 0
```

```
    # 计算文本块 ID
    chunk_id = f"{current_page_id}:{current_chunk_index}"
    last_page_id = current_page_id

    # 将 ID 添加到元数据
    chunk.metadata["id"] = chunk_id
return chunks
```

这段代码的作用是为每个文本块创建一个全局唯一的 ID，这个 ID 由 3 部分组成，即 source、page 和 chunk_index，其中 source 和 page 来自文本块自身的元数据，而 chunk_index 是我们为每个文本块创建的索引。我们将这三部分组合在一起形成文本块的 ID 值，并将其添加到文本块的元数据中。

现在，我们已经拥有一组带有全局唯一 ID 的文本块，因此可以通过这个 ID 满足增量更新向量数据库的需求。具体实现过程如代码清单 4-15 所示。

代码清单 4-15　基于全局唯一 ID 实现数据增量更新

```
from get_embedding_function import embedding_function
from langchain_community.vectorstores import Chroma

def add_to_chroma(chunks: list[Document]):
    # 加载现有数据库
    db = Chroma(
        persist_directory=CHROMA_PATH, embedding_function=embedding_function()
    )

    # 计算 ID
    chunks_with_ids = calculate_chunk_ids(chunks)

    # 新增或更新文档
    existing_items = db.get(include=[])
    existing_ids = set(existing_items["ids"])
    print(f"数据库中已存在的文档：{len(existing_ids)}")

    # 只添加数据库中不存在的文档
    new_chunks = []
    for chunk in chunks_with_ids:
        if chunk.metadata["id"] not in existing_ids:
            new_chunks.append(chunk)

    if len(new_chunks):
        print(f"添加新文档：{len(new_chunks)}")
        new_chunk_ids = [chunk.metadata["id"] for chunk in new_chunks]
        db.add_documents(new_chunks, ids=new_chunk_ids)
        db.persist()
    else:
        print("没有新文档需要添加")
```

在上述代码中，我们在创建 Chroma 数据库时，除了指定数据库的存储位置，还传入了一个 embedding_function。这个 embedding_function 的背后实际上是一个嵌入模型，使用的是我们前面已经构建的 SentenceTransformer 模型。

接下来，我们获取了保存在 Chroma 中的向量数据以及它们的 ID 值，通过比对新插入的文本块，就可以做到只添加数据库中不存在的文档。在保存文档时，我们需要同步设置它们的 ID 值。最后，我们通过调用 Chroma 的 persist 方法将文档持久化到数据库中。

2. 集成 Faiss

Faiss（Facebook AI Similarity Search）是由 Facebook AI Research（现 Meta AI）开发的一个高效相似性搜索和聚类库，广泛应用于图像检索、文本相似性比较、推荐系统等领域。Faiss 凭借其高效的检索性能、灵活的索引类型和广泛的适用场景，已成为当前最受欢迎的向量相似性搜索库之一。Faiss 具有如下功能特性：

- 高效检索：Faiss 能够处理大规模高维向量数据，支持在十亿级别向量上进行快速相似性搜索。
- 多种索引类型：支持多种索引结构，如倒排索引、积量化等，以适应不同的数据规模和性能需求。
- 硬件加速：支持 CPU 和 GPU 加速，能够充分利用现代硬件的计算能力。
- 多种距离度量方式：支持 L2 距离、内积、余弦相似度等多种度量方式。

Faiss 可以通过 pip 命令进行安装，支持 CPU 和 GPU 版本，如代码清单 4-16 所示。

代码清单 4-16　Faiss 安装命令

```
pip install faiss-cpu
pip install faiss-gpu
```

安装完 Faiss 向量数据库之后，我们就可以使用它的一组原生 API 来实现对向量的处理，示例代码如代码清单 4-17 所示。

代码清单 4-17　基于 Faiss 原生 API 实现对向量处理

```
import numpy as np
import faiss

# 1. 创建向量数据：假设我们有一组二维向量，每个向量有 4 个维度
dimension = 4
num_vectors = 10
vectors = np.random.rand(num_vectors, dimension).astype('float32')  # 随机生成向量数据

# 2. 创建索引：使用最简单的 IndexFlatL2
index = faiss.IndexFlatL2(dimension)

# 3. 添加向量到索引
index.add(vectors)

# 4. 执行相似性搜索：假设我们有一个查询向量
query_vector = np.random.rand(1, dimension).astype('float32')  # 随机生成查询向量
k = 3  # 搜索返回的最近邻数量
# 执行搜索
```

```
distances, indices = index.search(query_vector, k)

# 5. 输出结果
print("查询向量: ", query_vector)
print("最近邻向量的索引: ", indices)
print("最近邻向量的距离: ", distances)
```

基于我们对文本嵌入和向量检索的了解,上述代码的执行过程非常清晰。最终,我们通过 Faiss 索引的 search 方法完成了相似性搜索,执行结果如代码清单 4-18 所示。

代码清单 4-18　通过 Faiss 索引的 search 方法执行结果

```
查询向量: [[0.44465008 0.7738509 0.45490843 0.2960715 ]]
最近邻向量的索引: [[6 3 2]]
最近邻向量的距离: [[0.06151124 0.3234593 0.3958453 ]]
```

通常,我们不倾向于直接使用 Faiss 的原生 API 来执行向量操作,而是利用集成框架来简化使用方式。同样,我们以 LangChain 框架为例给出示例代码。代码清单 4-19 展示了基于 Faiss 构建向量存储的实现方式。

代码清单 4-19　基于 Faiss 构建向量存储的实现方式

```python
import faiss
from langchain_community.docstore import InMemoryDocstore
from langchain_community.vectorstores import FAISS
from langchain_openai import OpenAIEmbeddings
from uuid import uuid4
from langchain_core.documents import Document

# 初始化嵌入模型
embeddings = OpenAIEmbeddings(model="text-embedding-3-large")

# 创建 Faiss 索引
dimension = len(embeddings.embed_query("hello world"))
index = faiss.IndexFlatL2(dimension)

# 初始化 Faiss 向量存储
vector_store = FAISS(
    embedding_function=embeddings,
    index=index,
    docstore=InMemoryDocstore(),
    index_to_docstore_id={}
)

# 添加示例文档到向量存储中
documents = [
    Document(page_content="早饭我吃了小笼包和茶叶蛋.", metadata={"source": "tweet"}),
    Document(page_content="明天天气是阴天", metadata={"source": "news"}),
    Document(page_content="基于 LangChain 创建一个 LLM 应用", metadata={"source":
        "tweet"})
]
```

```python
# 为每个文档生成唯一 ID
ids = [str(uuid4()) for _ in range(len(documents))]

# 将文档添加到向量存储
vector_store.add_documents(documents=documents, ids=ids)
```

这里我们通过 UUID 为每个文档生成全局唯一 ID，并将其存储到向量数据库中。可以看到，通过 LangChain 的 FAISS 类，可以将 Faiss 索引与文档存储相结合，从而实现高效的向量管理。这种整合方式支持多种嵌入模型和语言模型。开发人员可以根据需求选择合适的模型，非常灵活。

4.2.3 增强检索功能

当我们具备向量数据库之后，下一步要做的事情就是执行检索操作。一方面，向量数据库提供了原生检索能力；另一方面，LangChain 也对主流的向量数据库进行了封装，为开发人员提供了一组方便快捷的检索组件。

1. 向量数据库原生检索

对于任何一款向量数据库，我们都可以对其执行检索操作。以 Chroma 为例，该向量数据库提供了一组搜索工具方法用于完成这一目标，常见的包括 similarity_search 和 similarity_search_with_score 方法。其中，前者执行普通搜索，而如果需要获取相似性评分，则可以使用后者。示例代码如代码清单 4-20 所示。

代码清单 4-20　similarity_search_with_score 方法调用示例

```
db = Chroma(persist_directory=CHROMA_PATH, embedding_function=embedding_function())

# 搜索向量数据库
results = db.similarity_search_with_score(query_text, k=5)
print(results)
```

这里调用了 Chroma 的 similarity_search_with_score 方法来执行带有评分机制的检索。该方法的基本原理是执行向量空间中的相似度计算，执行效果如代码清单 4-21 所示。

代码清单 4-21　similarity_search_with_score 方法执行效果

```
[
(Document(metadata={'id': 'data\\test_file.pdf:0:0', 'page': 0, 'source':
    'data\\monopoly.pdf'}, page_content='...'), 28.035133366902706),
(Document(metadata={'id': 'data\\test_file.pdf:7:2', 'page': 7, 'source':
    'data\\monopoly.pdf'}, page_content='...'), 35.48379492826761),
(Document(metadata={'id': 'data\\test_file.pdf:1:2', 'page': 1, 'source':
    'data\\monopoly.pdf'}, page_content='...'), 36.94354125538671),
(Document(metadata={'id': 'data\\test_file.pdf:3:0', 'page': 3, 'source':
    'data\\monopoly.pdf'}, page_content='...'), 37.951758325189935),
(Document(metadata={'id': 'data\\test_file.pdf:2:0', 'page': 2, 'source':
    'data\\monopoly.pdf'}, page_content="..."), 38.44179103171522)
]
```

可以看到，我们按照评分排序获取了最相似的 5 个目标文档，并同步获取了文档的页码以及具体的分值。

2. VectorStore 和 Retriever

讲到这里，我们可能会遇到一个问题，即业界不同的向量数据库所开放的检索 API 各不相同。为此，LangChain 对向量存储和检索过程进行了抽象，专门提供了 VectorStore（向量存储器）和 Retriever（检索器）这两个工具组件。

LangChain 的 VectorStore 支持将文本和 Document 对象添加到存储中。例如，如果使用 Chroma 向量数据库，那么就可以通过代码清单 4-22 的方式构建一个 VectorStore。

代码清单 4-22　LangChain 中 VectorStore 构建方式

```
from langchain_chroma import Chroma
from langchain_openai import OpenAIEmbeddings

vectorstore = Chroma.from_documents(
    documents,
    embedding=OpenAIEmbeddings(),
)
```

这里我们通过传入一组文档以及一个嵌入模型，基于 Chroma 成功构建了 VectorStore 对象。

另一方面，Retriever 是一种接口，接受字符串查询作为输入并返回文档列表作为输出。Retriever 比 VectorStore 更通用，它不需要存储文档，而只需返回文档即可。要使用 Retriever，首先我们需要获取 Retriever 对象。开发人员可以使用 as_retriever 方法从 VectorStore 中构建 Retriever，示例代码如代码清单 4-23 所示。

代码清单 4-23　使用 as_retriever 方法从 VectorStore 中构建 Retriever

```
loader = TextLoader("mytext.txt")
documents = loader.load()
text_splitter = CharacterTextSplitter(chunk_size=1000, chunk_overlap=0)
texts = text_splitter.split_documents(documents)
embeddings = OpenAIEmbeddings()
vectorstore = FAISS.from_documents(texts, embeddings)

# 基于Vectorstore构建检索器
retriever = vectorstore.as_retriever()
docs = retriever.invoke("...")
```

默认情况下，Retriever 使用相似性搜索。如果底层向量存储支持最大边际相关性搜索（Maximal Marginal Relevance，MMR），那么 Retriever 就会使用这种搜索方式，并在相关性和多样性之间取得平衡。如果你想启用特定的搜索算法，可以指定对应的搜索类型。同时，我们也可以通过设置参数来控制搜索结果，示例代码如代码清单 4-24 所示。

代码清单 4-24　通过设置参数来控制 Retriever 搜索结果

```
retriever = vectorstore.as_retriever(search_type="mmr")

retriever = vectorstore.as_retriever(
```

```
        search_type="similarity_score_threshold",
        search_kwargs={"score_threshold": 0.5}
)

retriever = vectorstore.as_retriever(search_kwargs={"k": 1})
```

可以看到,我们可以使用 k 值(限制检索器返回的文档数量)和 score_threshold(相似度分数阈值)参数来控制 Retriever 的底层搜索行为。

4.2.4 整合 ReAct Agent

在本节中,我们将构建一个能够对 PDF 文件执行查询操作的案例系统。该系统综合利用了 LangChain 中用于构建知识型 Agent 的各项技术,并创建一个 ReAct Agent 来执行交互过程。

1. 构建检索工具

为了实现 PDF 查询,我们首先需要构建针对 PDF 文件的检索工具。这里我们使用 Faiss 作为向量存储,并通过 @tool 注解创建工具,如代码清单 4-25 所示。

代码清单 4-25　基于 Faiss 构建针对 PDF 文件的检索工具

```
@tool
def pdf_query(query: str) -> str:
    """使用语义搜索从输入问题中返回关于上海这座城市的 PDF 中的相关答案。"""

    llm = ChatOpenAI(model="gpt-4o")
    embeddings_model = HuggingFaceEmbeddings(
        model_name="sentence-transformers/all-mpnet-base-v2")

    try:
        db = FAISS.load_local("db/faiss_index_shanghai", embeddings_model,
            allow_dangerous_deserialization=True)
    except:
        reader = PdfReader("tools/data/constitution.pdf")
        raw_text = ''
        for i, page in enumerate(reader.pages):
            text = page.extract_text()
            if text:
                raw_text += text
        text_splitter = RecursiveCharacterTextSplitter(
            chunk_size=800,
            chunk_overlap=400,
        )
        texts = text_splitter.split_text(raw_text)

        db = FAISS.from_texts(texts, embeddings_model)
        db.save_local("db/faiss_index_constitution")

    retriever = db.as_retriever(k=4)
    result = retriever.invoke(query)
    return result
```

在上述代码中，我们综合使用了文档处理、向量存储以及向量检索功能。请注意，我们可以通过向量存储的 save_local 方法将 Faiss 索引保存到本地，同样也可以通过 load_local 方法将索引从本地加载到向量存储中。通过这种方式，我们就不必在每次解析同一份 PDF 文件时重复执行文本嵌入和向量存储操作。

2. 构建 ReAct Agent

有了 PDF 检索工具之后，下一步我们可以构建一个 Agent，实现过程如代码清单 4-26 所示。

代码清单 4-26　基于 PDF 检索工具构建 Agent

```
def agent(query: str):
    LLM = ChatOpenAI(model="gpt-4o")
    tools = [pdf_query]
    prompt_template = get_prompt_template()

    agent = create_react_agent(
        LLM,
        tools,
        prompt_template
    )
    agent_executor = AgentExecutor(
        agent=agent, tools=tools, verbose=False, handle_parsing_errors=True)

    result = agent_executor.invoke({"input": query})
    return result["output"]
```

这里我们展示了基于 LangChain 框架构建 ReAct Agent 的实现过程。关于 ReAct Agent 的详细介绍，你可以回顾 3.1 节的内容。

3. 执行结果展示

我们准备了一份关于上海这座城市的旅游计划的 PDF，然后执行如代码清单 4-27 所示的查询。

代码清单 4-27　基于 PDF 执行查询操作

```
reply = agent("上海的旅游计划是怎么样的？")
print(reply)
```

上述代码的执行结果如代码清单 4-28 所示。

代码清单 4-28　基于 PDF 查询结果

```
上海的旅游计划可以安排为一个 3 天的行程：

第一天：探索市中心
1．外滩：早晨漫步，欣赏黄浦江两岸的美丽风光。
2．南京路步行街：购物和品尝上海小吃。
3．豫园：下午游览古典园林。
```

4. 城隍庙：晚上品尝地道上海小吃。

第二天：现代与传统的交融
1. 上海博物馆：上午参观中国古代艺术和历史。
2. 淮海路：下午购物，体验时尚魅力。
3. 田子坊：晚餐后漫步艺术街区。

第三天：自然和科技
1. 上海科技馆：上午参观互动性很强的博物馆。
2. 世纪公园：下午放松，骑自行车或划船。
3. 东方明珠塔：晚上登塔俯瞰城市夜景。

额外建议包括品茶体验和黄浦江夜游。出行时可以学习一些基础中文短语，使用翻译应用，以及随身携带酒店和餐厅名片。

这里展示的是普通执行模式下的返回结果。为更好地展示 ReAct Agent 的执行过程，我们可以采用流式执行方式。重构后的代码如代码清单 4-29 所示。

代码清单 4-29　基于流式方式执行 Agent

```
agent_executor = AgentExecutor(agent=agent, tools=tools, verbose=True,
    return_intermediate_steps=True)
for step in agent_executor.stream({"input": query}):
    thought = step["messages"][0].content.split("\nAction")[0]
    print(thought)
    print(step)
```

执行上述代码，我们可以获取代码清单 4-30 所示的执行日志：

代码清单 4-30　基于流式方式执行 Agent 的执行日志

```
> Entering new None chain...
这是一个关于上海的旅游计划的问题，需要从相关的资料中获取答案。

{'actions': [AgentAction(tool='pdf_query', tool_input='上海的旅游计划 \n', log=' 这
    是一个关于上海的旅游计划的问题，需要从相关的资料中获取答案。\n\nAction: pdf_query\n\
    nAction Input: 上海的旅游计划 \n')], 'messages': [AIMessage(content=' 这是一个关
    于上海的旅游计划的问题，需要从相关的资料中获取答案。\n\nAction: pdf_query\n\nAction
    Input: 上海的旅游计划 \n', additional_kwargs={}, response_metadata={})]}
这是一个关于上海的旅游计划的问题，需要从相关的资料中获取答案。

Action: pdf_query

Action Input：上海的旅游计划
[Document(metadata={}, page_content=' 上海 \n 上海 \n3\n 天旅游计划 \n 天旅游计划 \n 第
    一天：探索市中心 \n 第一天：探索市中心 \n1\n. \n 外滩 \n 外滩 \n: 早晨漫步在外滩，欣赏黄浦
    江两岸的美丽风光，感受中西合璧的建筑风格。\n2\n. \n 南京路步行街 \n 南京路步行街 \n: 购物
    和品尝上海小吃的好去处。\n3\n. \n 豫园 \n 豫园 \n: 下午游览这个古典园林，体验传统的中国
    园林艺术。\n4\n. \n 城隍庙 \n 城隍庙 \n: 晚上在城隍庙品尝各种地道上海小吃，如小笼包和生煎
    包 ...')]", additional_kwargs={}, response_metadata={})]}
I now know the final answer.

Final Answer: 上海的旅游计划通常包括三个主要部分：
```

第一天：探索市中心
1．外滩：早晨漫步，欣赏黄浦江两岸的美丽风光。
2．南京路步行街：购物和品尝上海小吃。
3．豫园：下午游览古典园林。
4．城隍庙：晚上品尝地道上海小吃。

第二天：现代与传统的交融
1．上海博物馆：上午参观，了解中国古代艺术和历史。
2．淮海路：下午购物和体验时尚魅力。
3．田子坊：晚餐后，漫步于艺术街区。

第三天：自然和科技
1．上海科技馆：上午参观，适合家庭游客。
2．世纪公园：下午放松、骑自行车或划船。
3．东方明珠塔：晚上俯瞰城市夜景。

额外建议包括品茶体验和夜游黄浦江等活动。建议学习基础中文短语或使用翻译应用来帮助交流。

```
> Finished chain.
I now know the final answer.

Final Answer: 上海的旅游计划通常包括三个主要部分：
```

第一天：探索市中心
1．外滩：早晨漫步，欣赏黄浦江两岸的美丽风光。
2．南京路步行街：购物和品尝上海小吃。
3．豫园：下午游览古典园林。
4．城隍庙：晚上品尝地道小吃。

第二天：现代与传统的交融
1．上海博物馆：上午参观，了解中国古代艺术和历史。
2．淮海路：下午购物和体验时尚魅力。
3．田子坊：晚餐后，漫步于艺术街区。

第三天：自然和科技
1．上海科技馆：上午参观，适合家庭游客。
2．世纪公园：下午放松、骑自行车或划船。
3．东方明珠塔：晚上俯瞰城市夜景。

额外建议包括品茶体验和夜游黄浦江等活动。建议学习基础中文短语或使用翻译应用来帮助交流。
{'output': '上海的旅游计划通常包括三个主要部分：\n\n 第一天：探索市中心 \n1．外滩：早晨漫步，欣赏黄浦江两岸的美丽风光。...', additional_kwargs={}, response_metadata={})]}

可以看到，这里展示了 ReAct Agent 的详细推理步骤，并且在这些步骤的执行过程中，说明了如何实现文档的相关操作。

4.3 基于 LlamaIndex 构建多级知识型 Agent

在本节中，我们将借助 LlamaIndex 框架的力量，设计并实现一个简易的多文档 Agent 系统，该系统可以针对一组较大规模的文档有效地回答不同类型的问题，这些问题类型包括：

❑ 针对某个特定文档的问题。
❑ 针对不同文档的比较问题。
❑ 针对某个特定文档的摘要问题。
❑ 针对不同文档摘要的比较问题。

基于多级 Agent 系统的设计方法，我们将分别创建针对不同文档的子 Agent 以及一个顶层 Agent，整体架构如图 4-6 所示。

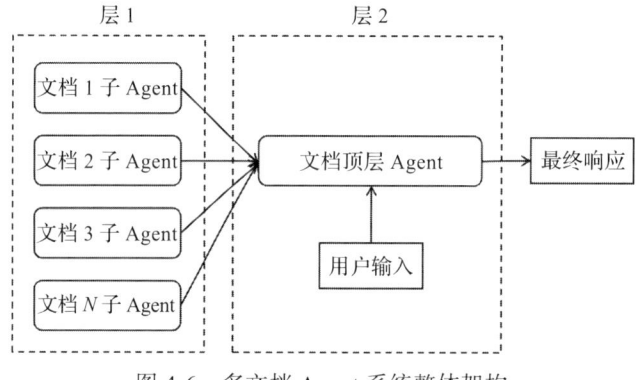

图 4-6　多文档 Agent 系统整体架构

图 4-6 中的文档子 Agent 作用于每一个文档，每个文档子 Agent 可以在其文档内进行问答和提取摘要。而我们在这组文档子 Agent 之上设置一个顶层 Agent 作为协调类 Agent，该 Agent 会执行链式思考以回答问题。

4.3.1　文档处理和检索

和 LangChain 框架类似，本节中，我们从文档处理开始讲起，介绍如何使用 LlamaIndex 实现知识型 Agent 的详细步骤。

1. 文档处理和索引构建

与 LangChain 类似，在 LlamaIndex 中，文档都会被转换成一个个 Document 对象。LlamaIndex 专门提供了一个 SimpleDirectoryReader 组件来为开发人员简化文件加载的过程。SimpleDirectoryReader 的使用方式非常简单，示例代码如代码清单 4-31 所示。

代码清单 4-31　SimpleDirectoryReader 使用示例

```
from llama_index.core import SimpleDirectoryReader

reader = SimpleDirectoryReader(
    input_dir="files",
    recursive=True
)
documents = reader.load_data()
for doc in documents:
    print(doc.metadata)
```

这里我们通过 input_dir 参数指定了文档的目录路径。默认情况下，SimpleDirectoryReader 只会识别该目录的顶层文件。而如果 recursive 参数被设置为 True，那么 SimpleDirectoryReader 会递归遍历该目录下所有文件内容。

SimpleDirectoryReader 的另一种常见使用方式是指定一组文件内容，示例代码如代码清单 4-32 所示。

代码清单 4-32　基于一组文件内容构建 SimpleDirectoryReader

```
files = ["file1.pdf", "file2.docx", "file3.txt"]
reader = SimpleDirectoryReader(files)
documents = reader.load_data()
```

SimpleDirectoryReader 有内置的方法来确定如何根据文件类型执行加载操作。它会自动识别基于文件扩展名的格式，如 PDF、DOCX、CSV、纯文本等。然后，它选择对应的工具库将内容提取到文档对象中。对于纯文本文件，它简单地读取文本内容；而对于像 PDF 和 Office 文档这样的二进制文件，它使用诸如 PyPDF 和 Pillow 这样的 Python 工具库来提取文本。

那么，一个 Document 对象内部是如何组织和保存数据的呢？LlamaIndex 使用了节点（Node）组件。虽然 Document 代表原始数据并且可以直接使用，但 Node 是从 Document 提取的更小的内容块，其目标是将文档分解成更小、更易于管理的文本片段。

有了节点这个概念，我们就可以利用 LlamaIndex 所提供的 API 来创建 Node 对象，示例代码如代码清单 4-33 所示。

代码清单 4-33　基于 LlamaIndex API 构建 Node 对象

```
from llama_index.core import Document
from llama_index.core.schema import TextNode

doc = Document(text="This is a sample document text")
n1 = TextNode(text=doc.text[0:16], doc_id=doc.id_)
n2 = TextNode(text=doc.text[17:30], doc_id=doc.id_)
print(n1)
print(n2)
```

在这个例子中，我们使用 Python 的文本切片功能手动提取两个节点的文本，并创建了 TextNode——一种用于保存文本的、最常见的 Node 对象。这种手动方法在需要完全控制节点的文本和对应的元数据时非常有用。然而，通常情况下，开发人员很少会手动通过 API 创建 Node 对象，而是使用文档分割器（DocumentSplitter）组件来自动实现这一目标。LlamaIndex 内置了许多分割器组件，其中最实用的就是 TokenTextSplitter。作为一种自动生成节点的方式，TokenTextSplitter 尝试将文档文本分割成包含完整句子的数据块。

当我们成功构建文档之后，下一步要做的就是创建索引。LlamaIndex 支持不同类型的索引，每种索引都有其优势和平衡点。以下是一些常见的索引类型：

❑ SummaryIndex：这种索引确保节点有序，这样可以一个接一个地访问它们。它接收一组文档,将它们分解成节点,然后将它们连接成列表。SummaryIndex 非常适合处理大型文档。
- DocumentSummaryIndex:这种索引为每个文档构建一个简洁的摘要,并将这些摘要映射回它们各自的节点。它通过使用这些摘要快速识别相关文档,从而促进高效的信息检索。
- VectorStoreIndex:这是最复杂的索引类型之一,它将文本转换为向量嵌入,并使用数学方法对相似的节点进行分组,帮助定位相似的节点。
- TreeIndex:这类索引通过树状结构按层级组织节点。在内部,每个父节点存储子节点的摘要。这些摘要由 LLM 生成,使用通用的摘要提示词。这种特定的索引对于摘要非常有用。
- KeywordTableIndex:关键词索引将重要单词连接到它们所在的节点。通过查找关键词,它使查找任何节点变得容易。
- KnowledgeGraphIndex:当你需要将大量连接信息的数据存储为知识图谱时,这个索引很有用。这个索引适合回答关于许多连接信息的棘手问题。
- ComposableGraph:这允许你创建复杂的索引结构,其中文档级别的索引被索引在更高级别的集合中,也就是说你可以创建索引的索引。

在现实开发过程中,最常见也是最实用的索引还是 VectorStoreIndex,该索引是大多数 RAG 应用开发过程中的主要组件。

2. 使用索引检索

LlamaIndex 提供了多种方法帮助开发人员创建检索器,其中最简单的方法是直接从索引对象构建。同样,我们要重点介绍的是 VectorIndexRetriever 这款检索器,它专门用于对 VectorStoreIndex 这种索引类型执行检索操作。VectorStoreIndex 对应的默认检索器是 VectorIndexRetriever,创建方法只需要一行代码,如代码清单 4-34 所示。

代码清单 4-34 基于 VectorStoreIndex 创建 VectorIndexRetriever

```
VectorStoreIndex.as_retriever()
```

基于对嵌入的理解,我们不难想象 VectorIndexRetriever 的运作方式,图 4-7 展示了检索的具体执行流程。

VectorIndexRetriever 通过将查询转换为向量,然后在向量空间中执行基于相似性的搜索。图 4-7 还展示了我们可以根据不同使用场景定制的 similarity_top_k 和 filters 这两个常见参数。其中,similarity_top_k 定义检索器返回的前 k 个结果的数量,这决定了每个查询返回的最相似结果的数量;而 filters 定义过滤器,用于利用节点的元数据缩小检索器的搜索范围。

对于 RAG 应用程序而言,如果我们想更好地控制对信息的访问,那么就应该尽早过滤掉那些不需要处理的数据。我们可以通过检索器在检索的那一刻开始就执行过滤操作。这在降低数据处理难度的同时也有效降低了成本。

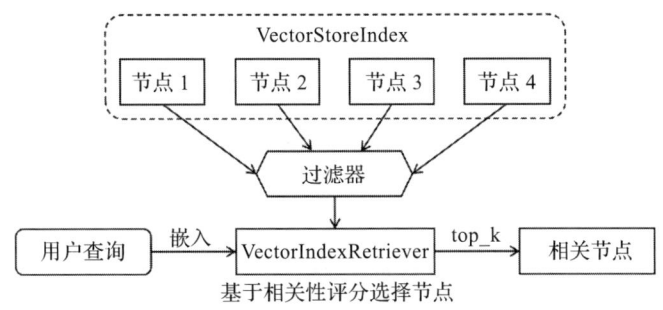

图 4-7　VectorIndexRetriever 运作方式

另一方面，在 LlamaIndex 中，我们也可以使用查询引擎来对索引执行检索操作。查询引擎通过 QueryEngine 接口进行表示，该接口负责处理用户查询并返回丰富的响应。代码清单 4-35 展示了构建查询引擎的基本方法。

代码清单 4-35　构建查询引擎的基本方法

```
query_engine = index.as_query_engine()
response = query_engine.query("北京的古代建筑有哪些？")
print(response)
```

可以看到，我们仅通过一行代码就基于现有的索引构建了一个简单的查询引擎。在这行代码的背后，LlamaIndex 会在底层创建一个 RetrieverQueryEngine 对象。一旦成功创建查询引擎对象，就可以通过它的 query 方法执行查询操作。

3. 集成工具

工具是一个强大的技术组件，我们可以将工具与检索过程结合使用，从而实现一种适应性的检索机制。

首先，我们来关注 LlamaIndex 中的 RetrieverTool 类。该类接收两个重要的参数：一个检索器和一个针对检索器的文本描述。代码清单 4-36 展示了 RetrieverTool 的使用方式。

代码清单 4-36　RetrieverTool 的使用方式

```
vector_retriever = vector_index.as_retriever()
summary_retriever = summary_index.as_retriever()

vector_tool = RetrieverTool.from_defaults(
    retriever=vector_retriever,
    description="使用这个来回答有关北京的问题。"
)
summary_tool = RetrieverTool.from_defaults(
    retriever=summary_retriever,
    description="使用这个来回答有关宠物的问题。"
)
```

类似的，LlamaIndex 中还存在一个 QueryEngineTool 工具类，该工具类可以封装任何现有的查询引擎，它只能提供对现有数据的只读访问。QueryEngineTool 类的使用方式如代码清单 4-37 所示。

代码清单 4-37　QueryEngineTool 类的使用方式

```
indexes = []
query_engines = []
tools = []
for doc in documents:
    document_title = doc.metadata['document_title']
    index = SummaryIndex.from_documents([doc])
    query_engine = index.as_query_engine(
        response_mode="tree_summarize",
        use_async=True,
    )
    tool = QueryEngineTool.from_defaults(
        query_engine=query_engine,
        description=f"Contains data about {document_title}",
    )
    indexes.append(index)
    query_engines.append(query_engine)
    tools.append(tool)
```

不难看出，这里我们针对每个文档分别创建了一个 SummaryIndex、QueryEngine 以及 QueryEngineTool。在 LlamaIndex 中，任何查询引擎都可以通过 QueryEngineTool 转换为一个工具。我们使用文档标题为每个工具提供描述。

现在我们有了可用工具的列表，就可以使用 PydanticMultiSelector 构建一个带有路由机制的 RouterQueryEngine，其实现方式如代码清单 4-38 所示。

代码清单 4-38　带有路由机制的 RouterQueryEngine 的构建方法

```
qe = RouterQueryEngine(
    selector=PydanticMultiSelector.from_defaults(),
    query_engine_tools=tools
)
```

当执行上述代码时，PydanticMultiSelector 会根据查询内容决定使用哪些工具来收集响应。每个工具返回结果后，查询引擎会综合这些结果并返回最终的响应。

4.3.2　实现两层文档处理 Agent

基于图 4-6 所展示的整体架构，本节将分别实现文档子 Agent 和顶层 Agent。我们先从子 Agent 开始讲起。

1. 实现文档子 Agent

为了重点演示 Agent 的实现过程，我们对文档索引的操作过程进行简化。在本案例中，业务场景将围绕一组城市数据展开分析。假设这些数据位于本地文件系统中，那么我们就可以通过 SimpleDirectoryReader 组件将它们加载到内存中，如代码清单 4-39 所示。

代码清单 4-39　通过 SimpleDirectoryReader 组件加载文件到内存中

```
city_docs = {}
for wiki_title in wiki_titles:
    city_docs[wiki_title] = SimpleDirectoryReader(
        input_files=[f"data/city/{wiki_title}.txt"]
    ).load_data()
```

基于这些文档，我们将构建一个 for 循环，并对每个文档执行以下操作：
- 将文档转换为节点并进行统一存储。
- 通过 VectorStoreIndex 对文档构建索引并进行持久化。
- 基于文档节点数据构建 SummaryIndex。
- 分别基于 VectorStoreIndex 和 SummaryIndex 构建 QueryEngine。
- 分别基于 QueryEngine 构建 QueryEngineTool。
- 构建 OpenAIAgent。

具体的代码执行过程如代码清单 4-40 所示。

代码清单 4-40　针对每个文档的具体操作过程

```
for idx, wiki_title in enumerate(wiki_titles):
    nodes = node_parser.get_nodes_from_documents(city_docs[wiki_title])
    all_nodes.extend(nodes)

    if not os.path.exists(f"./data/city/{wiki_title}"):
        # 构建 VectorIndex
        vector_index = VectorStoreIndex(nodes)
        vector_index.storage_context.persist(
            persist_dir=f"./data/city/{wiki_title}"
        )
    else:
        vector_index = load_index_from_storage(
            StorageContext.from_defaults(persist_dir=f"./data/city/{wiki_title}"),
        )

    # 构建 SummaryIndex
    summary_index = SummaryIndex(nodes)
    # 定义查询引擎
    vector_query_engine = vector_index.as_query_engine(llm=Settings.llm)
    summary_query_engine = summary_index.as_query_engine(llm=Settings.llm)

    # 定义工具
    query_engine_tools = [
        QueryEngineTool(
            query_engine=vector_query_engine,
            metadata=ToolMetadata(
                name="vector_tool",
                description=(
                    "适用于有关 {wiki_title} 的特定方面相关的问题。(例如历史、艺术与文化、体育、人口统计学或更多领域)。"
                ),
            ),
```

```
                ),
            ),
            QueryEngineTool(
                query_engine=summary_query_engine,
                metadata=ToolMetadata(
                    name="summary_tool",
                    description=(
                        "适用于任何需要对 {wiki_title} 的全部内容进行综合总结的请求。对于
                            涉及更具体部分的问题,请使用向量工具。"
                    ),
                ),
            ),
        ]

        # 构建Agent
        function_llm = OpenAI(model="gpt-4")
        agent = OpenAIAgent.from_tools(
            query_engine_tools,
            llm=function_llm,
            verbose=True,
            system_prompt=f"""
您是一个专门设计用于回答有关 {wiki_title} 的问题的智能Agent。在回答问题时,您必须始终至少
    使用一个提供的工具;不要依赖于先前的知识。""",
        )

        agents[wiki_title] = agent
        query_engines[wiki_title] = vector_index.as_query_engine(
            similarity_top_k=2
        )
```

可以看到,文档子Agent的构建过程还是比较简单的,核心点在于为每个文档分别创建用于执行语义搜索和摘要操作的QueryEngineTool,并通过这些工具组件构建一个OpenAIAgent。通过这种方式,这个文档子Agent可以动态选择在给定文档内执行语义搜索或摘要操作。

2. 实现顶层Agent

接下来,我们构建顶层Agent,它可以协调不同的文档子Agent来应对用户查询。与子Agent的实现过程类似,第一步工作也是创建一组QueryEngineTool,如代码清单4-41所示。

代码清单4-41　创建一组QueryEngineTool

```
all_tools = []
for wiki_title in wiki_titles:
    wiki_summary = (
        f"这段内容包含关于 {wiki_title} 的维基百科文章。如果您想回答有关 {wiki_title}
            的任何问题,请使用此工具。"
    )
```

```
doc_tool = QueryEngineTool(
    query_engine=agents[wiki_title],
    metadata=ToolMetadata(
        name=f"tool_{wiki_title}",
        description=wiki_summary,
    ),
)
all_tools.append(doc_tool)
```

可以看到，我们在这里针对每个文档构建了一个 QueryEngineTool。请注意，在上述代码中，我们发现 QueryEngineTool 中所使用的 query_engine 实际上是一个 OpenAIAgent。为什么可以这么做呢？我们通过翻阅 LlamaIndex 源代码中关于 OpenAIAgent 的定义，发现 BaseQueryEngine 实际上是 OpenAIAgent 的一个基类，所以作为子类的 OpenAIAgent 也可以充当 QueryEngine 进行使用。通过这一步，这个顶层 Agent 将所有文档子 Agent 作为工具使用。

那么问题就来了，顶层 Agent 在执行过程中如何找到合适的工具呢？本质上这也是一个检索过程。与普通的任务类 Agent 不同，这里的顶层 Agent 会首先找到合适的工具再进行执行，而不是将全部工具都加载到执行过程中。为此，我们可以引入 LlamaIndex 中的一种特殊索引结构，即 ObjectIndex。

ObjectIndex 类是用于对任意 Python 对象进行索引的一个类。因此，它非常灵活，适用于广泛的应用场景。例如，我们可以使用 ObjectIndex 来索引工具对象，然后交由 Agent 使用。这正是本案例所需要实现的功能。要构建 ObjectIndex，我们可以使用 from_objects 方法，它可以方便地基于一组对象初始化一个 ObjectIndex，实现过程如代码清单 4-42 所示。

代码清单 4-42　初始化 ObjectIndex 对象

```
from llama_index.core.objects import ObjectIndex

obj_index = ObjectIndex.from_objects(
    all_tools,
    index_cls=VectorStoreIndex,
)
```

有了 ObjectIndex 之后，我们可以将其用作检索器以检索工具对象，如代码清单 4-43 所示。

代码清单 4-43　基于 ObjectIndex 构建检索器

```
tool_retriever=obj_index.as_retriever(similarity_top_k=3),
```

这个检索器是一个 ObjectRetriever 实例，可以根据某些规则动态获取工具。当我们需要处理大量工具时，这非常有用。我们已经在 3.1 节介绍 ReActAgent 时提到 OpenAIAgent 类。而在本案例中，我们使用它来构建顶层 Agent，实现过程如代码清单 4-44 所示。

代码清单 4-44　基于 OpenAIAgent 类构建顶层 Agent

```
top_agent = OpenAIAgent.from_tools(
    tool_retriever=obj_index.as_retriever(similarity_top_k=3),
    system_prompt="""您是一个专门设计用于回答有关一组指定城市的问题的智能 Agent。请始终使
        用提供的工具来回答问题，不要依赖于先前的知识。""",
    verbose=True,
)
```

至此，我们已经成功构建了具有两层架构的多级知识型 Agent。

3. 执行结果展示

为了展示执行效果，我们从维基百科上加载了两个城市的信息，一个是上海，另一个是北京。作为对比，我们定义了一个基础的 RAG 流程，它将所有文档导入到单一的 VectorStoreIndex 中，如代码清单 4-45 所示。

代码清单 4-45　基础 RAG 流程实现过程

```
base_index = VectorStoreIndex(all_nodes)
base_query_engine = base_index.as_query_engine(similarity_top_k=4)
response = base_query_engine.query("告诉我上海和北京在历史和当前经济方面的差异")
print(response)
```

上述代码执行结果如代码清单 4-46 所示。

代码清单 4-46　基础 RAG 流程执行结果

```
上海在历史上是一个重要的商业和工业中心，自古以来就有着繁荣的商贸活动和发达的轻工业。而北京则是
中国的政治中心，历史上一直是朝代更迭的中心地带。目前，上海在经济方面更加注重金融、贸易和服
务业的发展，拥有世界第四大的证券交易所，是中国的经济、金融和贸易中心之一。相比之下，北京则
更侧重于政治、文化和科技领域的发展，是中国的政治中心和文化中心。
```

然后，我们来执行顶层 Agent，执行过程如代码清单 4-47 所示。

代码清单 4-47　顶层 Agent 执行过程

```
response = top_agent.query(
    "告诉我上海和北京在历史和当前经济方面的差异"
)
print(response)
```

这时候的执行结果就比较复杂了，如代码清单 4-48 所示。

代码清单 4-48　顶层 Agent 执行结果

```
Added user message to memory: 告诉我上海和北京在历史和当前经济方面的差异
=== Calling Function ===
Calling function: tool_Beijing with args: {"input": "历史和当前经济"}
Added user message to memory: 历史和当前经济
=== Calling Function ===
Calling function: vector_tool with args: {
    "input": "历史和当前经济"
```

```
}
Got output: ...
======================

Got output: ...
======================

=== Calling Function ===
Calling function: tool_Shanghai with args: {"input": "历史和当前经济"}
Added user message to memory: 历史和当前经济
=== Calling Function ===
Calling function: vector_tool with args: {
   "input": "历史和当前经济"
}
Got output: ...
======================

Got output: ...
======================
```

在历史和当前经济方面，北京和上海有一些明显的差异。

北京：
- 北京的经济近年来持续发展，尤其在房地产和汽车行业。该市的制造业包括汽车、生物制药、光电子和微电子等行业。北京也一直是旅游的重要中心，每年有数百万的国内和国际游客。城市的经济增长导致了区域发展的不平衡，北部和南部之间存在差距。
- 此外，北京的工业部门已经从化工和冶金等传统行业转变为汽车、电子和制药等现代行业，对城市的工业产值贡献显著。

上海：
- 上海的经济拥有丰富的历史背景，其商业领域经历了显著的变革。从计划经济和国有企业时期向1980年代开始向市场经济转变，上海的商业格局已经发生了变化。这座城市一直是轻工业的中心，生产了一系列因其质量和风格而受到认可的产品。
- 此外，自改革开放以来，上海一直是中国重要的工业基地，引领着国家的工业进步。如今，上海在自行车制造、食品生产和日常消费品等行业仍然保持着重要的地位。

可以看到，这里出现了两层工具的调用，其中第一层是顶层 Agent 自己查询到的 tool_Beijing 和 tool_Shanghai，它们本质上是两个子 Agent。而第二层是每个子 Agent 自身的 vector_tool。最终，顶层 Agent 将这些结果进行整合，得出了关于"告诉我上海和北京在历史和当前经济方面的差异"这个问题的最终响应。

4.4 本章小结

本章详细介绍了 Agentic RAG 的实现过程及其在构建知识型 Agent 系统中的应用。我们首先回顾了 RAG 应用开发的三个典型阶段：创建索引、实现检索和生成结果，并探讨了向量搜索技术在其中的关键作用。随后，我们引入了 Agentic RAG 的概念，展示了其如何通过 Agent 增强传统 RAG 架构，从而实现复杂任务的规划、多步推理以及多模态数据的整合。

在实现 Agentic RAG 的过程中,我们通过 LangChain 和 LlamaIndex 两种框架展示知识型 Agent 的构建方法。通过 LangChain,我们实现了文档的加载、分割、嵌入以及向量数据库的集成;而 LlamaIndex 则帮助我们构建多级 Agent 系统,能够处理不同类型的问题,例如文档内问答、文档间比较和摘要生成。

本章内容不仅为读者提供了 Agentic RAG 的理论基础,还通过实际案例展示了其在知识型 Agent 系统中的应用潜力。

CHAPTER 5

第 5 章

多模态 Agent

在当今数字化时代，多模态交互技术正逐渐成为 AGI 领域的重要发展方向。多模态 Agent 通过整合图像、语音和文本等多种模态，能够更自然、高效地与用户进行交互，极大地丰富人机交互的体验。本章将深入探讨如何利用 LangChain 框架实现多模态 Agent 的构建过程，涵盖图像处理、语音处理以及多模态交互的具体实现方法。

5.1 引入多模态技术

日常生活中，图像和语音处理属于常见的轻量级多模态技术。因此在本章中，除了文本之外，我们重点关注图像和语音相关的处理技术。

5.1.1 图像处理技术基础

在介绍基于 LLM 实现图像处理之前，我们有必要对 Python 领域中广泛采用的图像处理技术和工具进行简要说明，这是后续实现图像上传和解析操作的基础。

假设我们现在有一个图像文件，如何读取该文件呢？在 Python 的世界中，我们可以引入一些工具库来实现这一目标。目前，常见的图像处理工具库包括 PIL、Pillow、Scikit-image、OpenCV 等。相比 Scikit-image 和 OpenCV 这种综合性的复杂框架，我们倾向于选择轻量级的 PIL 和 Pillow。其中，PIL（Python Imaging Library）是一个免费开源的 Python 图像处理库，API 简洁易用，一度深受好评，但目前已经停止更新。而 Pillow 是基于 PIL 库的一个派生分支，它在 PIL 库的基础上增加了许多新的特性。在这里，我们选择 Pillow 作为我们的图像处理工具库。

请注意，在安装 Pillow 之后，导入库的语法仍然是 import PIL，但实际上使用的是 Pillow 库。这里的 PIL 可以看作 Pillow 库的简称，而不是原始的 PIL 库。Pillow 支持图像的多种输入格式（如 jpeg、png、bmp、gif、ppm、tiff 等），且支持图像格式之间的相互转换。

它的常见方法包括：
- open 方法：从文件加载图像。
- save 方法：将图像保存到文件。
- format 方法：标识图像格式。
- mode 方法：代表图像的模式，例如 RGB 表示真彩色图像，而 L 表示灰度图像。
- convert 方法：将当前图像转换为其他模式并返回新的图像。
- size 方法：获取图像的尺寸，按照像素数计算。

基于上述方法，要想利用 Pillow 实现从文件加载图像并进行处理，我们可以编写如代码清单 5-1 的实现代码。

代码清单 5-1　基于 Pillow 加载图像

```
from PIL import Image

image = Image.open(uploaded_file).convert("RGB")
image.save("temp.png")
```

这段代码的执行效果是：基于某一个上传的文件加载图像，并将图像转换为 RGB 模式，然后将转换后的图像存储为一个 temp.png 文件以备后续使用。

接下来，我们实现一个 shorten_image 方法生成缩略图，再通过 image_to_base64 方法将图像文件转换为字节流。这两个方法的实现过程如代码清单 5-2 所示。

代码清单 5-2　生成缩略图和图像文件转字节流方法实现

```
def shorten_image(image: Image, max_pixels: int=1024) -> Image:
    """
    接收一个图像对象作为输入，如果图像大小超过最大像素 x 最大像素的限制，则缩短图像尺寸。
    """

    if max(image.width, image.height) > max_pixels:
        if image.width > image.height:
            new_width, new_height = 1024, image.height * 1024 // image.width
        else:
            new_width, new_height = image.width * 1024 // image.height, 1024

        image = image.resize((new_width, new_height))

    return image

def image_to_base64(image: Image) -> str:
    """
    将 PIL 图像对象转换为 Base64 编码的图像，并返回得到的编码图像字符串，以便用作 URL 的替代品。
    """

    # 将当前图像转换为 RGB 模式，并且返回新的图像
    if image.mode != "RGB":
        image = image.convert("RGB")
```

```
# 将图像保存为 BytesIO 对象
buffered_image = BytesIO()
image.save(buffered_image, format="JPEG")

# 将 BytesIO 对象转换为字节并采用 base64 进行编码
img_str = base64.b64encode(buffered_image.getvalue())

# 将字节转换为字符串
base64_image = img_str.decode("utf-8")

return f"data:image/jpeg;base64,{base64_image}"
```

这两个方法演示了如何对图像文件进行转换,从而为后续处理提供基础的图像数据。请注意,这里提到的 BytesIO 是 Python 内置的一个 I/O 类,用于在内存中读写二进制数据。它的作用类似于文件对象,但数据并不是存储在磁盘上,而是存储在内存中。你可以像文件对象一样对其进行读写、查找和截断等操作。在 Python 中,BytesIO 类通常用于处理二进制数据,如图片、音频、视频等。

5.1.2 语音处理技术基础

自动语音识别(Automatic Speech Recognition,ASR)是一种技术,使计算机能够理解和处理人类语音,将语音信号转换为文本数据或命令。语音识别的处理过程涉及两个步骤,即采集语音输入和识别语音内容。其中,语言输入需要使用一定的麦克风设备,而关于如何识别语音内容,我们可以借助 LLM 的力量。例如,OpenAI 的 Whisper 模型就是一个端到端的 Transformer 模型,能够处理 50 多种语言的语音识别任务,并且对嘈杂环境、不同的音色和口音具有出色的适应能力。

文本转语音就是通常所说的 TTS 技术。TTS 是"Text-to-Speech"的缩写,是一种可以将电子文本转换成可听的语音输出的技术。TTS 通常包括一个文本分析器和一个语音合成器。其中,文本分析器将文本分解成可发音的单元(如单词、音节或音素),而语音合成器再将这些单元转换成声音。这种技术广泛应用于各种场景,比如电子书阅读器、语音助手等。我们也可以引入 TTS 技术,将 LLM 的输出通过语音的方式播放出来。例如,OpenAI 平台还提供了一个 TTS API,供开发人员调用。

将 ASR、TTS 和 LLM 结合起来,我们可以实现更自然和直观的人机交互。用户可以通过语音指令与智能助手进行互动,ASR 模块将语音转换为文本,LLM 生成文本响应,最后 TTS 模块将文本响应转换为语音输出。这种结合方式不仅提高了交互的自然性,还减少了信息丢失与累积误差。

5.2 基于 LangChain 实现多模态

介绍完图像处理和语音处理这两项常用的多模态技术之后,本节将引入 LangChain 框架来实现这些技术。

5.2.1 实现图像处理

考虑这样一种场景:你有很多张图片,并希望基于这些图片背后的含义对它们进行对比和分类管理。这时候就需要理解每一张图片所包含的内容。针对这一场景,你可以使用"图像文本提取"功能来实现这一目标。另一方面,我们也需要根据用户输入的文本来生成图像信息,也就是通常所说的"文生图"场景。

1. 实现图像解析

通过 5.1 节介绍的图像处理技术,我们可以获取某一个图像对应的 URL。一旦我们成功获取目标图像的 URL,下一步就是使用 LLM 来对图像的内容进行对话。在 LangChain 中集成了包括 GPT 系列在内的多款大语言模型。接下来,我们将讨论如何将图像数据传递给这些模型,并获取对应的处理结果。

首先,我们来演示如何整合图像数据和 OpenAI 模型。我们将利用 ChatOpenAI 创建一个聊天模型,实现过程如代码清单 5-3 所示。

代码清单 5-3　整合图像数据和 OpenAI 模型

```python
from langchain_core.messages import HumanMessage
from langchain_openai import ChatOpenAI
import base64
import httpx

image_url = "..."
image_data = base64.b64encode(httpx.get(image_url).content).decode("utf-8")

model = ChatOpenAI(model="gpt-4o")

message = HumanMessage(
    content=[
        {"type": "text", "text": "describe the weather in this image"},
        {
            "type": "image_url",
            "image_url": {"url": f"data:image/jpeg;base64,{image_data}"},
        },
    ],
)

response = model.invoke([message])
print(response.content)
```

可以看到,基于 LangChain 实现对图像进行提问的过程并不复杂。我们在这里定义了图像文件的 URL,然后创建了一个 ChatOpenAI 实例。请注意,这里使用了 OpenAI 的"gpt-4o"模型,该模型对于图像处理提供了强大的支持。接着,我们将图像文件的内容转换为字节流进行传递,这种做法最为常见,也适用于大多数模型集成场景。最后,我们创建了一个 HumanMessage,这是聊天模型中聊天消息的一种类型,指定了用户的输入。这里通过 image_url 参数传入了一张图像的地址,然后调用 ChatOpenAI 的 invoke 方法对这个图像进行了提问，并得到了一个 Response 对象。通过解析这个对象，我们成功获取了聊天的返回结果。

我们可以直接在一个类型为"image_url"的内容块中输入图像的 URL，示例代码如代码清单 5-4 所示。

代码清单 5-4　基于单个图像 URL 调用 LLM

```
message = HumanMessage(
    content=[
        {"type": "text", "text": "describe the weather in this image"},
        {"type": "image_url", "image_url": {"url": image_url}},
    ],
)
response = model.invoke([message])
print(response.content)
```

当然，我们也可以在一次对话中传入一组图像，当我们需要对多张图像进行对比或分类时，这种做法就非常有用。示例代码如代码清单 5-5 所示。

代码清单 5-5　基于一组图像 URL 调用 LLM

```
message = HumanMessage(
    content=[
        {"type": "text", "text": "are these two images the same?"},
        {"type": "image_url", "image_url": {"url": image_url}},
        {"type": "image_url", "image_url": {"url": image_url}},
    ],
)
response = model.invoke([message])
print(response.content)
```

针对案例系统，我们可以采用类似的方式来编写一个 process_with_images 工具方法，如代码清单 5-6 所示。

代码清单 5-6　process_with_images 工具方法实现

```
def process_with_images(
    llm: ChatOpenAI,
    message_content: str,
    image_urls: List[str],
) -> str:
    """
    使用语言模型处理给定的历史查询及其相关联的图片。
    """
    content_with_images = (
        [{"type": "text", "text": message_content}] +
        [{"type": "image_url", "image_url": {"url": url}} for url in image_urls]
    )
```

```
    message_with_images = [HumanMessage(content=content_with_images)]
    return llm.invoke(message_with_images).content
```

这段代码已经非常熟悉了,我们只是构建一组 HumanMessage 并简单调用 ChatOpenAI 的 invoke 方法来触发模型调用而已。你可能会认为上述 process_with_images 方法中的 message_content 字段就是用户本次输入的问题,但实际上,为了获取更好的对话效果,传递给 LLM 的往往是一组聊天历史记录。这一点我们会在后面内容中结合具体的案例场景做详细解析。

2. 实现图像生成

想要通过 LLM 生成图像,就需要引入对应的图像处理模型。对于 OpenAI 而言,DALL-E 就是该公司开发的一款图像处理模型,它能够根据用户输入的自然语言描述生成复杂而生动的图像信息。而借助 OpenAI 所提供的客户端开发工具,我们通过几行代码就能实现这一目标,示例代码如代码清单 5-7 所示。

代码清单5-7 基于文本生成图像实现过程

```
from openai import OpenAI

model = OpenAI()
response = model.images.generate(
    model="dall-e-3",
    prompt="生成一副描写杭州西湖美景的图像",
    size="1024x1024",
    quality="standard",
    n=1,
)
image_url = response.data[0].url
```

可以看到,这里使用的图像处理模型是 DALL-E-3,该模型支持的图像大小包括 1024×1024、1024×1792 或 1792×1024 像素。图像的默认生成质量为标准(standard)质量,其生成速度是最快的。但开发人员可以通过将 quality 参数设置为 "hd" 来增强细节。你可以使用 DALL-E-3 模型一次请求一个图像,或使用 DALL-E-2 模型一次请求 10 个图像,这里的 n 参数就是用来设置图像的请求数量。

在上述代码中,我们可以从 response 对象中获取所生成的目标图像 URL 地址,访问这个地址就可以获取整个图像信息。

5.2.2 实现语音处理

与图像处理类似,语音处理包括如何识别语音以及如何生成语音这两个维度。在本节中,我们将基于 LangChain 框架实现自动语音识别和文本转语音功能。

1. 实现自动语音识别

通常,想要获取语音数据,我们可以通过麦克风设备采集用户输入的语音内容。业界有多种工具和组件可以实现这一点。例如，用于构建 Web 交互界面的 Streamlit 框架就提供了一款可以直接嵌入到 Web 页面中的 audio_recorder 控件，该控件为收集用户语音提供了良好的支持。我们会在 6.3 节中详细介绍 Streamlit 框架，而现在假设我们已经成功获取了一段音频流。那么就可以编写如代码清单 5-8 所示的 read_audio 方法来读取音频流并返回对应的文本信息。

代码清单 5-8　基于 read_audio 方法实现语音识别

```
def read_audio(audio_bytes: bytes) -> Optional[str]:
    """
    读取音频流并返回对应的文本
    """
    try:
        audio_data = BytesIO(audio_bytes)
        audio_data.name = "recorded_audio.wav"

        transcript = openai.audio.transcriptions.create(
            model="whisper-1", file=audio_data
        )
        text = transcript.text
    except Exception as e:
        text = None
        error(f"出现异常：{e}")

    return text
```

上述代码演示了如何基于 OpenAI 模型实现语音转文本的功能。针对语音处理，OpenAI 为开发人员提供了 Audio 端点，该端点具有 Create Transcription（音频转文本）和 Create Translation（音频翻译成英文）功能。目前支持的文件格式包括 mp3、mp4、mpeg、mpga、m4a、wav 和 webm 等。

Audio 音频转文本接口的使用方法与聊天模型类似，唯一需要注意的是我们需要选择一个语音处理模型。对于 OpenAI 平台而言，目前只有一个模型可用，即 whisper-1 模型。在上述代码中，我们同样使用了 BytesIO 工具类完成对音频流数据的处理，并通过 OpenAI 的 Whisper 模型生成了对应的文本内容。一旦获取到这一文本内容，就相当于获取了用户的文本输入，我们便可以轻松实现与前面介绍的图像解析和图像生成过程的整合。

2. 实现文本转语音

在接下来的内容中，我们同样使用 OpenAI 模型来实现 TTS 功能。在 OpenAI 的 TTS 模型中，用户可以选择不同的声音和模型类型，以定制生成语音的效果。与语音识别类似，OpenAI 的 TTS API 也是一个端点，其调用方式如代码清单 5-9 所示。

代码清单 5-9　OpenAI 的 TTS API 的调用方式

```
def perform_tts(text: str) -> Optional[HttpxBinaryResponseContent]:
    """
    将文本作为输入，执行文本转语音（TTS），并返回一个音频响应。
    """
```

```
try:
    audio_response = openai.audio.speech.create(
        model="tts-1",
        voice="fable",
        input=text,
    )
except Exception as e:
    audio_response = None
    error(f"发生异常：{e}")

return audio_response
```

TTS 端点的调用方式相对比较简单。可以看到，这里我们选择的模型是"tts-1"。"tts-1"是 OpenAI TTS 模型的基本版本，是一种相对较小的模型，适用于一般的文本到语音转换任务。而每种声音类型都具有独特的音质、音调和语音特点，"voice"参数用于指定声音类型。这里我们指定的是"Fable"类型，可能呈现富有魅力和讲故事感的音质。

通过传入一个文本字符串，上述 perform_tts 方法返回的是一个 HttpxBinaryResponseContent 对象，这是一个类似字节流的对象。我们可以将该对象中的音频数据编码为 Base64 格式，然后嵌入到语音播放器中进行播放。同时，我们将在第 6.3 节中演示具体的交互效果。

5.3 多模态 Agent 案例分析

在本节中，我们将利用 LangChain 框架的能力构建一个多模态 Agent 案例系统，并整合图像处理和语音处理技术。

5.3.1 构建 Agent

本节讨论如何构建一个多模态的 Agent，我们从构建一组工具组件开始讲起。

1. 构建工具列表

在多模态 Agent 系统中，我们将使用大量的工具。因此，在构建 Agent 之前，我们先来看看如何构建这些工具组件。

（1）使用内置工具

如果想要使用一组常用的工具来构建 Agent，我们首先可以利用 LangChain 内置的 load_tools。load_tools 是 LangChain 中的一个函数，用于根据工具名称加载工具。这些工具允许 Agent 与各种资源和服务（如 API、数据库、文件系统等）进行交互。load_tools 在使用时需要指定要加载的工具名称列表，基本使用方法如代码清单 5-10 所示。

代码清单 5-10 load_tools 使用方法

```
from langchain.agents import load_tools

tool_names = ['tool_name_1', 'tool_name_2']
tools = load_tools(tool_names)
```

如果某些工具需要使用 LLM 来初始化并设置一些参数，那么可以采用如代码清单 5-11 所示的实现方式。

代码清单 5-11　使用 LLM 初始化工具参数

```
from langchain.agents import load_tools
from langchain.chat_models import ChatOpenAI

tool_names = ['tool_name_1', 'tool_name_2']
llm = ChatOpenAI(temperature=0.0)
tools = load_tools(tool_names, llm=llm, allow_dangerous_tools=True)
```

load_tools 函数的详细参数列表如下：
- tool_names：指定要加载的工具名称列表，这些名称应与 LangChain 提供的工具名称一致。
- llm：某些工具可能需要 LLM 来初始化。如果提供了 llm，则会使用该模型；否则，默认为 None。
- callbacks：用于处理工具执行过程中的回调，可以是一个回调管理器或回调处理器列表。如果未提供，则使用默认的全局回调管理器。
- allow_dangerous_tools：一个布尔值，用于控制是否允许加载具有风险的工具。默认为 False，建议在了解相关风险后谨慎使用。
- kwargs：用于传递额外的关键字参数，具体参数取决于工具的实现。

LangChain 的 load_tools 函数提供了多种内置工具，这些工具可以帮助 LLM 更好地与外部资源进行交互。表 5-1 展示了一些 LangChain 框架常见的内置工具列表。

表 5-1　LangChain 框架常见的内置工具

工具类别	工具名称	工具功能
搜索工具	Bing Search	提供 Bing 搜索引擎的查询结果
	DuckDuckGo Search	提供 DuckDuckGo 搜索引擎的查询结果
	Google Search	提供 Google 搜索引擎的查询结果
	SerpAPI	提供网络搜索的工具
	Wikipedia	查询维基百科内容
数据库工具	Cassandra Database Toolkit	与 Apache Cassandra 数据库交互
	Oracle AI Vector Search	用于 AI 向量搜索
	Pandas Dataframe	与 Pandas 数据框架交互
人工智能工具	Dall-E Image Generator	OpenAI 提供的文本到图像模型
	Eden AI	通过单个 API 访问多种 AI 功能
	Eleven Labs Text2Speech	文本到语音工具
	Wolfram Alpha	知识引擎查询工具
文件系统工具	File System	提供与本地文件系统交互的工具集

(续)

工具类别	工具名称	工具功能
网络工具	Requests Toolkit	生成 HTTP 请求
	PlayWright Browser Toolkit	与浏览器交互
其他工具	IFTTT WebHooks	与 IFTTT WebHooks 交互
	OpenWeatherMap	查询天气信息
	ubMed	查询医学文献
	Arxiv	查询 arXiv 学术论文
	Zapier Natural Language Actions API	自然语言处理 API

开发人员可以根据具体需求对表 5-1 中的工具进行选择和使用，以增强 LLM 的功能和效率。但请注意，许多工具（如 serpapi、wolfram-alpha、google-search 等）需要外部 API 密钥，使用前需先注册并获取密钥。同时，开发人员需要根据应用需求最小化工具的权限，以确保安全。例如，如果应用仅需要从数据库中读取数据，则不应给予数据库工具写权限。

（2）创建自定义工具

如果 load_tools 函数所提供的内置工具无法满足需求，我们可以创建自定义工具并集成到 LangChain 中，这是开发人员必须具备的一项能力。这里我们计划使用 PythonREPL 类来创建一个工具，其实现过程如代码清单 5-12 所示。

代码清单 5-12　基于 PythonREPL 类创建工具

```
from langchain_experimental.utilities import PythonREPL

@tool
def python_repl(
    code: Annotated[str, "The python code to execute to generate your chart."],
):
    """使用这个工具来执行 Python 代码。如果您想查看某个值的输出，请使用 `print(...)` 将其
        打印出来。用户可以看到这些输出内容。"""
    try:
        result = PythonREPL().run(code)
    except BaseException as e:
        return f"执行失败：{repr(e)}"
    result_str = f"执行成功：\n```python\n{code}\n```\n标准输出：{result}"
    return (
        result_str + "\n\n如果你已经完成了所有任务，请回复：FINAL ANSWER."
    )
```

PythonREPL 允许用户在 LangChain 的上下文中执行 Python 代码。该工具特别有用，因为它可以让你在处理复杂逻辑或需要进行数据处理时，直接在 LangChain 的环境中运行 Python 代码，无须切换到其他环境。

在代码清单 5-12 中，我们使用 @tool 注解创建了一个工具。另一种创建工具的常见方法是使用 Tool 类。Tool 类允许你定义工具的基本属性（如名称、描述等），并指定工具的执

行逻辑。通常，我们可以先创建一个函数来实现工具的具体功能，然后使用 Tool 类创建工具实例，指定工具的名称、描述、执行函数等参数。实现示例如代码清单 5-13 所示。

代码清单 5-13　基于 Tool 类创建工具

```
search = GoogleSearchAPIWrapper()
class MySearchToolInput(BaseModel):
    query: str = Field(description="search query to look up")

internet_search = Tool(
    name="internet_search",
    description=(
        "一个用于获取全面、准确且可靠结果的搜索引擎。当你需要回答有关时事的问题时非常有用。
            输入应为搜索查询。"
    ),
    func=partial(search.results, num_results=5),
    args_schema=MySearchToolInput,
)
```

可以看到这里我们基于 Google Search AI 实现了一个搜索工具，通过 func 参数指定搜索方法，并通过 args_schema 参数使用 Pydantic 的 BaseModel 定义工具的参数模式，用于验证输入参数。

现在，我们已经引入了一组 LangChain 内置的工具以及创建了一组自定义工具，下一步可以把它们组合在一起供 Agent 使用，如代码清单 5-14 所示。

代码清单 5-14　实现工具组合

```
def set_tools() -> List[Tool]:
...
    tool_options = ["ArXiv", "Wikipedia", "Python_REPL", "Retrieval"]
    tool_dictionary = {
        "ArXiv": arxiv,
        "Wikipedia": wikipedia,
        "Python_REPL": python_repl,
        "Retrieval": retriever_tool
    }

    tool_options.insert(0, "Search")
    tool_dictionary["Search"] = internet_search

    tools = [
        tool_dictionary[key]
        for key in tool_names if tool_dictionary[key] is not None
    ]

    return tools
```

注意到这里还出现了一个 Retrieval 工具，该工具涉及向量检索，我们后续会对此进行详细介绍。

2. 构建多类型 Agent

一旦成功构建了一组工具，我们就可以创建 Agent 对象了，如代码清单 5-15 所示。

代码清单 5-15　基于一组工具创建 Agent

```python
from langchain.agents import create_tool_calling_agent
from langchain.agents import create_react_agent
from langchain.agents import AgentExecutor

def process_with_tools(
    llm: Union[ChatOpenAI],
    tools: List[Tool],
    agent_type: str,
    agent_prompt: str,
    history_query: dict
) -> str:
    """
    根据指定的 Agent 类型和工具创建一个 AIAgent，然后使用该 Agent 处理给定的历史查询。
    """
    if agent_type == "Tool Calling":
        agent = create_tool_calling_agent(llm, tools, agent_prompt)
    else:
        agent = create_react_agent(llm, tools, agent_prompt)

    agent_executor = AgentExecutor(
        agent=agent, tools=tools, max_iterations=5, verbose=False,
        handle_parsing_errors=True,
    )

    return agent_executor.invoke(history_query)["output"]
```

在 LangChain 中，create_tool_calling_agent 和 create_react_agent 是用于创建 Agent 的两种不同实现方法，其中 create_tool_calling_agent 用于创建一个能够调用工具的 Agent，主要通过工具调用和消息格式化来实现交互；而 create_react_agent 基于 ReAct 框架实现。ReAct 是一种结合推理和行动的框架，旨在通过明确的步骤（如思考、行动、观测）来解决问题，更适合需要明确推理步骤的场景。我们在 3.1 节中已经对 ReAct Agent 做了详细的介绍，我们知道它需要使用固化的提示词来配合使用，你可以做一些回顾。而对于 create_tool_calling_agent 而言，我们需要基于前面构建的工具列表设计专门的提示词，其实现示例如代码清单 5-16 所示。

代码清单 5-16　针对 Agent 的提示词

```python
ChatPromptTemplate.from_messages([
    (
        "system",
        f"{st.session_state.ai_role[0]} 你的目标是为人类的查询提供答案。你应明确指出答案的来源，无论是基于互联网搜索结果（"internet_search"）、来自 arxiv.org 的科学文章（"arxiv"）、维基百科文档（"wikipedia"）、上传的文件（"retriever"），还是你
```

的通用知识。请使用 Markdown 语法，并按照 MLA 格式包含相关来源，例如链接（URL）。如果无法通过互联网搜索、科学文章、维基百科文档、上传的文件或你的通用知识找到相关信息，请明确告知人类答案无法找到。此外，如果你使用 "python_repl" 进行计算，请展示你运行的 Python 代码。"
    ),
    MessagesPlaceholder(variable_name="chat_history", optional=True),
    ("human", "{input}"),
    MessagesPlaceholder(variable_name="agent_scratchpad"),
])
```

在代码清单 5-16 中，我们使用了两个 MessagesPlaceholder 对象分别嵌入聊天历史记录和 agent_scratchpad 参数。请注意，MessagesPlaceholder 在 LangChain 中主要用于构建 ChatPromptTemplate 的场景。当不确定应该使用哪个角色生成消息提示词模板，或者希望在格式化过程中动态插入一系列消息时，MessagesPlaceholder 会非常有用。例如，你可以使用 MessagesPlaceholder 插入之前的聊天历史记录，以便聊天模型在生成响应时参考这些上下文信息。定义带有占位符的 ChatPromptTemplate 的示例代码如代码清单 5-17 所示。

代码清单 5-17　定义带有占位符的 ChatPromptTemplate

```
template = ChatPromptTemplate(
    [
        ("system", "You are a helpful AI bot."),
        ("placeholder", "{conversation}")
    ]
)

prompt_value = template.invoke(
    {
        "conversation": [
            ("human", "Hi!"),
            ("ai", "How can I assist you today?"),
            ("human", "Can you make me an ice cream sundae?"),
            ("ai", "No.")
        ]
    }
)
```

在上述代码中，我们使用（"placeholder"，"{conversation}"）语句定义了一个消息占位符，意味着该提示词模板将针对"conversation"这个键接收一个可选的消息列表。如果不使用这种实现方式，也可以直接使用 MessagesPlaceholder 对象来达到同样的效果，如代码清单 5-18 所示。

代码清单 5-18　MessagesPlaceholder 对象的使用示例

```
MessagesPlaceholder(variable_name="conversation", optional=True)
```

上述代码的执行结果如代码清单 5-19 所示。注意，这里将一组消息列表嵌入到包含"conversation"键的 MessagesPlaceholder 对象中。
```

代码清单 5-19　MessagesPlaceholder 对象的使用结果

```
ChatPromptValue(
    messages=[
        SystemMessage(content='You are a helpful AI bot.'),
        HumanMessage(content='Hi!'),
        AIMessage(content='How can I assist you today?'),
        HumanMessage(content='Can you make me an ice cream sundae?'),
        AIMessage(content='No.'),
    ]
)
```

接下来我们要讨论的对象是在 process_with_tools 方法以及上述提示词中都出现的一个概念，即聊天历史记录。在一般场景下，触发 Agent 调用的通常是用户本次输入的请求，但为了获得更好的对话效果，传递给 LLM 的往往是一组聊天历史记录。同时，在整合聊天历史记录的过程中，我们也会使用到这里提到的 MessagesPlaceholder 对象。

3. 整合聊天历史记录

构建聊天历史记录的实现过程实际上比较简单。首先，我们可以基于用户输入构建如代码清单 5-20 所示的一个 HumanMessage 对象。

代码清单 5-20　基于用户输入构建 HumanMessage 对象

```
human_message = HumanMessage(
    content=query, additional_kwargs={"image_urls": image_urls}
)
```

接下来，我们可以创建一个 history 对象来保存当前用户的输入消息。而当模型生成响应之后，我们也需要将响应结果存放到聊天历史记录中，如代码清单 5-21 所示。

代码清单 5-21　保存响应结果到聊天历史记录中

```
history.append(human_message)
history.append(AIMessage(content=generated_text))
```

在系统运行过程中，history 对象所包含的数据示例如代码清单 5-22 所示。

代码清单 5-22　history 对象所包含的数据示例

```
[
    HumanMessage(content='图片中描述的中国哪个城市？', additional_kwargs={'image_urls': ...}, response_metadata={}),
    AIMessage(content='这是一张描述中国上海的插图。', additional_kwargs={}, response_metadata={}),
    HumanMessage(content='图中描述了上海的哪些标志性建筑？', additional_kwargs={}, response_metadata={}),
    AIMessage(content='图中展示了东方明珠塔、上海环球金融中心和上海中心大厦等著名地标。', additional_kwargs={}, response_metadata={})
]
```

这里出现了两组 HumanMessage 和 AIMessage 聊天消息。关于这两类消息类型的详细描述可以回顾 2.1 节内容。而 LLM 的另一类消息是 SystemMessage，专门用于定义有关 LLM 在此对话中的角色、应该执行什么样的行为、以何种风格回答等指示。显然，当我们调用 process_with_images 方法时，传入的 message_content 字段应该是一个 SystemMessage（系统消息）。为此，我们需要将聊天历史记录转换为一个具有系统消息含义的字符串。

针对这一目标，首先将 history 中的聊天历史记录和用户新一轮的输入合并成一个数据结构，如代码清单 5-23 所示。

代码清单 5-23　合并 history 的示例

```
{
    'chat_history': [HumanMessage(content='图片中描述的中国哪个城市？', additional_
        kwargs={'image_urls': ...]}, response_metadata={}), AIMessage(content='
        这是一张描述中国上海的插图。', additional_kwargs={}, response_metadata={})],
    'input': '图中描述了上海的哪些标志性建筑？'
}
```

然后，创建一个 ChatPromptTemplate 类，并通过该模板类尝试获取系统消息，如代码清单 5-24 所示。

代码清单 5-24　基于提示词模板类获取系统消息

```
history_query = {"chat_history": chat_history, "input": query}

ChatPromptTemplate.from_messages([
    (
        "system",
        f"你是一个有用的人工智能助手。"
        f"你的目标是回答人类的询问。如果信息不可用，明确告知人类无法找到答案。"
    ),
    MessagesPlaceholder(variable_name="chat_history"),
    (
        "human", "{input}"
    ),
])

messages = chat_prompt.invoke(history_query)
print(messages)
```

借助 MessagesPlaceholder，执行代码清单 5-24 的代码，系统消息生成结果如代码清单 5-25 所示。

代码清单 5-25　系统消息生成结果

```
[
    SystemMessage(content='你是一个有用的人工智能助手。你的目标是回答人类的询问。如
        果信息不可用，明确告知人类无法找到答案。', additional_kwargs={}, response_
        metadata={}), HumanMessage(content='图片中描述的中国哪个城市？', additional_
        kwargs={'image_urls': ...}, response_metadata={}),
    AIMessage(content='这是一张描述中国上海的插图。', additional_kwargs={}, response_
        metadata={}),
```

```
    HumanMessage(content='图中描述了上海的哪些标志性建筑？', additional_kwargs={},
        response_metadata={})
]
```

上述结果中，第一个 SystemMessage 的 content 字段就是目标系统消息。原则上，你可以将各种变量放置到这个系统消息中，比如将"你是一个有用的人工智能助手"这一 AI 角色描述的生成过程改为动态效果。

5.3.2 实现交互流程

现在，我们已经成功构建了图像解析、图像生成、语音识别和文本转语音这几个多模态处理器的核心功能，是时候将它们整合在一起了。为了实现系统的整合，首先我们需要构建对话机制。为此，我们需要关注如何构建对话的主流程，并基于该主流程完成与多个 LLM 模型之间的有效集成。

1. 构建对话主流程

对于多模态处理器而言，最核心的功能就是完成对话交互，其中涉及图像对话和文本对话。针对这两类对话方式，我们可以实现一个通用的对话主流程方法，如代码清单 5-26 所示。

代码清单 5-26　对话主流程方法实现

```python
def perform_query(
    query: str,
    model: str,
    tools: List[Tool],
    image_urls: List[str],
    temperature: float=0.7,
    agent_type: Literal["Tool Calling", "ReAct"]="Tool Calling",
) -> Union[str, None]:
    """
    根据用户查询生成文本。
    """

    try:
        llm = get_chat_model(model, temperature)
        if llm is None:
            error(f"不支持的模型：{model}")
            return None

        # 获取聊天历史
        if agent_type == "Tool Calling":
            chat_history = history
        else:
            chat_history = message_history_to_string()
        print(chat_history)

        history_query = {"chat_history": chat_history, "input": query}
        print(history_query)
```

```python
    # 获取系统消息
    message_with_no_image = chat_prompt.invoke(history_query)
    print(message_with_no_image)
    message_content = message_with_no_image.messages[0].content
    print(message_content)

    # 执行图片对话
    if image_urls:
        generated_text = process_with_images(llm, message_content, image_urls)
        human_message = HumanMessage(
            content=query, additional_kwargs={"image_urls": image_urls}
        )
    # 执行工具
    elif tools:
        generated_text = process_with_tools(
            llm, tools, agent_type, agent_prompt, history_query
        )
        human_message = HumanMessage(content=query)
    # 执行文本对话
    else:
        generated_text = llm.invoke(message_with_no_image).content
        human_message = HumanMessage(content=query)

    if isinstance(generated_text, list):
        generated_text = generated_text[0]["text"]

    # 添加聊天历史
    history.append(human_message)
    history.append(AIMessage(content=generated_text))

    return generated_text

except Exception as e:
    error(f"出现异常：{e}")
    return None
```

上述 perform_query 方法的具体实现过程我们在前面的各节内容中都已经做了详细介绍。不难看出，这里整合了聊天历史记录和系统消息处理，以及完成了图像对话和文本对话的执行。

2. 集成 RAG

还记得我们在构建工具列表时提到过一个 Retrieval 工具吗？这个工具能够基于文档对用户的输入进行检索。为此，我们需要将文档进行向量化，实现过程如代码清单 5-27 所示。

代码清单 5-27　基于文档实现向量化

```
def get_vector_store(uploaded_files: List[UploadedFile]) -> Optional[FAISS]:
    """
    将一个包含文档对象的列表作为输入，并返回一个 FAISS 向量存储。
    """
```

```python
    if not uploaded_files:
        return None

    documents = []
    filepaths = []
    loader_map = {
        ".pdf": PyPDFLoader,
        ".txt": TextLoader,
        ".docx": Docx2txtLoader
    }
    try:
        for uploaded_file in uploaded_files:
            # 在 "files/" 目录中创建一个临时文件。
            with NamedTemporaryFile(dir="files/", delete=False) as file:
                file.write(uploaded_file.getbuffer())
                filepath = file.name
            filepaths.append(filepath)

            file_ext = os.path.splitext(uploaded_file.name.lower())[1]
            loader_class = loader_map.get(file_ext)
            if not loader_class:
                error(f"不支持的文件类型：{file_ext}")
                for filepath in filepaths:
                    if os.path.exists(filepath):
                        os.remove(filepath)
                return None

            # 基于选中的 Loader 加载文档
            loader = loader_class(filepath)
            documents.extend(loader.load())

            # 将加载的文本分割成较小的块以便处理
            text_splitter = RecursiveCharacterTextSplitter(
                chunk_size=1000,
                chunk_overlap=200
            )
            doc = text_splitter.split_documents(documents)
            # 创建 Faiss 向量存储数据库
            if model_type == "GPT Models from OpenAI":
                embeddings = OpenAIEmbeddings(
                    model="text-embedding-3-large", dimensions=1536
                )
            else:
                embeddings = GoogleGenerativeAIEmbeddings(
                    model="models/embedding-001"
                )
            vector_store = FAISS.from_documents(doc, embeddings)
    except Exception as e:
        vector_store = None
        error(f"发生异常：{e}")
    finally:
        # 确保在处理完成后删除临时文件
        for filepath in filepaths:
```

```
        if os.path.exists(filepath):
            os.remove(filepath)

    return vector_store
```

可以看到，这里我们使用了 Faiss 作为向量数据库，并基于 LangChain 中的 RAG 组件实现了对不同类型文件进行向量化的过程，包括 pdf、txt 和 docx。在 Python 的世界中，我们可以分别使用 PyPDFLoader、TextLoader 和 Docx2txtLoader 库来解析这 3 类文件，并将解析的内容添加到一组 Document 对象中。

有了 VectorStore 之后，下一步就可以构建一个 Retriever 对象，进而构建一个 Retriever 工具。具体实现过程如代码清单 5-28 所示。

代码清单 5-28　Retriever 工具构建过程

```
from langchain.tools.retriever import create_retriever_tool

retriever = vector_store.as_retriever()

retriever_tool = create_retriever_tool(
    retriever,
    name="retriever",
    description=(
        "搜索有关已上传文档的信息。对于文档的任何问题，你必须使用此工具。"
    ),
)
```

create_retriever_tool 是 LangChain 提供的一个方法，用于创建一个基于 Retriever 的工具。该方法的主要参数如下：

- retriever：BaseRetriever 类型，用于检索文档的检索器。
- name：str 类型，工具的名称。此名称将传递给 LLM，因此应具有唯一性和描述性。
- description：str 类型，工具的描述。此描述将传递给 LLM，因此应详细且具有描述性。
- document_prompt：Optional[BasePromptTemplate] 类型，用于指定提示词模板，默认为 None。
- document_separator：str 类型，文档之间的分隔符，默认为 "\n\n"。

通过这种方式，我们可以在 Agent 的执行过程中使用该工具。

3. 实现回调和流式处理

请注意，我们可以在前面介绍的 get_chat_model 方法中传入一组 callbacks 对象，其目的是实现一套流式处理机制。在本节中，我们将详细讨论 LangChain 中的回调（Callback）和流式（Streaming）处理机制。

LangChain 提供了一个回调系统，允许你连接到 LLM 请求的各个阶段。这对于日志记录、过程监控和流式传输都非常有用。在 LangChain 中存在一个 BaseCallbackHandler 类，专门用于提供一组回调方法，这些方法用于订阅 LLM 执行过程中的各个事件。当这些事件被触发时,回调机制将确保触发那些订阅该事件的回调方法,如代码清单 5-29 所示。

代码清单 5-29　LangChain 中 BaseCallbackHandler 类定义

```
class BaseCallbackHandler:
    """Base callback handler that can be used to handle callbacks from langchain."""

    def on_llm_start(...) -> Any:
        """Run when LLM starts running."""

    def on_chat_model_start(...) -> Any:
        """Run when Chat Model starts running."""

    def on_llm_new_token(...) -> Any:
        """Run on new LLM token. Only available when streaming is enabled."""

    def on_llm_end(...) -> Any:
        """Run when LLM ends running."""

    def on_llm_error(...) -> Any:
        """Run when LLM errors."""

    def on_chain_start(...) -> Any:
        """Run when chain starts running."""

    def on_chain_end(...) -> Any:
        """Run when chain ends running."""

    def on_chain_error(...) -> Any:
        """Run when chain errors."""

    def on_tool_start(...) -> Any:
        """Run when tool starts running."""

    def on_tool_end(...) -> Any:
        """Run when tool ends running."""

    def on_tool_error(...) -> Any:
        """Run when tool errors."""

    def on_text(...) -> Any:
        """Run on arbitrary text."""

    def on_agent_action(...) -> Any:
        """Run on agent action."""

    def on_agent_finish(...) -> Any:
        """Run on agent end."""
```

可以看到,针对 LLM、Chain、Tool 以及 Agent 这 4 个组件的相关操作,LangChain 都定义了对应的回调方法供开发人员进行扩展。而 LangChain 本身也提供了一些内置的回调处理器，最基本的处理器就是 StdOutCallbackHandler，该处理器只是将所有事件记录到 stdout。请注意，当 LangChain 对象上的 verbose 标志被设置为 True 时，StdOutCallbackHandler 就会被调用，这是 LangChain 的默认行为。

如果想要实现一个自定义 CallbackHandler 类，开发人员需要做的事情就是继承 BaseCallbackHandler 类并重写对应的回调方法，示例代码如代码清单 5-30 所示。

代码清单 5-30　自定义 CallbackHandler 类的实现方法

```
from langchain.callbacks.base import BaseCallbackHandler

class MyCustomHandler(BaseCallbackHandler):
    def on_llm_new_token(self, token: str, **kwargs) -> None:
        print(f"自定义回调处理器, token: {token}")
```

这里我们创建了一个 MyCustomHandler 类并覆写了 BaseCallbackHandler 的 on_llm_new_token 方法，从而实现每当 LLM 生成一个 Token 时就能够打印对应的日志。

那么，如何在自己的业务代码中使用这个自定义的 CallbackHandler 呢？开发人员可以使用两种方式来传入回调对象，分别是构造函数回调和请求回调。

构造函数回调指的是在构造函数中定义回调处理器，例如 LLMChain(callbacks=[handler])。此时，这个 handler 将被用于对该对象的所有调用，并且仅作用于该对象。相比构造函数回调，请求回调通常定义在用于发送请求的 call/run/apply 等方法中，例如 chain.call(inputs, callbacks=[handler])。此时，这个 handler 将仅用于该特定请求及其包含的所有子请求。

就应用场景而言，构造函数回调最适用于记录、监控等与单个请求无关的应用场景。例如，如果你想记录对 LLMChain 的所有请求，那么可以将回调处理传递给构造函数。而请求回调则适用于流式传输等应用场景。接下来，我们将进一步介绍如何基于回调实现流式处理机制。

当下主流的 LLM 都支持流式生成技术。流式机制显著提高了用户体验，因为用户无须等待未知长度的时间，几乎可以立即开始获取响应结果。借助 LangChain 的回调机制，实现流式处理并不复杂，我们要做的事情是继承 BaseCallbackHandler 类并添加对应的回调处理功能。我们把这个处理器类命名为 StreamHandler，它的实现过程如代码清单 5-31 所示。

代码清单 5-31　StreamHandler 类的实现过程

```
class StreamHandler(BaseCallbackHandler):
    def __init__(self, initial_text=""):
        self.text = initial_text

    def on_llm_new_token(self, token: Any, **kwargs) -> None
        # 提取 Token 中的文本内容
        new_text = self._extract_text(token)
        if new_text:
            self.text += new_text

    def _extract_text(self, token: Any) -> str:
```

```
        if isinstance(token, str):
            return token
    elif isinstance(token, list):
            return ''.join(self._extract_text(t) for t in token)
    elif isinstance(token, dict):
            return token.get('text', '')
    else:
            return str(token)
```

我们发现,要实现流式处理机制,需要做的事情是覆写 BaseCallbackHandler 中的 on_llm_new_token 回调方法。在上述方法中,当我们根据 Token 设置最新的文本内容之后,原则上就可以将它们展示在前端界面上,从而构建实时的交互体验。

请注意,由于多模态 Agent 的构建通常涉及图像和语音处理等用户界面的交互和展示,因此我们会在 6.3 节中介绍 Agent 可视化交互技术时,对该多模态 Agent 案例系统进行详细演示。

5.4 本章小结

本章系统地介绍了多模态 Agent 的构建过程,涵盖了图像处理、语音处理以及基于 LangChain 框架的多模态交互实现。首先,我们详细探讨了图像处理技术的基础,包括 Pillow 库的使用以及图像解析和生成的方法。接着,我们介绍了语音处理技术,包括自动语音识别(ASR)和文本转语音(TTS)的实现,并展示了如何通过 OpenAI 的 Whisper 模型和 TTS API 完成语音与文本的转换。在此基础上,我们通过 LangChain 框架构建了一个多模态 Agent 案例系统,实现了图像解析、语音交互以及工具调用等功能。此外,我们还讨论了如何整合聊天历史记录以及使用回调和流式处理机制来提升交互体验。

通过本章的学习,读者不仅掌握了多模态 Agent 的核心技术,还了解了如何将这些技术整合到实际应用中。这些内容有助于读者构建更复杂的多模态 Agent 可视化交互系统。

AI Agent 应用篇

- 第 6 章 企业级 Agent 工程化技术
- 第 7 章 多 Agent 系统
- 第 8 章 多 Agent 系统的实战案例

第 6 章

企业级 Agent 工程化技术

AI Agent 技术的兴起为企业级应用带来了智能化、自动化的解决方案，但如何将这些技术有效地工程化并应用于实际场景，是当前开发者和企业亟须解决的问题。本章将深入探讨企业级 Agent 工程化的技术体系。我们将从 Agent 工程化全景图入手，逐步剖析 Agent 运行时管理、可视化交互以及外围技术集成的各个环节。通过具体的工具和案例，我们将展示如何将 AI Agent 技术落地到实际应用中，帮助读者掌握企业级 Agent 工程化的关键技术和最佳实践。

6.1 Agent 工程化技术栈

对于 AI Agent 工程化所需的技术栈，我们可以将它们分成多个模块，各自有不同的功能和角色。这些模块包括：

- 垂直 Agent（Vertical Agents）：包含一些专注于特定领域或任务的 AI Agent 方案，比如 Perplexity AI 搜索 Agent、Replit AI 编程 Agent 等。这些 Agent 通常提供针对性解决方案，不在本书讨论范围之内。
- Agent 托管与服务（Agent Hosting & Serving）：提供平台和 API 用于托管和运行 Agent，比如 Amazon Bedrock Agents 等。这些服务帮助开发者更方便地部署和管理 AI 模型。这类技术的发展方向是将 Agent 作为服务部署到基础设施，并通过 REST API 访问，从而使 Agent 更容易集成到各类应用中。关于 Agent 托管与服务的功能取决于不同的供应商，同样不属于本书讨论的范围。
- 可观测性（Observability）：可观测性工具用于监控和分析 Agent 的性能和行为，比如 LangSmith、Arize Phoenix 等。这些工具确保系统的可靠性和高效性。
- Agent 开发框架（Agent Frameworks）：提供开发框架以便构建 Agent，比如本书介绍的 LangChain、LlamaIndex 和 AutoGen 等。Agent 开发框架是构建复杂 AI 系统

的基础，它们在状态管理、上下文结构、跨 Agent 通信等方面各有特色。
- 工具库（Tool Libraries）：包含一些常用的开发工具库，比如 Composio、Browserbase 等。这些工具库提供了即插即用的额外功能支持。工具赋予 AI Agent 与外部世界交互的能力，极大扩展了其应用范围。
- 模型服务（Model Serving）：这类服务的关键技术是推理引擎，核心组件就是 LLM。私有模型常见的如 OpenAI 和 Anthropic 等公司发布的模型，开源模型则有 DeepSeek、Together.AI、Fireworks 和 Groq 等。模型服务是 Agent 的大脑，决定了其理解和生成能力。选择合适的模型和服务提供商对 Agent 的性能至关重要。而模型服务的使用方式有两种：一种是直接使用各大厂商的云服务；对于开源模型而言，我们还可以采用本地部署的方式使用这些模型。
- 存储（Storage）：数据存储解决方案，用于保存大量数据供 AI 系统使用。这类技术的主要形式就是向量数据库，比如 Chroma、Pinecone 等。比较特殊的方案是传统关系数据库 PostgreSQL 和 pgvector 扩展。存储解决方案使 Agent 具备记忆能力，能够保存和检索相关信息，实现长期学习和任务连续性。

对于上述技术体系，前面章节已经对模型服务、存储和 Agent 开发框架做了全面介绍。在本节中，我们将重点讨论 Agent 的可观测性功能，并引入 Agent 私有化部署方案。同时，考虑到日常开发的需求，我们还将针对 Agent 的可视化交互以及一组外围技术展开讨论。

6.2 Agent 运行时管理

在本节中，我们将 Agent 的私有化部署、运行监控和链路跟踪统称为 Agent 运行时管理机制。

6.2.1 基于 Ollama 实现私有化部署

Ollama 是一个强大的本地大语言模型运行框架，它使用户能够在本地设备上轻松运行和管理各种大语言模型。本节将详细介绍 Ollama 的功能特性，并通过其核心指令部署 DeepSeek。

1. Ollama 功能特性

Ollama 具备以下主要功能特性：
- 开箱即用：用户可以通过简单的命令（如 ollama run <模型名>）快速下载并运行模型，无须手动处理复杂的依赖关系。
- 预构建模型库：支持多种主流大语言模型，如 LLaMA、Mistral、Falcon 等，覆盖不同参数规模，满足多样化需求。
- 跨平台支持：兼容 macOS、Linux、Windows 以及 Docker 容器化部署。
- 模型微调支持：集成 LoRA、Prefix Tuning 等技术，用户可使用少量数据对模型进行微调，适配特定领域。

- API 兼容性：提供类似 OpenAI 平台的 REST API，方便与 LangChain、AutoGPT 等工具链集成。
- 可视化交互：与 Open WebUI、Chatbox 等可视化工具集成，提供类 ChatGPT 的图形界面，降低使用门槛。
- 分布式与并发处理：支持多 GPU 并行推理和异步请求处理，优化高并发场景下的性能。
- 模型管理：支持通过命令行工具（CLI）下载、更新、删除和查看已安装模型。
- 多轮对话支持：支持多轮对话和上下文记忆，提升交互体验。

通过这些功能特性，Ollama 极大地降低了大模型的本地部署门槛，同时提供了高效、灵活的使用体验，适合开发者、研究人员和企业用户。

2. 基于 Ollama 部署 DeepSeek

在接下来的内容中，我们将演示如何基于 Ollama 部署 DeepSeek-R1 模型。DeepSeek-R1 是由深度求索公司开发的高性能 AI 推理模型，专注于数学、代码和自然语言推理任务。DeepSeek-R1 在多个基准测试中表现优异，性能对标 OpenAI 的 GPT-o1 正式版，同时具有更高的性价比。

成功下载并安装 Ollama 之后，我们可以通过 ollama serve 命令启动 Ollama 服务。Ollama 服务启动成功后，就可以通过如代码清单 6-1 所示的命令运行最新版本的 DeepSeek-R1。

代码清单 6-1 基于 Ollama 运行 DeepSeek-R1

```
ollama run deepseek-r1
```

如果是第一次运行该命令，Ollama 会拉取 DeepSeek-R1 模型进行本地部署。当命令运行成功后，命令行工具会出现一个输入框供用户输入提示词，这样我们就可以与 DeepSeek-R1 模型进行交互。当然，更为友好的办法是借助某种可视化页面与 DeepSeek-R1 模型进行集成。DeepSeek 目前已经与多款常见的聊天系统进行了集成，如图 6-1 所示的就是 Chatbox 人机交互界面。

有了人机交互界面之后，我们还可以与本地 DeepSeek-R1 模型进行 API 集成，示例代码如代码清单 6-2 所示。

代码清单 6-2 本地 DeepSeek-R1 实现 API 集成

```
from ollama import chat
from ollama import ChatResponse

response: ChatResponse = chat(model='deepseek-r1', messages=[
    {
        'role': 'user',
        'content': '为什么天空是蓝色的？',
    },
])

print(response.message.content)
```

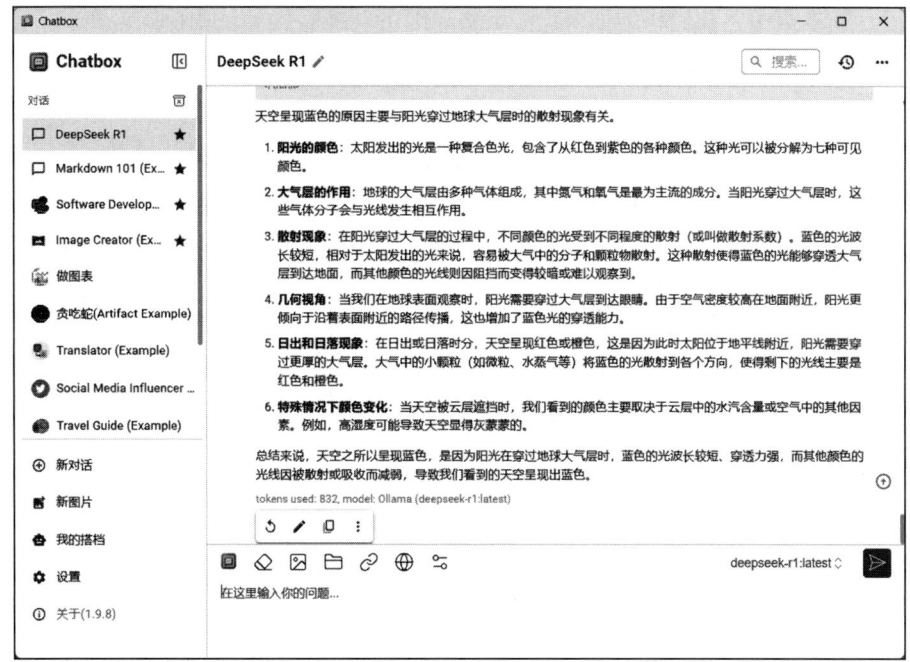

图 6-1　Chatbox 人机交互界面

上述代码使用了 Ollama 内置的一套 API，与 DeepSeek-R1 模型进行交互，执行结果如代码清单 6-3 所示。

代码清单 6-3　DeepSeek-R1 的 API 调用结果

```
<think>
嗯，为什么天空是蓝色的呢？这问题看起来挺简单的，但仔细想想其实有很多方面要考虑。我记得小时候
    老师可能提到过一些原因，比如光散射之类的，不过具体的细节不太清楚。
......
总的来说，我觉得天空呈现蓝色主要是因为阳光中的蓝色光波更容易被大气分子散射到各个方向，而红色和
    其他长波光线则主要到达地面。不过这个理论是否正确呢？我需要查证一下。
</think>

天空呈蓝色的原因可以用斯德哥尔摩散射理论来解释：
1. 太阳光的组成：阳光是由多种颜色（红、橙、黄、绿、蓝、靛、紫）组成的白色复合光。
2. ......
总结：虽然阳光本身是白色的，但由于大气对不同颜色光的吸收和散射作用，我们观察到的天空呈现出蓝色。
```

显然，基于 Ollama 的本地模型部署方案，无论从人机交互还是 API 集成都为我们提供了一套成熟的实施方案。

6.2.2　基于 LangSmith 实现运行监控

LangSmith 是一个功能强大的数据分析平台，专注于 LLM 应用程序的开发、调试、测试和监控。该平台能够与 LangChain 无缝集成，为开发者提供从原型开发到生产阶段的全

流程支持。在本节中，我们将详细讨论 LangSmith 的功能特性和使用模式。

1. LangSmith 功能特性

LangSmith 的功能非常强大，主要体现在以下 4 个方面：

- 调试功能：LangSmith 提供了强大的调试功能，允许开发者查看事件链中每个步骤的模型输入和输出。这有助于开发者快速定位问题根源，优化模型性能。通过调试功能，开发者还可以查看延迟和 Token 使用情况，从而定位调用性能问题，进一步提升应用程序的效率。
- 测试功能：LangSmith 的测试功能支持跟踪数据样本或上传自定义数据集，然后针对数据集运行链和提示词，进行手动检查或自动化测试。这种测试方式有助于发现模型中的潜在问题，提升模型的准确性和可靠性。同时，它也为开发者提供量化评估 LLM 应用效果的工具。
- 监控功能：LangSmith 的监控功能使开发者能够主动跟踪性能指标、用户交互体验等关键信息。通过实时监控应用程序的运行情况，开发者可以及时发现异常和错误，确保其稳定性和可靠性。此外，监控功能还支持按不同维度进行监控分析。
- 数据管理与分析：LangSmith 平台提供集中化的数据管理工具，支持不同来源、不同类型数据的集中管理。开发者可以在平台上进行数据的版本跟踪、质量监控和流程优化等操作。同时，平台还提供直观的数据可视化界面，方便开发者了解数据的概况和动态。

在实际应用过程中，假设我们有一个基于 LangChain 开发的聊天机器人应用程序。那么，通过使用 LangSmith 平台，我们可以进行以下操作：

- 在原型开发阶段，利用调试功能查看每个步骤的模型输入输出，找到导致机器人回答不准确的问题根源。
- 在测试阶段，上传自定义数据集对机器人进行全面测试，确保其在各种场景下都能准确回答用户的问题。
- 在生产阶段，通过监控功能持续跟踪机器人的性能指标和用户交互体验，不断优化其性能提升用户体验。

在接下来的内容中，我们将通过一些简单的案例分析来介绍 LangSmith 的使用模式。

2. LangSmith 使用模式

想要在 LLM 应用中使用 LangSmith，我们首先需要初始化配置，如代码清单 6-4 所示。

代码清单 6-4　LangSmith 初始化配置

```
os.environ["OPENAI_API_KEY"] = "..."
os.environ["LANGCHAIN_TRACING_V2"] = "true"
os.environ["LANGCHAIN_API_KEY"] = "..."
os.environ["LANGCHAIN_PROJECT"] = "LangSmith Test"

# 1. 创建提示词模版
system_template = "Translate the following into {language}:"
```

```python
prompt_template = ChatPromptTemplate.from_messages([
    ('system', system_template),
    ('user', '{text}')
])
# 2. 创建模型
model = OpenAI()
# 3. 创建解析器
parser = StrOutputParser()
# 4. 创建链
chain = prompt_template | model | parser
# 5. 调用链
chain.invoke({"language": "Chinese", "text": "hi"})
```

在上述代码中，我们设置了 LangSmith 的 API Key 和项目名称等环境变量，以启用 LangSmith 的追踪功能。执行上述代码后，我们可以在 LangSmith 系统界面的 Projects 中看到自己创建的"LangSmith Test"项目，并查看其运行日志，如图 6-2 所示。

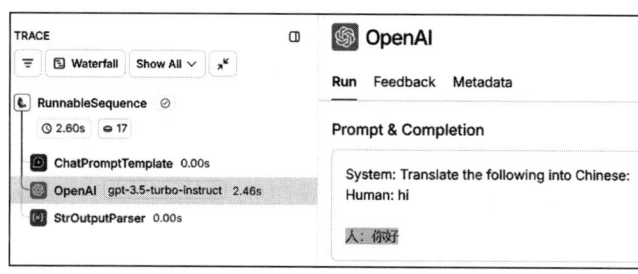

图 6-2　LangSmith 界面中的自定义项目

可以看到调用链的每个节点都会有详细记录，方便开发人员进行问题的追踪和定位。图 6-2 展示的是 OpenAI 模型这个节点的运行信息，可以看到系统会将交互过程的输入转换为 SystemMessage 和 HumanMessage，并获取最终响应结果。

另一方面，LangSmith 为我们提供了一个方便的功能——LangSmith Hub，我们可以用它来调试和管理提示词。例如，我们可以在 LangSmith 管理界面中创建如图 6-3 所示的一个提示词，并把它命名为 translation_prompt_template。

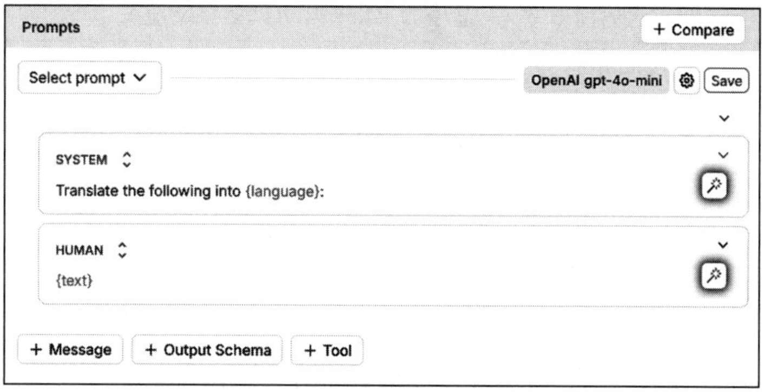

图 6-3　在 LangSmith 管理界面创建提示词

接下来我们就可以在应用中加载该提示词，而无须在代码中写死提示词模板，实现方式如代码清单 6-5 所示。

代码清单 6-5　基于 LangSmith Hub 加载提示词

```
prompt_template = hub.pull("translatation_prompt_template")
```

如果目标提示词比较复杂，那么我们就可以在 LangSmith 中统计管理提示语，然后将其提交成不同版本，方便维护和复用。

6.2.3　基于 Phoenix 实现链路跟踪

Arize Phoenix 是一个专为机器学习和 AI 系统的可观察性和监控设计的综合工具。它提供了跟踪和分析机器学习模型及数据流水线各方面的功能。在本节中，我们将详细讨论 Phoenix 的功能特性和使用模式。

1. Phoenix 功能特性

Phoenix 的功能特点包括：
- 多框架集成：Phoenix 支持超过 20 种框架，包括 LangChain、LlamaIndex 等。
- 可定制性与隐私保护：支持本地部署，用户可以完全控制数据存储和隐私。
- 可观察性功能：提供追踪（Tracing）、评估（Evaluation）、实验（Experimentation）等功能。
- 数据可视化：通过嵌入式分析和数据集管理，帮助用户理解模型性能。

想要使用 Phoenix，我们首先需要通过 pip install arize-phoenix 命令安装相关组件。如果想要启动 Phoenix 服务，可以使用如代码清单 6-6 所示的命令。

代码清单 6-6　基于 Python 命令启动 Phoenix 服务

```
python -m phoenix.server.main serve
```

上述命令将启动 Phoenix 的 Web 控制台界面，默认情况下可通过 localhost:6006 进行访问。如果使用的是 Docker，那么可以通过如代码清单 6-7 所示的方式启动 Phoenix 服务。

代码清单 6-7　基于 Docker 启动 Phoenix 服务

```
docker run -p 6006:6006 -p 4317:4317 arizephoenix/phoenix:latest
```

当然，如果你不希望启动 Phoenix 服务，而只希望在 Jupyter Notebook 中运行它，那么可以使用如代码清单 6-8 所示的示例代码。

代码清单 6-8　在 Jupyter Notebook 中启动 Phoenix 服务

```
import phoenix as px
px.launch_app()
```

这种方式适合在数据分析和开发环境中快速使用 Phoenix。

2. Phoenix 使用模式

我们可以在 LangChain、LlamaIndex 中集成 Phoenix，这里以 LangChain 为例介绍 Phoenix 的使用模式，示例代码如代码清单 6-9 所示。

代码清单 6-9　在 LangChain 中集成 Phoenix

```
from phoenix.otel import register
from openinference.instrumentation.langchain import LangChainInstrumentor

# 初始化 LangChain 应用
tracer_provider = register(
    project_name="my-llm-app",
)

# 初始化 Langchain 自动 Instrumentation
LangChainInstrumentor().instrument(tracer_provider=tracer_provider)

from langchain_core.prompts import ChatPromptTemplate
from langchain_openai import ChatOpenAI

prompt = ChatPromptTemplate.from_template("{x} {y} 是 {z}?").partial(x=" 为什么 ",
    z=" 蓝色的 ")
chain = prompt | ChatOpenAI(model_name="gpt-4o")
result = chain.invoke(dict(y=" 天空 "))
print(result)
```

上述代码展示了如何使用 Phoenix 和 LangChain 构建一个简单的 LLM 应用，并通过 OpenTelemetry（OTel）工具库进行自动追踪和监控。这里的 phoenix.otel 是 Phoenix 提供的 OpenTelemetry 集成模块，用于注册和管理追踪器。然后，我们通过 register 函数初始化一个 OpenTelemetry 追踪器实例，并将其与 Phoenix 的项目关联。我们指定项目的名称，用于在 Phoenix 中标识和管理追踪数据。LangChainInstrumentor 是一个应用于 LangChain 的自动追踪工具。该工具的 instrument 方法将 LangChain 的操作与 OpenTelemetry 的追踪器绑定在一起，确保 LangChain 的每次调用都会被追踪并记录到 Phoenix 中。

执行上述代码后，我们会在 Phoenix 的 Web 管理界面中得到如图 6-4 所示的跟踪效果。

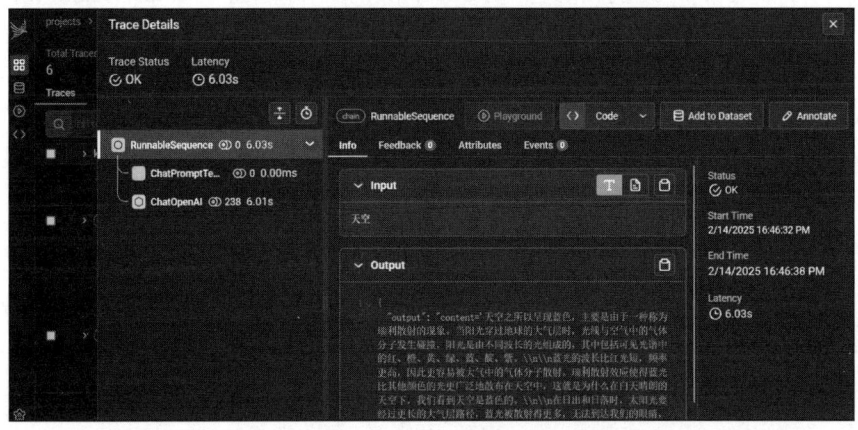

图 6-4　Phoenix Web 管理界面的效果

可以看到，这里展示了代码执行链路中的各个环节及其耗时，同时也给出了详细的输入和输出结果。通过这种方式，开发人员可以方便地监控和分析 LangChain 应用的运行情况，并将数据记录到 Phoenix 中进行进一步分析。

Phoenix 可以与 LlamaIndex、AutoGen、LangChain、LangGraph 等主流 Agent 框架进行无缝集成。我们会在第 8 章介绍系统 LangGraph 案例时给出 Phoenix 具体的使用方式和效果。

6.3 Agent 可视化交互

对于企业级应用而言，用户交互的友好性是必须构建的一种能力。为了实现 Agent 系统的可视化交互，我们需要引入特定的工具和框架。在本节中，我们将介绍 Streamlit 这款主流的 Web 可视化开发框架，并基于该框架对第 5 章中的多模态 Agent 案例系统进行重构。

6.3.1 使用 Streamlit 构建 Web 应用

什么是 Streamlit？Streamlit 实际上是一个用于快速搭建 Web 应用的 Python 库，它的底层使用的是 Tornado 框架。Streamlit 封装了大量常用的可视化组件方法，支持数据表、图表等对象的渲染，同时支持网格化和响应式页面布局。简单来说，Streamlit 可以让不了解前端开发的人轻松搭建 Web 页面，非常适合 LLM 应用开发人员快速构建人机交互界面。

1. 安装和运行 Streamlit

想要在 Python 环境中安装 Streamlit，你只需要执行 pip install streamlit 命令。请注意，Python 版本需要在 3.7 以上。安装完成后，我们可以在命令行中输入如代码清单 6-10 所示的命令来启动 Streamlit。

代码清单 6-10　启动 Streamlit

```
streamlit hello
```

在命令行日志中，我们可以看到 Streamlit 的运行地址为 http://localhost:8501 一旦 Streamlit 启动成功，系统会自动在浏览器中打开该地址对应的网页。该页面展示了一组示例，并包含"hello"这个新菜单。只要页面能够正常展示，就说明 Streamlit 已经启动成功。

通常，我们不会直接在命令行中编写业务代码，而是将业务代码存放在一个独立的 Python 文件中。例如，我们可以创建一个名为 main.py 的文件，并编写如代码清单 6-11 中的示例代码。

代码清单 6-11　main.py 文件代码

```
import streamlit as st
st.write('Hello')
```

现在，我们就可以通过 run 命令来启动 Streamlit，如代码清单 6-12 所示。

代码清单 6-12　通过 run 命令启动 Streamlit

```
streamlit run main.py
```

上述方式是我们启动 Streamlit 的常规做法。当 Streamlit 启动成功后，接下来要做的事情就是配置它的运行参数，最常见的参数就是 LLM 调用所需的授权密钥。显然，把这个授权密钥硬编码在代码中是不安全的，比较好的一种做法是把它放在 Streamlit 的 secret.toml 配置文件中。配置方式如代码清单 6-13 所示。

代码清单 6-13　基于 secret.toml 配置文件定义授权密钥

```
openai_key= "这里是你的 OpenAI API Key"
```

然后，在 Streamlit 中，我们就可以通过如代码清单 6-14 所示的方式来获取这个授权密钥。

代码清单 6-14　通过 secret.toml 配置文件获取授权密钥

```
import streamlit as st

secrets= "secret.toml"
openai.api_key = st.secrets.openai_key
```

这里的 openai 是 OpenAI 官方提供的 Python 版本 API 对接库，我们已经在 2.1 节中详细介绍了这个库的功能特性。

2. Streamlit 开发组件

Streamlit 内置了一组技术组件，旨在简化我们开发 Web 页面时的难度。相较于其他复杂的 Web 应用框架，Streamlit 的学习曲线较为平缓，我们可以在短时间内掌握其基础使用方法，非常适合 LLM 应用开发人员。在后续内容中，我们将统一使用 Streamlit 来构建和运行具备交互界面的 LLM 应用程序。对于常见的 LLM 应用，我们通常需要使用文本组件、交互组件和状态管理组件。

文本组件非常简单，常见的包括 markdown、title、header、subheader、caption 和 text 等。这些组件的概念和使用方式都是自解释的，区别主要体现在字体的大小和样式上。在一个 Streamlit 页面中，我们可以使用它所提供的 chat_input 组件接收用户输入，其使用方式如代码清单 6-15 所示。

代码清单 6-15　Streamlit 中 chat_input 组件使用示例

```
prompt = st.chat_input("说点什么")
if prompt:
    st.write(f"用户发送了以下提示：{prompt}")
```

Streamlit 提供了一个非常强大的 write 方法，该方法可以根据传入参数的不同而展示不同的效果。此外 Streamlit 的 button 方法用于显示一个按钮，方便提交聊天过程中的用户输入。session_state 是 Streamlit 提供的一种机制，用于在用户会话之间保持变量的状态。它允许开发者在用户与应用交互时存储和访问状态信息,从而在应用重新运行时保持数据的一致性,因此在构建复杂交互过程中非常有用。

在使用 session_state 之前,需要先检查该变量是否已经存在于会话状态中。如果不存在,则需要初始化它。其实现方式如代码清单 6-16 所示。

代码清单 6-16　session_state 的初始化方法

```
if 'counter' not in st.session_state:
    st.session_state.counter = 0
```

开发人员可以通过直接赋值的方式更新会话状态中的变量,也可以通过 session_state 的键或属性访问状态变量,或者删除会话状态中的变量。其实现方式如代码清单 6-17 所示。

代码清单 6-17　session_state 的操作方法

```
st.session_state.counter += 1
st.write(st.session_state.counter)
del st.session_state.counter
```

我们来看一个完整的示例。代码清单 6-18 提供了一个简单的计数器示例,展示了如何使用 session_state。

代码清单 6-18　基于 session_state 实现计数器的示例

```
import streamlit as st

# 初始化 session state
if 'counter' not in st.session_state:
    st.session_state.counter = 0

# 增加计数器的按钮
increment_button = st.button('Increment Counter')
if increment_button:
    st.session_state.counter += 1

# 显示当前计数器的值
st.write(f'Counter: {st.session_state.counter}')
```

在使用 session_state 时,每个用户的会话状态是独立的,不同用户之间不会相互影响。session_state 还支持使用回调函数来操作状态。许多 Streamlit 组件(如输入框、按钮等)会自动将值存储到 session_state 中,可以通过指定 key 参数访问这些值。

请注意,在使用 session_state 时,必须确保变量在使用前已经初始化,否则会引发错误。而在多页面应用中,session_state 的状态也会在不同页面之间保持。因此,通过合理使用 session_state,开发人员可以有效管理应用的状态,实现复杂的交互逻辑。

6.3.2　Agent 可视化案例解析

为了展示 Streamlit 的各项可视化交互功能,本节将在 5.3 节所介绍的多模态 Agent 案例系统的基础上,为该系统添加用户交互界面,并演示系统的运行结果。

1. 图像处理交互实现

现在,回到多模态 Agent 的案例场景。在现实中,我们通常通过上传图像文件来对其进行解析。借助 Streamlit,我们可以引入 file_uploader 组件。用户可以通过该组件上传一个图像文件或者指定一个 URL 来加载目标图像信息。为此,我们可以定义如代码清单 6-19 所示的获取目标图像文件或 URL 的工具方法。

代码清单 6-19　获取目标图像文件或 URL 的工具方法定义

```
def upload_image_files_return_urls(
    type: List[str]=["jpg", "jpeg", "png", "bmp"]
) -> List[str]:
    """
    上传图像文件,将它们转换为 Base64 编码的图像,并返回结果编码图像的列表,以便用作 URL 的替代品
    """

    st.write("")
    st.write("** 图像对话 **")
    source = st.radio(
        label="Image selection",
        options=("Uploaded", "From URL"),
        horizontal=True,
        label_visibility="collapsed",
    )
    image_urls = []

    if source == "Uploaded":
        uploaded_files = st.file_uploader(
            label="Upload images",
            type=type,
            accept_multiple_files=True,
            label_visibility="collapsed",
            key="image_upload_" + str(st.session_state.uploader_key),
        )
        if uploaded_files:
            try:
                for image_file in uploaded_files:
                    image = Image.open(image_file)
                    thumbnail = shorten_image(image, 300)
                    st.image(thumbnail)
                    image = shorten_image(image, 1024)
                    image_urls.append(image_to_base64(image))
            except UnidentifiedImageError as e:
                st.error(f"An error occurred: {e}", icon="□")
    else:
        image_url = st.text_input(
            label="URL of the image",
            label_visibility="collapsed",
            key="image_url_" + str(st.session_state.uploader_key),
        )
```

```
            if image_url:
                if is_url(image_url):
                    st.image(image_url)
                    image_urls = [image_url]
                else:
                    st.error("Enter a proper URL", icon="□")

        return image_urls
```

上述 upload_image_files_return_urls 方法的实现过程非常具有实用性,因为它同时考虑了基于图像数据和图像原始 URL 来构建当前图像地址的实现需求。这段方法综合使用了 Python 图像处理方面的一组技术要点,你可以基于 5.1 节和 5.2 节内容进行一些回顾。

2. 语音处理交互实现

语音处理交互实现涉及两个环节,即采集语音录入和实现文本转语音。

(1) 采集语音录入

在使用 Streamlit 框架时,我们可以引入 audio_recorder 这个 UI 控件来实现对语音数据的采集。想要使用这一控件,需要先执行 pip install audio-recorder-streamlit 这个安装命令。audio_recorder 控件的使用方法并不复杂,示例代码如代码清单 6-20 所示。

代码清单 6-20　audio_recorder 控件使用方法

```
import streamlit as st
from audio_recorder_streamlit import audio_recorder

audio_bytes = audio_recorder()
if audio_bytes:
    st.audio(audio_bytes, format="audio/wav")
```

这里我们通过 audio_recorder 控件来采集语音内容,并通过 Streamlit 的 audio 控件来展示一个音频播放器,用于播放原始音频数据。当我们在构建 audio_recorder 控件时,可以调整录音参数 energy_threshold 和 pause_threshold。其中,energy_threshold 参数控制录音灵敏度,超过此阈值时我们认为用户正在说话。pause_threshold 参数在 energy_threshold 参数的基础上控制录音中断时长,从而实现自动停止录音。

另一方面,我们还可以设置 audio_recorder 控件的展示效果。audio_recorder 控件在表现形式上就是一个录音按钮,我们可以分别通过图标(Icon)、文本(Text)、颜色(Color)和大小(Size)等维度来调整按钮的图标,以及该图标对应的文本、颜色和大小。

在案例系统中,我们基于 input_from_mic 方法来完成语音的采集和识别,如代码清单 6-21 所示。

代码清单 6-21　基于 input_from_mic 方法实现语音采集和识别

```
def input_from_mic() -> Optional[str]:
    """
    将麦克风的音频输入转换为文本并返回。如果没有音频输入,则返回 None
    """
```

```python
    time.sleep(0.5)
    audio_bytes = audio_recorder(
        pause_threshold=3.0,
        text="Speak",
        icon_size="2x",
        recording_color="#e87070",
        neutral_color="#6aa36f"
    )

    if audio_bytes == st.session_state.audio_bytes or audio_bytes is None:
        return None
    else:
        st.session_state.audio_bytes = audio_bytes
        return read_audio(audio_bytes)
```

可以看到，这里构建了一个 audio_recorder 控件并设置了一组常用参数。然后，我们将语音内容保存在 Streamlit 的状态对象 session_state 中，并调用 read_audio 方法返回文本内容。这个 read_audio 方法在实现上采用了接下来要介绍的语音识别机制，也就是会与 LLM 完成交互。

（2）实现文本转语音

在 5.2 节中，我们实现了一个文本转语音的 perform_tts 方法。通过传入一个文本字符串，perform_tts 方法返回的是一个 HttpxBinaryResponseContent 对象，这是一个类似字节流的对象。我们可以将这个对象中的音频数据编码为 Base64 格式，然后嵌入到一个音频播放器中进行播放，其实现方式如代码清单 6-22 所示。

代码清单 6-22 音频播放器的实现方式

```python
def play_audio(audio_response: HttpxBinaryResponseContent) -> None:
    """
    将文本转语音（TTS）生成的音频响应作为输入，并播放该音频
    """

    audio_data = audio_response.read()

    # 将音频数据编码为 Base64 格式
    b64 = base64.b64encode(audio_data).decode("utf-8")

    # 创建一个 Markdown 字符串，用于嵌入带有 Base64 源的音频播放器
    md = f"""
        <audio controls autoplay style="width: 100%;">
        <source src="data:audio/mp3;base64,{b64}" type="audio/mp3">
        你的浏览器不支持语音元素。
        </audio>
        """

    # 使用 Streamlit 来渲染音频播放器
    st.markdown(md, unsafe_allow_html=True)
```

这里我们创建了一个 Markdown 字符串，并通过 <audio> 标签嵌入带有 Base64 源的音频播放器，这样在 Streamlit 构建的 Web 应用界面中就会出现一个音频播放器组件，效果如图 6-5 所示。

图 6-5　在 Web 页面嵌入音频播放器组件

点击图 6-5 中的播放按钮，系统会以所指定的声音类型将 LLM 模型返回的文本内容以语音形式播放出来。

3. 模型交互集成

当使用 Streamlit 时，我们可以借助会话状态对象 session_state 来保存当前用户的输入消息。当模型生成响应之后，我们也需要将响应结果存放到聊天历史记录中，如代码清单 6-23 所示。实际上，在使用 Streamlit 的过程中，我们通常会大量使用 session_state 机制来保存所有需要保存的临时变量。

代码清单 6-23　保存响应结果到聊天历史记录中

```
st.session_state.history.append(human_message)
st.session_state.history.append(AIMessage(content=generated_text))
```

接着，我们回想在 5.3 节中实现了回调和流式处理机制，并构建了一个 StreamHandler 类。我们对它的初始化函数进行了调整，如代码清单 6-24 所示。

代码清单 6-24　调整之后的 StreamHandler 初始化函数

```
class StreamHandler(BaseCallbackHandler):
    def __init__(self, container, initial_text=""):
        self.container = container
        self.text = initial_text
```

请注意，我们在实现 StreamHandler 时传入了一个 container 对象，用来通过它的 markdown 方法展示文本信息。显然，这个 container 对象应该是 Streamlit 中的一个可视化组件。我们来看 StreamHandler 的使用场景，如代码清单 6-25 所示。

代码清单 6-25　实现 StreamHandler 与 Streamlit 整合

```
llm = get_chat_model(model, temperature, [StreamHandler(st.empty())])

def get_chat_model(
    ...
    callbacks: List[BaseCallbackHandler]
) -> Union[ChatOpenAI, ChatAnthropic, ChatGoogleGenerativeAI, None]:
    ...
    for prefix, ModelClass in model_map.items():
        if model.startswith(prefix):
            return ModelClass(
                ...
                callbacks=callbacks
            )
    return None
```

可以看到，这里使用的是构造函数回调，我们在具体某一个 LLM 对象的构造函数中通过 callbacks 参数传入了一组回调处理器。而 StreamHandler 所使用的 container 实际上是 Streamlit 中的一个空元素容器。在 Streamlit 中，st.empty 方法是用于创建一个空元素容器的函数，这个容器可以在稍后的时间点动态地填充内容，允许在应用程序运行时更新显示的信息。

最后，回到 5.3 节介绍的 perform_query 方法，这里给出该方法的完整版代码，如代码清单 6-26 所示。

代码清单 6-26　完整版 perform_query 方法

```
def perform_query(
    query: str,
    model: str,
    tools: List[Tool],
    image_urls: List[str],
    temperature: float=0.7,
    agent_type: Literal["Tool Calling", "ReAct"]="Tool Calling",
) -> Union[str, None]:
    """
    根据用户查询生成文本
    将聊天提示和消息历史存储在 st.session_state 变量中
    """

    try:
        llm = get_chat_model(model, temperature, [StreamHandler(st.empty())])
        if llm is None:
            st.error(f"不支持的模型：{model}")
            return None

        # 获取聊天历史
```

```python
        if agent_type == "Tool Calling":
            chat_history = st.session_state.history
        else:
            chat_history = message_history_to_string()
        print(chat_history)

        history_query = {"chat_history": chat_history, "input": query}
        print(history_query)

        # 获取系统消息
        message_with_no_image = st.session_state.chat_prompt.invoke(history_query)
        print(message_with_no_image)
        message_content = message_with_no_image.messages[0].content
        print(message_content)

        # 执行图片对话
        if image_urls:
            generated_text = process_with_images(llm, message_content, image_urls)
            human_message = HumanMessage(
                content=query, additional_kwargs={"image_urls": image_urls}
            )
        # 执行工具
        elif tools:
            generated_text = process_with_tools(
                llm, tools, agent_type, st.session_state.agent_prompt, history_query
            )
            human_message = HumanMessage(content=query)
        # 执行文本对话
        else:
            generated_text = llm.invoke(message_with_no_image).content
            human_message = HumanMessage(content=query)

        if isinstance(generated_text, list):
            generated_text = generated_text[0]["text"]

        # 添加聊天历史
        st.session_state.history.append(human_message)
        st.session_state.history.append(AIMessage(content=generated_text))

        return generated_text

    except Exception as e:
        st.error(f"出现异常：{e}")
        return None
```

perform_query 方法综合运用了 Streamlit 的多个页面交互功能以及 session_state 机制，用于构建灵活的 Agent 可视化应用。

6.4 Agent 外围技术

我们知道，通常所说的三层架构指的是 Web 服务层、业务逻辑层和数据访问层。而对于 Agent 系统而言，业务逻辑层指的就是各种 Agent 服务。这些服务不可避免地需要与 Web 服务层以及数据访问层进行交互，从而构建完整的企业级应用。在本节中，我们将详细讨论这些 Agent 系统外围技术，包括相关工具和实现方式。

6.4.1 开放 Web API

对于 Agent 系统而言，如果希望开放 RESTful 风格的 Web API 供外部系统使用，开发人员可以选择两种实现方案：一种是使用 Flask，另一种是使用 LangServe。在本节中，我们将详细介绍这两种 Web API 的实现过程。

1. 使用 Flask 开放 API

Flask 是一个用 Python 编写的轻量级 Web 应用框架，其核心理念是"简单至上"。它提供了开发 Web 应用所需的基本功能，同时允许开发者根据需要自由选择和添加额外的扩展。对于 Agent 应用而言，我们创建的是轻量级的 Web 层组件，因此 Flask 框架非常适合用来构建 Web API。

我们可以通过一个简单的代码示例来掌握 Flask 的基础用法，如代码清单 6-27 所示。

代码清单 6-27　Flask 的基础用法

```python
from flask import Flask, jsonify, request

app = Flask(__name__)

# 示例数据
data = {
    "users": [ ... ]
}

# 基础路由
@app.route('/')
def home():
    return "Welcome to the Flask API!"

# 获取所有用户
@app.route('/api/users', methods=['GET'])
def get_users():
    return jsonify(data["users"])

# 获取单个用户
@app.route('/api/users/<int:user_id>', methods=['GET'])
def get_user(user_id):
    user = next((u for u in data["users"] if u["id"] == user_id), None)
    if user:
        return jsonify(user)
    else:
        return jsonify({"error": "User not found"}), 404

# 创建新用户
@app.route('/api/users', methods=['POST'])
```

```python
def create_user():
    ...

# 更新用户信息
@app.route('/api/users/<int:user_id>', methods=['PUT'])
def update_user(user_id):
    ...

# 删除用户
@app.route('/api/users/<int:user_id>', methods=['DELETE'])
def delete_user(user_id):
    ...

if __name__ == '__main__':
    app.run(debug=True)
```

可以看到，基于 Flask 框架开发 Web API 的过程非常简单，我们需要做的事情就是定义一系列 API 路由并启动 Flask 应用。Flask 会自动处理 Web 服务器的生命周期管理和请求响应过程。

2. 使用 LangServe 开放 API

LangServe 是一个可以将 LangChain 的可运行对象快速部署为 Web API 的框架。它集成了 FastAPI 框架，并提供了强大的数据验证和 API 文档支持，其主要功能包括：

- 自动推断和验证输入输出模式：LangServe 能够自动从 LangChain 对象中推断输入和输出模式，并在每次 API 调用时强制执行这些模式，提供丰富的错误信息。
- 高效的端点支持：提供 /invoke、/batch 和 /stream 等高效端点，支持单个服务器上的多个并发请求。
- 交互式 Playground：提供后端管理页面，支持流式输出和中间步骤展示，方便开发者测试和调试 API。
- LangSmith 集成：内置与 LangSmith 的集成，支持 API 密钥设置。
- 客户端 SDK：提供客户端 SDK，可以像调用本地可运行对象一样调用 LangServe 服务器。
- 多模型支持：支持部署多种类型的 AI 模型，包括文本生成、图像识别、语音处理等。
- 实时监控与日志：内置监控系统可以实时跟踪服务的运行状态，详尽的日志记录有助于问题的调试和分析。

LangServe 能够帮助开发者快速将 LangChain 应用部署为 REST API，同时提供丰富的功能和良好的用户体验。我们可以通过如代码清单 6-28 所示的示例来演示 LangServe 的使用方式。

代码清单 6-28　LangServe 的使用方式

```python
from fastapi import FastAPI
from langchain.prompts import ChatPromptTemplate
from langchain_openai import OpenAI
from langserve import add_routes

app = FastAPI(
```

```
    title="LangChain Server",
    version="1.0",
    description=" 使用 Langchain 的 Runnable 接口构建的简单 API 服务器 ",
)

# 添加路由到应用中
add_routes(
    app,
    OpenAI(),
    path="/openai",
)

# 创建一个讲笑话的提示词模板
model = OpenAI()
prompt = ChatPromptTemplate.from_template(" 讲一个关于 {topic} 的笑话 ")
add_routes(
    app,
    prompt | model,
    path="/joke",
)

# 启动服务器
if __name__ == "__main__":
    import uvicorn
    uvicorn.run(app, host="localhost", port=8000)
```

上述代码中最重要的是通过 add_routes 函数创建了两个路由信息,一个是基于 OpenAI 模型的 "/openai" 端点,一个是自定义的 "/joke" 端点。add_routes 是 LangServe 提供的核心函数,用于将 LangChain 的可运行对象添加到 FastAPI 应用中,并自动生成一系列 API 端点。

当我们执行以上代码时,LangServe 会为我们提供两个交互式 Playground 页面。以 http://localhost:8000/joke/playground/ 为例,我们可以得到如图 6-6 所示的效果。

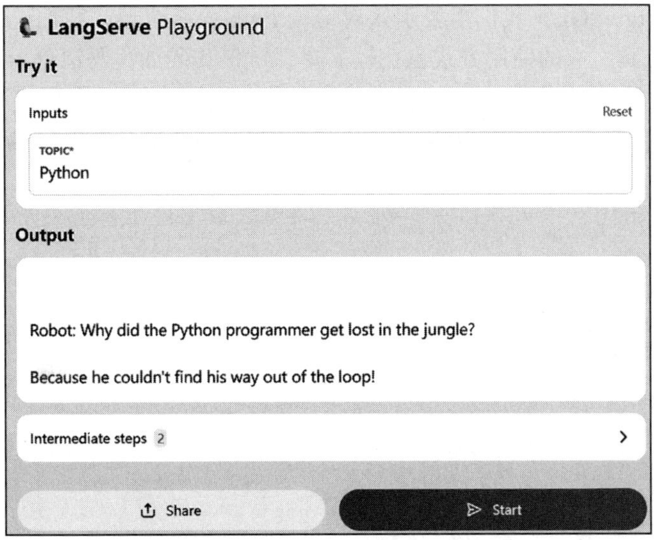

图 6-6　LangServe Playground 页面效果

可以看到，LangServe 自动根据提示词模板推断出输入参数为"TOPIC"，并提供了一个可视化的交互界面供用户输入请求内容。我们通过点击"Start"按钮即可触发一次对 LLM 的调用并获取响应结果。如果你想了解整个流程的具体细节，可以通过点击"Intermediate steps"获取详细的日志信息。

6.4.2 集成数据持久化

对于 Agent 系统而言，需要集成的数据持久化媒介主要包括关系数据库、SQLAlchemy 和向量存储。在本节中，我们将对这些技术展开讨论，并给出相关示例。

1. 集成关系数据库

PostgreSQL 是一款主流的数据库，提供了许多扩展组件。例如，PGVector 就是一个基于 PostgreSQL 的扩展插件，为用户提供了一套强大的向量存储和查询功能。在本节中，我们还是先关注 PostgreSQL 作为关系数据库的使用方式。

为了保存图像解析之后的结果，我们在 PostgreSQL 中默认的 postgres 库中创建一张 image_records 表，表结构定义如代码清单 6-29 所示。

代码清单 6-29　image_records 表结构定义

```
CREATE TABLE image_records(
    id serial primary key,
    payload jsonb not null,
    image_path text not null,
    created_timestamp timestamp not null
);
```

可以看到，我们把图像处理时间、图像地址以及具体的图像解析结果保存在数据库中以供后续使用。

想要连接 PostgreSQL，我们需要引入对应的 Python 客户端。我们选择的是 psycopg 这款主流的客户端工具，它的使用方式也比较简单，示例代码如代码清单 6-30 所示。

代码清单 6-30　psycopg 的使用方式

```
import psycopg

DB_CONNECTION_STRING = "dbname=postgres user=postgres host=localhost password=postgres"

def store_result(payload: json, image_path: str) -> None:
    with psycopg.connect(DB_CONNECTION_STRING) as conn:
        with conn.cursor() as cur:
            cur.execute(
                "INSERT INTO image_records(payload, image_path, created_timestamp)
                    VALUES (%s, %s, %s)",
                (
                    payload,
                    image_path,
                    datetime.datetime.now(),
                ),
            )
```

可以看到，这里我们初始化了一个数据库连接字符串，并创建了与 PostgreSQL 的连接对象。然后基于这个连接对象，我们可以获取操作数据库的游标对象 cursor，并执行具体的 SQL 语句。

如果我们想要把数据库中的数据在 Streamlit 这样的用户界面上以表格的形式进行展示，这时候可以把关系数据库和 Pandas 这款开源的 Python 数据分析库整合在一起。Pandas 适合处理结构化数据，它的核心数据结构就是 DataFrame。DataFrame 是一个二维标签数据结构，你可以将其想象为一个 Excel 表格、一张 SQL 表，或者是一个字典类型的对象。借助 Pandas，我们可以直接将从 PostgreSQL 数据库中查询获取的数据转换为一个 DataFrame 对象，实现过程如代码清单 6-31 所示。

代码清单 6-31　基于 Pandas 获取 DataFrame 对象

```
import pandas as pd

def load_data_as_dataframe() -> pd.DataFrame:
    with psycopg.connect(DB_CONNECTION_STRING) as conn:
        df = pd.read_sql_query("SELECT created_timestamp, image_path, payload
            FROM image_records", conn)
    return df
```

在上述代码中，我们通过 pandas 的 read_sql_query 方法获取的就是一个 DataFrame 对象。借助于 Streamlit 的可视化组件，我们可以直接将这个 DataFrame 对象展示在 Web 界面上。

2. 集成 SQLAlchemy

SQLAlchemy 是一款 Python SQL 工具包和对象关系映射器，它为应用程序开发者提供了 SQL 操作的全部功能和灵活性。SQLAlchemy 为开发人员提供了一整套众所周知的企业级持久化模式，这些模式旨在实现高效的数据库访问。SQLAlchemy 可以省去很多手动管理数据库连接、资源、事务等重复工作的麻烦，让开发者更加高效地使用数据库。许多大型 Python 项目都选择使用 SQLAlchemy 作为 ORM（Object Relational Mapping，对象关系映射）框架。想要使用 SQLAlchemy，我们首先需要导入 sqlalchemy 模块，如代码清单 6-32 所示。

代码清单 6-32　导入 sqlalchemy 模块

```
from sqlalchemy import (create_engine, MetaData, Table, Column, String,
    Integer, select)
```

借助 SQLAlchemy，我们可以很轻松地创建一个数据库访问引擎，如代码清单 6-33 所示。

代码清单 6-33　基于 SQLAlchemy 创建数据库访问引擎

```
engine = create_engine("sqlite:///wiki_cities.db", future=True)
```

注意，这里我们使用的是 SQLite 数据库。通常，我们将 SQLite 称为一款嵌入式的内存数据库。它在使用前不需要安装设置，也不需要进程来启动、停止或配置，而其他大多数 SQL 数据库引擎则是作为一个单独的服务器进程来完成发送请求到服务器和接收查询结果的工作。当我们使用 SQLite 时,访问数据库的程序直接对磁盘上的数据库文件进行读写,没有中间的服务器进程。如果在应用场景中尽量降低对外部组件的依赖,那么 SQLite 就非常适合作为示例数据库集成到数据库检索器的构建过程中。

有了数据库访问引擎之后,下一步要做的事情是定义数据库模式。这时候可以引入 SQLAlchemy 的 MetaData 类,如代码清单 6-34 所示。

代码清单 6-34　SQLAlchemy 的 MetaData 类使用方式

```
metadata_obj = MetaData()
metadata_obj.drop_all(engine)
```

MetaData 相当于 Python 层的数据库结构定义,用 Table 对象来定义表,Column 对象来定义表中的列,定义方式如代码清单 6-35 所示。

代码清单 6-35　基于 MetaData 的 Table 和 Column 定义方式

```
table_name = "wiki_cities"
wiki_cities_table = Table(
    table_name,
    metadata_obj,
    Column("city_name", String(16), primary_key=True),
    Column("population", Integer),
    Column("country", String(16), nullable=False),
)
metadata_obj.create_all(engine)
```

通过以上操作,我们定义了"wiki_cities"这张表的表结构,该表用来存储一组城市信息。然后,我们通过 MetaData.create_all 方法将该对象上的所有 Table 对象转为 DDL 发送给数据库。接着,我们就可以使用 SQLAlchemy 的工具方法对数据库中数据执行 CRUD 操作,就像在操作普通的关系数据库一样。示例代码如代码清单 6-36 所示。

代码清单 6-36　基于 SQLAlchemy 的工具方法实现 CRUD 操作

```
from sqlalchemy import insert

rows = [
    {"city_name": "Toronto", "population": 2930000, "country": "Canada"},
    {"city_name": "Tokyo", "population": 13960000, "country": "Japan"},
    {"city_name": "Berlin", "population": 3645000, "country": "Germany"},
]
for row in rows:
    stmt = insert(wiki_cities_table).values(**row)
    with engine.connect() as connection:
        cursor = connection.execute(stmt)
        connection.commit()
```

可以看到,这里我们通过 SQLAlchemy 中 engine 对象的 connect 方法与 SQLite 数据库建立连接,并插入一组数据。同时,我们也可以通过类似的方法从数据库中获取插入的数据,如代码清单 6-37 所示。

代码清单 6-37　基于 engine 的 connect 执行查询操作

```
with engine.connect() as connection:
    cursor = connection.exec_driver_sql("SELECT * FROM wiki_cities")
    print(cursor.fetchall())
```

通过这组工具方法，我们已经掌握了 SQLAlchemy 的基础用法，这些对于我们构建基础版数据库检索器已经足够了。

3. 集成向量存储

PostgreSQL 是一款主流的关系数据库，但它可以通过一些扩展或自定义的解决方案支持向量数据。例如，可以使用 pgvector 这个 PostgreSQL 插件来支持向量数据的存储和索引。

pgvector 是一个 PostgreSQL 扩展插件，它允许用户在数据库中存储和查询浮点数向量。这个扩展插件特别适合需要执行向量相似性搜索的应用场景，如推荐系统、图像检索、自然语言处理等。pgvector 包括如下关键功能特性：

- 向量数据类型：pgvector 提供了一种新的数据类型 vector，用于存储浮点数向量。
- 索引支持：它支持通过创建索引的方式加速向量搜索。
- 相似性搜索：提供了查询函数，可以快速找到与给定向量最相似的向量条目，使用的相似度计算方法包括欧几里得距离、余弦相似度等。
- 兼容性：作为 PostgreSQL 的扩展，pgvector 可以与现有的 PostgreSQL 数据库和工具链兼容。
- 简单易用：通过传统 SQL 语句即可进行向量数据的存储和查询，无须复杂的配置和额外的语法。

想要在 PostgreSQL 中安装 pgvector 插件需要遵循一定的步骤。以 Windows 平台为例，我们可以将源代码中的一组 .h 文件以及编译完成的 vector.dll 文件拷贝到 PostgreSQL 的安装路径中。最后，在数据库连接工具中，可以选择具体的数据库实例并执行"CREATE EXTENSION vector"这一 SQL 语句来加载 vector 数据结构。

如果你使用的是 pgAdmin4 这款可视化管理工具，那么执行以上 SQL 的效果如图 6-7 所示，可以看到在"扩展"一列中出现了 vector 这一数据结构。

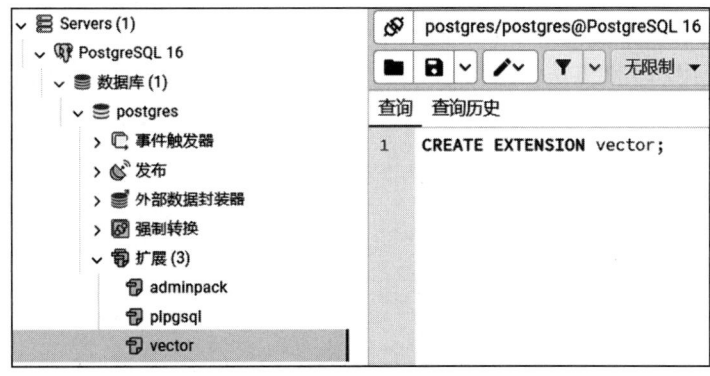

图 6-7　通过 pgAdmin4 加载 vector 扩展效果图

安装完 pgvector 插件之后，开发人员就可以借助 vector 数据结构来存储向量数据了，存储效果如图 6-8 所示。

	embedding_id [PK] uuid	embedding vector
1	39b1dc32-c9d0-4881-9927-3f9def3fc910	[0.0062569575,0.12268134,0.013927954,0.010653354,-0.039307535,0.05659996
2	42cf7529-ab70-416d-b5b5-4bef884111d4	[0.05019214,0.13288255,0.071660906,-0.0056406786,-0.05092789,0.057484902,
3	5c05bee9-8b92-4e44-95aa-aaaffc58ab90	[0.015570286,0.12996702,0.03476679,0.01123723,-0.08116967,0.07693277,-0.02
4	7f8093c9-9ff7-41e2-9249-0ad807dbf5f9	[0.035815414,0.100538954,0.037670806,0.013134154,-0.077447355,0.06294612
5	8efca33e-c39e-4e10-a70e-2edf330854f2	[-0.030047987,0.06504246,0.023602748,-0.024618056,-0.050823558,0.04352627
6	ac495a8c-502b-448f-ae78-154dff91edfd	[0.058231205,0.09622507,0.035887346,0.020878749,-0.042383254,0.03801662,-
7	ec40c36d-6660-4c0a-93d7-7553400693...	[0.040231567,0.0840183,0.040177967,0.005934187,0.017566027,0.040300876,0
8	f29194e1-15e2-404d-b3e3-cf9550d1d76c	[0.019823175,0.07735615,-0.011652045,0.020539397,-0.054198455,0.0489972,-0

图 6-8　基于 vector 数据结构存储向量数据的效果

通过这种方式，我们可以在不引入专门的向量数据库的前提下，使用 PostgreSQL 这款关系数据库充当向量数据库。事实上，诸如 Redis、Elastic Search 等主流开源框架也对向量存储和检索提供了良好的支持，这里不再一一展开讲解。

6.5　本章小结

本章全面介绍了企业级 Agent 工程化的技术体系和实践方法。我们首先对 Agent 工程化中涉及的垂直 Agent、Agent 托管与服务、可观测性、Agent 开发框架、工具库、模型服务和存储等模块进行了系统解读，明确了各模块在企业级应用中的角色和功能。随后，我们深入探讨了 Agent 运行时管理的关键技术，包括基于 Ollama 的私有化部署、LangSmith 的运行监控以及 Phoenix 的链路跟踪，展示了如何通过这些工具实现 Agent 的高效运行和性能优化。在 Agent 可视化交互部分，我们通过引入 Streamlit 框架，详细介绍了如何构建 Web 应用、实现图像和语音处理交互，并通过案例展示了如何将 Agent 与用户界面无缝集成。最后，我们探讨了 Agent 外围技术的集成，包括开放 Web API，集成关系数据库、SQLAlchemy 及向量存储，进一步扩展了 Agent 的应用范围和功能。

通过本章的学习，读者不仅能够深入了解企业级 Agent 工程化的技术架构，还能够掌握具体的工具使用和实践方法，为构建高效、可靠的企业级 Agent 应用奠定坚实的基础。

CHAPTER 7

第 7 章

多 Agent 系统

多 Agent 系统是由多个 Agent 组成的系统，其核心思想是通过多个 Agent 之间的协作与协调，共同完成复杂的任务。这些任务通常是单个 Agent 难以独立完成的。本章深入探讨多 Agent 系统的设计与实现方法。我们将从多 Agent 系统的构建模式出发，详细剖析不同模式的特点与应用场景，并深入探讨基于 LlamaIndex 和 AutoGen 框架的多 Agent 系统开发方法。通过具体的案例分析，展示如何设计和实现复杂的 Agent 协作流程，从而解决实际业务中的多样化需求。

7.1 多 Agent 系统的实战基础

在 1.4 节中，我们已经介绍了多 Agent 系统的基本概念。为了更好地理解多 Agent 系统，本节将全面阐述多 Agent 系统的构建模式以及协作模式。

7.1.1 多 Agent 系统的构建模式

根据授予 Agent 的自主性程度的不同，当前构建多 Agent 系统的趋势可以分为两种主流的模式：一种是 Agent 流程链模式，另一种是自主 Agent 协作模式。

1. Agent 流程链

在这种模式下，我们会预先设计一个流程以解决特定任务，这个流程由一系列步骤或链组成。每一步骤可能涉及使用工具的 Agent，也可能包括传统软件应用逻辑（例如文件转换）。例如，用于解决股票图表绘制任务的流程可能包括以下步骤：

① 从 API 源加载数据。
② 处理数据。
③ 使用 LLM 生成图表代码。

④ 执行代码以创建并保存图表到文件。

这种方法的一个好处是，每个步骤都可以手动进行测试和验证，从而可能提高最终解决方案的可靠性。然而，这种方法依赖于几个假设：

- 问题的解决方案是已知的，即正确的任务分解已被识别。
- 必要的资源，如时间和开发人员的专业知识，可用于创建适当的操作序列。
- 任务是静态且可预测的，无须实时调整或更改。

这些假设在许多动态的现实世界情境中往往不成立，因为任务参数可能会发生变化，而固定的预定义流程无法提供所需的灵活性与适应性。此外，许多团队可能缺乏制定任务特定解决方案所需的资源与能力。

2. 自主 Agent 协作

这种模式探索了一种方案，即一组 Agent 自主协作以解决任务，并根据需要整合用户输入。它涉及定义 Agent 并赋予它们通信和行动能力，以解决任务的机制。这些行动可能包括用户或开发人员通常执行的操作，例如陈述任务、调用指定工具或与界面交互、报告结果或提供反馈，以及 LLM 关注的活动，例如对任务状态进行推理以生成后续步骤或行动。图 7-1 展示了自主 Agent 协作的实现过程。

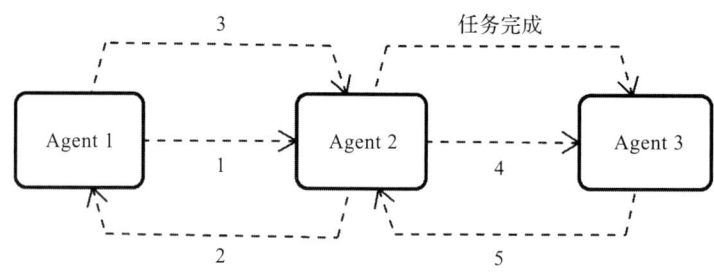

图 7-1 自主 Agent 协作方式

基于自主 Agent 协作模式，Agent 可以使用工具，适应任务状态或环境的变化，在必要时请求用户反馈，并探索多种策略以实现最终解决方案。

通常，我们会将以上两种模式组合在一起使用。当任务复杂、动态且需要多样化的专业知识时，多 Agent 方法能够提供有效管理这些任务所需的适应性和协作解决问题的能力，与其他方法相比具有明显优势。

7.1.2 多 Agent 协作模式

当谈论多 Agent 协作时，我们指的是由 LLM 驱动的多个独立 Agent 以特定方式连接在一起。每个 Agent 都可以拥有自己的提示词、LLM 底层模型、工具调用和其他自定义代码，以便与其他 Agent 更好地协作。这意味着在设计不同的多 Agent 工作流时，需要考虑这些 Agent 如何进行连接。多 Agent 协同的这种思维非常适合用图（Graph）或工作流（Workflow）进行表示，比如 LangGraph 中的状态图（StateGraph）以及 LlamaIndex 中的工作流。以 LangGraph 中的状态图为例，每个 Agent 都是图中的一个节点，它们之间的连接被表示为一条边。控制流由边管理，并通过向图的状态添加信息进行通信。在本节中，我们将讨论多 Agent 协作的一组主流协作模式。

1. 共享思考链模式

在这种模式中，不同的 Agent 在共享的消息草稿（Scratchpad）上进行协作，这种消息草稿其实就是共享的思考链上下文。这意味着这些 Agent 中的任何一个所做的工作都对其他 Agent 可见。这样做的好处，是其他 Agent 可以看到所有的步骤，而缺点在于有时候会过于冗长，并不必要地传递所有这些信息。我们把这种模式称为共享思考链，因为这个消息草稿本质上具有共享的性质。

在这种模式下，每个独立的 Agent 实际上只是一次单一的 LLM 调用。具体来说，它们由一个特定的提示词模板加上一次 LLM 调用组成。图 7-2 是一个共享思考链的基本结构示例，展示了共享思考链模式下各个 Agent 的协作过程。

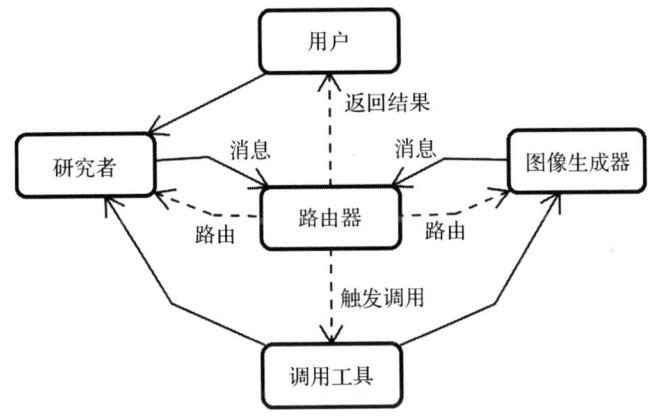

图 7-2　共享思考链的基本结构示例

在图 7-2 中，我们看到有两个 Agent，而控制状态转换的主要媒介是位于中间的路由器。它是一个基于规则的路由器，因此通常比较简单。在每次 LLM 调用之后，路由器会查看输出。如果需要调用工具，则调用工具；如果不需要调用工具而 LLM 直接生成最终答案，则将答案返回给用户。最后，根据需要转移到另一个 LLM。

本质上，这种协同模式是在常见的 ReAct 架构的基础上增加了几个 LLM。每个 LLM 都可以看到共同思考的上下文链路，中间的路由器则根据一定的规则匹配调用哪些工具。但纯 ReAct 架构只有一个的 LLM 系统提示词，而多 Agent 模式中的每个 LLM 都有自己独立的系统提示词，甚至可以是独立微调的 LLM。

2. Agent 中介者模式

与共享思考链模式不同，在 Agent 中介者（Supervisor）模式中，多个 Agent 连接在一起，但它们不共享一份消息草稿。相反，它们有各自独立的上下文，然后它们的最终响应被附加到一个全局的消息草稿。在这种情况下，独立 Agent 拥有自己的提示词、LLM 和工具。Agent 中介者模式的基本结构如图 7-3 所示。

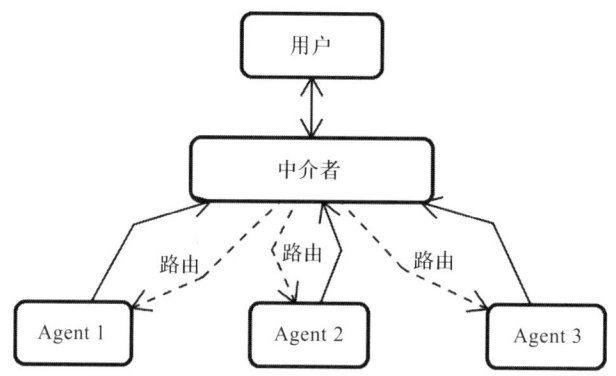

图 7-3　Agent 中介者模式的基本结构示例

从图 7-3 中可以看到，Agent 中介者负责将请求路由到各个 Agent。这样，中介者也可以被视为其他 Agent 的 Agent。本质上，这种模式实际上是使用一个专门的 LLM 作为中介者，接受用户信息，再根据信息转发到适合的专用 Agent 上。这样的好处是每个特定领域的 Agent 专注于自己擅长的事情，这既可以对提示工程进行优化，也可以对 LLM 进行微调。

3. 分层 Agent 团队模式

分层 Agent 团队模式与上述 Agent 中介者模式类似，但现在每个节点 Agent 实际上是一个中介者本身。我们称之为分层团队（Hierarchical Teams），因为子 Agent 可以被视为团队的一部分。分层 Agent 团队模式的基本结构如图 7-4 所示。

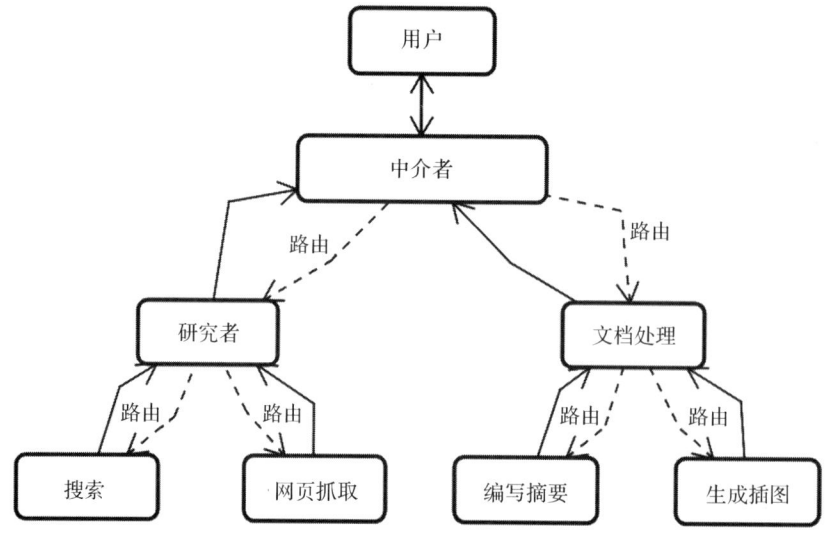

图 7-4　分层 Agent 团队模式的基本结构示例

分层 Agent 团队模式实际上是在 Agent 中介者模式的基础上，对下层的 Agent 进行进一步分层，将同类任务的 Agent 组成一个团队。比如，针对写文章这一任务，可以将网络检索 Agent、信息筛选 Agent、文章段落构思 Agent、文章撰写 Agent、文章检查 Agent 等组合成一个团队。每个 Agent 还可以调用自己的工具，从而更适合大型 Agent 协同场景。

作为总结，在多 Agent 系统中，确定哪个 Agent 根据任务状态采取下一步行动可能涉及不同的方法。它可以由一个 LLM 驱动，根据任务状态和 Agent 能力进行推理；或者，它可能基于一张图，该图编码了 Agent 之间的有效转换，但不强制执行严格的顺序；再或者，决策可以由明确的人工输入驱动。在任何情况下，目标都是确保任务朝着完成的方向平稳且有效地推进，同时考虑到每个参与的 Agent 的能力和限制。

7.2 基于 LlamaIndex 构建多 Agent 系统

在本节中，我们将详细剖析 LlamaIndex 框架针对多 Agent 系统构建所提供的工作流机制，并基于这一机制实现一个完整的案例系统。

7.2.1 工作流和 LlamaIndex

在 1.5 节中，我们已经介绍了 LlamaIndex 中工作流的基本组成结构。在本节中，我们将详细讨论工作流的开发模式和功能特性。

1. LlamaIndex 工作流开发模式

想要在 LLM 应用中使用 LlamaIndex Workflow 组件，你需要执行"pip install llama-index-utils-workflow"这一安装命令。一旦成功安装工作流，下一步就可以借助框架提供的技术组件来开发工作流。LlamaIndex Workflow 组件是一个基于事件的工作流引擎，工作流通过事件驱动。因此，开发工作流的第一步是定义事件。事件本质上是一个继承 Event 基类的数据结构，其定义方式如代码清单 7-1 所示。

代码清单 7-1　定义 InputEvent

```
class InputEvent(Event):
    input: list[ChatMessage]
```

事件是用户自定义的对象。你可以控制属性并添加任何其他辅助方法。在上述示例中，我们定义了一个 InputEvent 事件，该事件中包含一个 input 列表，专门用来存储一组 ChatMessage 聊天消息对象。

那么有了事件之后，如何定义一个工作流呢？我们先来初始化一个自定义的 MyWorkflow 对象，如代码清单 7-2 所示。

代码清单 7-2　初始化自定义 MyWorkflow

```
class MyWorkflow(Workflow):
    llm = OpenAI(model="gpt-4o-mini")
    ...
```

可以看到，MyWorkflow 是通过继承 LlamaIndex 的 Workflow 类来实现的。这里我们还附加了一个静态的 OpenAI LLM 作为初始化条件。

接下来，我们设计一个工作流的入口，实现方式如代码清单 7-3 所示。

代码清单 7-3　工作流入口的实现方式

```
class MyWorkflow(Workflow):
    @step
    async def first_step(self, ev: StartEvent) -> InputEvent:
        # 执行业务逻辑
        return InputEvent(...)
```

上述方法看上去比较简单，但有以下几个点值得解释：

❑ 这里出现了 LlamaIndex 工作流内置的一个特殊事件，即 StartEvent 事件，该事件代表整个工作流的开始事件。在任何一个工作流启动之后进入的第一个事件必须是 StartEvent，你可以通过这个事件传入各种初始化数据。
❑ 我们在 first_step 方法上添加了 @step 注解，代表这是一个工作流中的步骤。
❑ first_step 方法的返回值是一个 InputEvent 事件，代表这个步骤执行完成之后的结果是生成一个新的自定义事件，通过事件的发送推进整个工作流的流转。
❑ first_step 方法前面添加了 async 关键字，代表它是一个异步执行的方法，因此在调用该方法时也应该采用对应的异步机制。

类似地，工作流也应该有一个出口，实现方式如代码清单 7-4 所示。

代码清单 7-4　工作流出口的实现方式

```
class MyWorkflow(Workflow):
    @step
    async def last_step(self, ev: InputEvent) -> StopEvent:
        # 执行业务逻辑
        return StopEvent(...)
```

在这里，我们定义了工作流中的最后一个步骤。我们之所以知道它是最后一个步骤，是因为返回了特殊的 StopEvent 事件。当工作流遇到 StopEvent 事件时，它会立即停止工作流并返回结果。在这个结果中，我们可以嵌入任何与业务逻辑相关的数据对象，这些对象通常来自与 LLM 之间的交互结果。

我们可以在上述 MyWorkflow 中添加任何需要的步骤，从而构建一个能够处理复杂业务场景的工作流程。一旦 MyWorkflow 构建完成，下一步就可以执行它，执行方式如代码清单 7-5 所示。

代码清单 7-5　执行 MyWorkflow

```
workflow = MyWorkflow(timeout=60, verbose=False)
result = await workflow.run(...)
print(str(result))
```

我们可以添加一些设置参数，比如工作流步骤执行的超时时间（以秒为单位）和调试标志位等。

正如你所看到的，工作流将"异步调用"视为一等公民，所有步骤的执行都建议使用异步编程的方式进行实现。这意味着我们需要正确编写可以异步执行的代码。在 Python 的世界中，我们引入协程异步 I/O 开发框架 asyncio 来简化异步代码的实现过程。对于工作流的开发场景而言，一项最佳实践是为工作流设计一个单一的异步入口点，其实现方式如代码清单 7-6 所示。

代码清单 7-6　工作流异步入口点的实现方式

```python
async def main():
    w = MyWorkflow(...)
    result = await w.run(...)
    print(result)

if __name__ == "__main__":
    import asyncio
    asyncio.run(main())
```

可以看到，这里通过 await 关键词触发对 run 方法的异步调用。最后，我们把这段代码包裹在 asyncio 的 run 方法中进行执行即可。

2. LlamaIndex 工作流功能特性

LlamaIndex 为如何设计和开发一个强大而灵活的工作流提供了一组丰富的功能特性。本节将详尽剖析这些功能特性，并给出对应的代码示例。

（1）全局上下文和状态

根据场景需要，我们可以选择在工作流的各个步骤之间使用全局上下文。例如，可能有多个步骤需要访问用户的原始查询输入，这时就可以将此信息存储在全局上下文中。全局上下文对于构建有状态的工作流而言是一个必备的功能特性，其使用方式如代码清单 7-7 所示。

代码清单 7-7　全局上下文的使用方式

```python
from llama_index.core.workflow import Context

@step
async def query(self, ctx: Context, ev: MyEvent) -> StopEvent:
    # 从全局上下文中获取数据
    query = await ctx.get("query")

    # 根据上下文和事件执行业务逻辑并获取结果
    val = ...
    result = ...

    # 将结果存储在上下文中
    await ctx.set("key", val)

    return StopEvent(result=result)
```

这里我们引入了一个上下文对象 Context，你可以把任何具有状态化属性的数据存放在这个上下文对象中，以便将这些数据流转到下一个步骤。

（2）事件等待

上下文不仅可以用来保存数据，它还是一个提供缓冲和事件等待机制的实用工具。例如，在某些场景下，可能有一个步骤需要等待其他查询和检索步骤的返回结果，然后基于这些结果构建最终的响应，那么就可以使用如代码清单7-8所示的实现方式。

代码清单7-8　事件等待实现方式

```
from llama_index.core import get_response_synthesizer

@step
async def synthesize(
    self, ctx: Context, ev: QueryEvent | RetrieveEvent
) -> StopEvent | None:
    # 等待事件全部到达
    data = ctx.collect_events(ev, [QueryEvent, RetrieveEvent])
    if data is None:
        return None

    # 从上下文中获取事件
    query_event, retrieve_event = data

    # 对结果进行整合
    synthesizer = get_response_synthesizer()
    response = synthesizer.synthesize(
        query_event.query, nodes=retrieve_event.nodes
    )

    return StopEvent(result=response)
```

通过使用 Context 的 collect_events 方法，我们可以等待所有预期的事件到达。这个方法只有在所有事件都到达后，才会按请求的顺序返回数据。

（3）事件发送

除了基本的 get 和 set 方法之外，开发人员也可以分别通过 Context 的 send_event 方法和 write_event_to_stream 方法来操作事件，示例代码如代码清单7-9所示。

代码清单7-9　send_event方法和write_event_to_stream方法使用示例

```
ctx.send_event(MyEvent())
ctx.write_event_to_stream(ProgressEvent(payload="我们现在回到开始步骤"))
```

其中 send_event 方法用于手动触发一个事件，将其发送到事件队列中；而 write_event_to_stream 方法将事件写入上下文的消息流中，通常用于实时反馈当前步骤的执行情况。

（4）循环和分支

在一个工作流中，可以将循环和分支视为常见的实现场景。首先，我们可以通过代码清单7-10所示的方式实现循环场景。

代码清单 7-10　工作流事件循环实现方法

```python
class FailedEvent(Event):
    error: str

class QueryEvent(Event):
    query: str

class LoopExampleFlow(Workflow):
    @step
    async def answer_query(
        self, ev: StartEvent | QueryEvent
    ) -> FailedEvent | StopEvent:
        # 执行业务逻辑并返回一个FailedEvent
        return FailedEvent(...)

    @step
    async def improve_query(self, ev: FailedEvent) -> QueryEvent | StopEvent:
        # 执行业务逻辑并返回一个QueryEvent
        return QueryEvent(...)
```

这个示例比较有意思。从步骤的定义上看，answer_query 方法可以接受一个 QueryEvent 事件并发出一个 FailedEvent 事件，而另一个 improve_query 方法接受一个 FailedEvent 事件，并可能发送一个 QueryEvent 事件。显然，这将形成一个事件循环。

我们再来看这两个步骤的定义，可以发现它们的返回值都是两个事件对象，这意味着这些步骤的内容存在分支行为。常见的实现方式如代码清单 7-11 所示。

代码清单 7-11　工作流事件分支的实现方式

```python
@step
async def answer_query(
    self, ev: StartEvent | QueryEvent
) -> FailedEvent | StopEvent:
    # 根据输入事件或上下文信息执行分支判断，并返回不同的事件
    if ...:
        return FailedEvent(...)
    else:
        return StopEvent(...)
```

这里根据输入事件或上下文信息执行一定的分支判断逻辑，并最终决定应发送哪种事件。这种做法在业务逻辑开发过程中非常常见。

（5）工作流可视化

工作流可以通过在步骤定义中使用的 @step 注解来实现可视化。可视化机制可以绘制工作流中所有可能的路径，或者最近一次执行的路径，以帮助调试。具体实现方式如代码清单 7-12 所示。

代码清单 7-12　工作流可视化的实现方式

```python
from llama_index.utils.workflow import (
    draw_all_possible_flows,
```

```
        draw_most_recent_execution,
)

# 绘制所有步骤
draw_all_possible_flows(MyWorkflow, filename="myflow_all.html")

# 绘制一次执行的步骤
w = MyWorkflow()
await w.run(...)
draw_most_recent_execution(w, filename="myflow_recent.html")
```

图 7-5 展示了工作流执行的一种效果图，对应于前面介绍的"循环和分支"场景中的工作流定义。

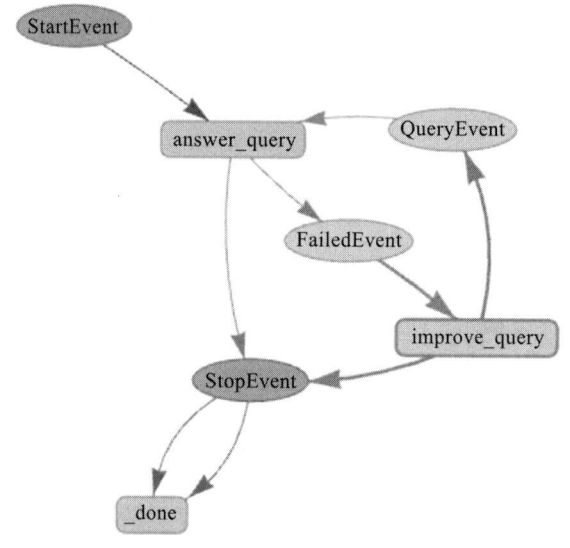

图 7-5　工作流执行效果图

从图 7-5 中，我们看到这里包含了 LlamaIndex 内置的 StartEvent 和 StopEvent 事件，也包含了自定义的 QueryEvent 和 FailedEvent 事件。同时，图 7-5 很好地展示了步骤之间存在的循环和分支情况。

7.2.2　健康管理的多 Agent 系统案例分析

在掌握了 LlamaIndex 的工作流机制之后，本节将利用这一机制设计并实现一个面向健康管理的多 Agent 系统。

1. 业务分析和系统设计

健康管理的多 Agent 系统的基本工作流程如图 7-6 所示。

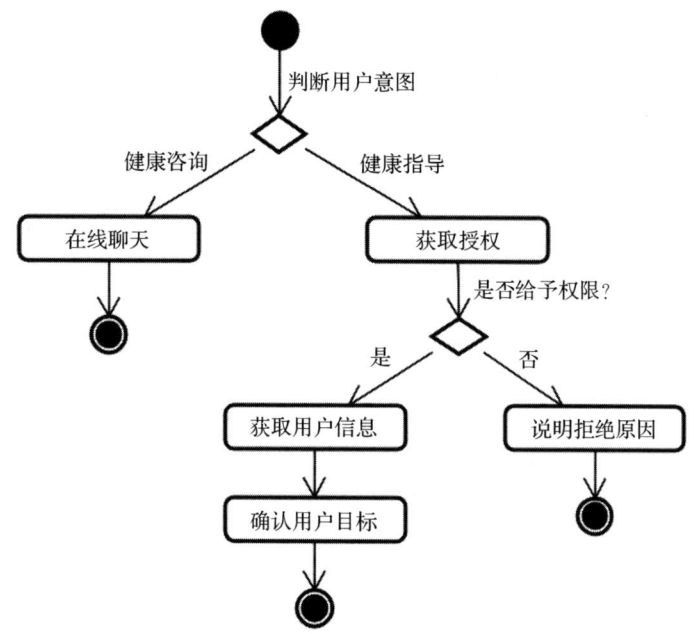

图 7-6 健康管理的多 Agent 系统的基本工作流程

可以看到，在图 7-6 中，我们有两条分支流程，即健康咨询流程和健康指导流程。在健康咨询流程中，用户的意图是信息查询或简单任务（如天气查询、日程提醒），因此无须征求额外授权，直接调用 LLM 进行交互的获取信息即可。而健康指导流程则是在用户需要个性化指导（如健身教练、健康辅导等）时使用，因此需要先通过权限请求征求用户同意。如果用户拒绝提供隐私信息，则流程直接终止；如果用户授权成功，则调用用户信息 API 获取历史数据和偏好信息，并结合用户目标提供定制化建议。

为了实现图 7-6 所展示的流程图，我们将设计两种基本的任务 Agent，即：

- 一个健康信息 Agent，负责处理诸如"天气查询、日程提醒"之类的问题。
- 一个健康辅导 Agent，负责处理诸如"健身教练、健康辅导"之类的问题。

在该案例的实现过程中，我们将充分展示前面介绍的 LlamaIndex 工作流，并基于工作流的功能特性实现多 Agent 之间的交互过程。

2. 构建工具

为了实现对用户的健康管理，我们首先需要获取用户的基本信息。为此，我们定义了一个获取用户基本信息的工具，如代码清单 7-13 所示。

代码清单 7-13 定义获取用户基本信息的工具

```
def get_health_coach_tools() -> list[BaseTool]:
    async def get_user_information(ctx: Context) -> str:
        """ 基于 API 获取用户信息，简单起见，提供 Mock 实现 """
        ctx.write_event_to_stream(ProgressEvent(msg=" 获取用户信息 "))
```

```
    # Mock 数据
    user_info = {
        "user_persona": {
            "age": 25,
            "weight": 70,
            "height": 180
        },
        "user_tasks": [
            "每天走 6000 步",
            "摄入更多绿色植物"
        ]
    }

    user_state = await ctx.get("user_state")
    user_state["user_persona"] = user_info["user_persona"]
    user_state["user_tasks"] = user_info["user_tasks"]
    await ctx.set("user_state", user_state)
    return f"用户信息为 {user_state['user_persona']}，用户任务是 {user_state['user_tasks']}."

return [
    FunctionToolWithContext.from_defaults(async_fn=get_user_information),
]
```

首先，我们看到这里返回了用户信息，该信息包含两个组成部分：一部分是用户个人档案信息，包括他的年龄、身高和体重；另一部分则是该用户需要完成的任务，例如"每天走 6000 步"和"摄入更多绿色植物"。简单起见，我们通过模拟方法返回了固定信息。而在真实场景中，我们通常需要对接类似用户中心这样的第三方服务来获取这些用户信息。

由于这个工具需要使用工作流中的 Context 对象，用于将用户信息设置到上下文中，所以需要重新定义一个包含传递工作流 Context 的 FunctionTool。我们将这个工具类命名为 FunctionToolWithContext。FunctionToolWithContext 是从 FunctionTool 派生的工具类，允许工具在执行过程中访问工作流的上下文。这使得工具可以利用上下文中的数据实现更复杂的功能。我们可以通过 FunctionTool.from_defaults 方法创建工具实例，并指定函数和描述。FunctionToolWithContext 类的实现过程如代码清单 7-14 所示。

代码清单 7-14　FunctionToolWithContext 类的实现过程

```
class FunctionToolWithContext(FunctionTool):
    """
    一个包含传递工作流 Context 的 FunctionTool，覆写了 call 和 acall 方法来传递 Context 对象
    """

    @classmethod
    def from_defaults(
        cls,
        fn: Optional[Callable[..., Any]] = None,
        name: Optional[str] = None,
        description: Optional[str] = None,
        return_direct: bool = False,
```

```python
        fn_schema: Optional[Type[BaseModel]] = None,
        async_fn: Optional[AsyncCallable] = None,
        tool_metadata: Optional[ToolMetadata] = None,
    ) -> "FunctionTool":
        if tool_metadata is None:
            fn_to_parse = fn or async_fn
            assert fn_to_parse is not None, "fn or async_fn must be provided."
            name = name or fn_to_parse.__name__
            docstring = fn_to_parse.__doc__

            signature_str = str(signature(fn_to_parse))
            signature_str = signature_str.replace(
                "ctx: llama_index.core.workflow.context.Context, ", ""
            )
            description = description or f"{name}{signature_str}\n{docstring}"
            if fn_schema is None:
                fn_schema = create_schema_from_function(
                    f"{name}", fn_to_parse, additional_fields=None
                )
            tool_metadata = ToolMetadata(
                name=name,
                description=description,
                fn_schema=fn_schema,
                return_direct=return_direct,
            )
        return cls(fn=fn, metadata=tool_metadata, async_fn=async_fn)

    def call(self, ctx: Context, *args: Any, **kwargs: Any) -> ToolOutput:
        """ 同步执行工具调用 """
        tool_output = self._fn(ctx, *args, **kwargs)
        return ToolOutput(
            content=str(tool_output),
            tool_name=self.metadata.name,
            raw_input={"args": args, "kwargs": kwargs},
            raw_output=tool_output,
        )

    async def acall(self, ctx: Context, *args: Any, **kwargs: Any) -> ToolOutput:
        """ 异步执行工具调用 """
        tool_output = await self._async_fn(ctx, *args, **kwargs)
        return ToolOutput(
            content=str(tool_output),
            tool_name=self.metadata.name,
            raw_input={"args": args, "kwargs": kwargs},
            raw_output=tool_output,
        )
```

可以看到，FunctionToolWithContext 的 from_defaults 方法返回的仍然是一个 FunctionTool，并提供了分别支持同步和异步函数的 call 和 acall 方法。这两个方法都可以传入 Context 这个上下文对象。

想要构建工具，另一种常用的方法是使用 get_function_tool 函数。在 LlamaIndex 中，

get_function_tool 是一个用于创建 FunctionTool 的工具函数，使用方式如代码清单 7-15 所示。

代码清单 7-15　get_function_tool 工具函数使用方式

```python
from llama_index.core.program.function_program import get_function_tool

class TransferToAgent(BaseModel):
    """用于将用户请求转接到特定的 Agent"""
    agent_name: str

tools = [get_function_tool(TransferToAgent)]
```

上述工具的作用是在流程执行过程中实现 Agent 之间的动态切换。我们可以通过 TransferToAgent 中的 agent_name 字段获取目标 Agent 的名称。

有了工具之后，下一步就可以创建 Agent。为灵活控制 Agent 的创建过程，我们可以实现 Agent 配置化。为此，我们可以针对健康管理系统初始化如代码清单 7-16 所示的 Agent 配置。

代码清单 7-16　初始化 Agent 配置

```python
def get_agent_configs() -> list[AgentConfig]:
    return [
        AgentConfig(
            name="健康辅导Agent",
            description="指导用户保持更好的健康状况",
            system_prompt="""
                你是一个帮助用户改善健康的指导助手。你需要按照以下步骤操作：
                直接调用 "get_user_information" 函数以获取用户画像和用户任务。如果用户
                    拒绝函数调用，请以礼貌的语气结束对话，并突出显示函数调用的状态和原因。
                询问用户健康指导的目标，并提供一些备选项。
                根据用户信息和用户目标生成 3 个相关任务。必须直接给出建议，不要向用户提问。
                注意：最终回复应是一个符合以下格式的 JSON：
                    {
                        "user_info": xxxxxx,
                        "user_goal": xxxxxx,
                        "recommended_task": ["task1", "task2", "task3"],
                        "reason": xxxxxx
                    }
            """,
            tools=get_health_coach_tools(),
            tools_requiring_human_confirmation=["get_user_information"]
        ),
        AgentConfig(
            name="健康信息Agent",
            description="回答用户关于健康方面的问题",
            system_prompt="""
                你是一个乐于助人的助手，正在回答用户的问题。你的任务是回答与健康相关的问题。即
                    使问题与健康无关，你仍然需要回答，但在回答的结尾需要温和地提醒用户。""",
            tools=get_information_tools(),
        )
    ]
```

这里我们初始化了两个 Agent 的配置，分别用于指定健康辅导 Agent 和健康信息 Agent 的名称、描述、系统提示词以及所使用的工具。

3. 定义工作流

遵循工作流定义中的约定，我们首先需要定义一组事件。针对案例场景，我们可以定义如代码清单 7-17 所示的事件，后续将对这些事件的使用方式进行具体介绍。

代码清单 7-17　定义案例中的事件

```python
class ActiveAgentEvent(Event):
    pass

class OrchestratorEvent(Event):
    pass

class ToolCallEvent(Event):
    tool_call: ToolSelection
    tools: list[BaseTool]

class ToolCallResultEvent(Event):
    chat_message: ChatMessage

class ToolRequestEvent(InputRequiredEvent):
    tool_name: str
    tool_id: str
    tool_kwargs: dict

class ToolApprovedEvent(HumanResponseEvent):
    tool_name: str
    tool_id: str
    tool_kwargs: dict
    approved: bool
    response: str | None = None

class ProgressEvent(Event):
    msg: str
```

接下来，我们基于这些事件创建工作流，并将其命名为 SystemWorkflow。首先，我们接收 LlamaIndex 的 StartEvent 事件，并实现如代码清单 7-18 所示的 setup 方法。

代码清单 7-18　实现 SystemWorkflow 中的 setup 方法

```python
@step
async def setup(
    self, ctx: Context, ev: StartEvent
) -> OrchestratorEvent:
    """设置工作流，验证输入，并将它们存储在上下文中"""
    active_speaker = await ctx.get("active_speaker", default="")
    user_msg = ev.get("user_msg")
    agent_configs = ev.get("agent_configs", default=[])
    llm: LLM = ev.get("llm", default=OpenAI(model="gpt-4o", temperature=0.1))
```

```
        chat_history = ev.get("chat_history", default=[])
        initial_state = ev.get("initial_state", default={})
        if (
            user_msg is None
            or agent_configs is None
            or llm is None
            or chat_history is None
        ):
            raise ValueError( "用户消息、Agent 配置、LLM 和聊天历史记录是必需的！" )

        if not llm.metadata.is_function_calling_model:
            raise ValueError("LLM 必须支持函数调用！")

        # 将 Agent 配置存储在上下文中
        agent_configs_dict = {ac.name: ac for ac in agent_configs}
        await ctx.set("agent_configs", agent_configs_dict)
        await ctx.set("llm", llm)

        chat_history.append(ChatMessage(role="user", content=user_msg))
        await ctx.set("chat_history", chat_history)
        await ctx.set("user_state", initial_state)

        return OrchestratorEvent(user_msg=user_msg)
```

可以看到，在这个初始化工作流的 setup 方法中，我们将系统运行所需的各种参数和状态值存放到上下文对象中，并返回一个 OrchestratorEvent 事件。那么，这个 OrchestratorEvent 事件由谁来响应呢？我们需要执行如代码清单 7-19 所示的步骤，以确定下一步需要执行的 Agent。

代码清单 7-19　消费 OrchestratorEvent 事件

```
@step
async def orchestrator(self, ctx: Context, ev: OrchestratorEvent) -> ActiveAgent-
    Event | StopEvent:
"""确定需要执行的 Agent"""
user_state = await ctx.get("user_state")

if not user_state:
    agent_configs = await ctx.get("agent_configs")
    chat_history = await ctx.get("chat_history")

    agent_context_str = ""
    for agent_name, agent_config in agent_configs.items():
        agent_context_str += f"{agent_name}: {agent_config.description}\n"

    user_state = await ctx.get("user_state")
    user_state_str = "\n".join([f"{k}: {v}" for k, v in user_state.items()])
    system_prompt = self.orchestrator_prompt.format(agent_context_str=agent_
        context_str, user_state_str=user_state_str)

    llm_input = [ChatMessage(role="system", content=system_prompt)] + chat_history
    llm = await ctx.get("llm")
```

```python
# 将 TransferToAgent 转换为一个工具
tools = [get_function_tool(TransferToAgent)]

response = await llm.achat_with_tools(tools, chat_history=llm_input)
tool_calls = llm.get_tool_calls_from_response(response, error_on_no_tool_call=False)

# 如果未调用任何工具，那么协调器可能需要更多信息
if len(tool_calls) == 0:
    chat_history.append(response.message)
    return StopEvent(result={"response": response.message.content, "chat_
        history": chat_history})

tool_call = tool_calls[0]
selected_agent = tool_call.tool_kwargs["agent_name"]
await ctx.set("active_speaker", selected_agent)

ctx.write_event_to_stream(ProgressEvent(msg=f"转换到 Agent: {selected_agent}"))

return ActiveAgentEvent()
```

上述代码的核心逻辑是根据用户当前的状态获取下一个执行操作的 Agent，相当于协调者的角色。这里我们通过触发 LLM 的 achat_with_tools 方法来调用一个工具，从而获取目标 Agent。而这个工具正是通过 get_function_tool 方法从 TransferToAgent 这个对象中获取的。为了成功获取目标 Agent，我们还需要准备一个系统提示词，包括上下文对象以及用户状态信息，如代码清单 7-20 所示。

代码清单 7-20　用于获取目标 Agent 的系统提示词

```
DEFAULT_ORCHESTRATOR_PROMPT = (
    "你是一个 orchestration agent；"
    "你的任务是根据用户当前状态以及他们的请求，决定运行哪个 Agent；"
    "你无需考虑 Agent 之间的依赖关系，Agent 会自行处理这些依赖；"
    "以下是你可以选择的 Agent："
    "{agent_context_str}"
    "以下是用户当前的状态："
    "{user_state_str}"
    "请协助用户并根据需要将他们转接到相应的 Agent。""
)
```

当获取来自 LLM 的响应之后，我们进一步调用 LLM 的 get_tool_calls_from_response 方法获取工具调用结果。如果工具调用成功并返回了当前 Agent 的名称，我们就将其写入上下文对象中，并触发一个 ActiveAgentEvent 事件。反之，我们会触发一个 StopEvent 事件，表示工作流执行结束。

我们接着来看 ActiveAgentEvent 事件的处理步骤，如代码清单 7-21 所示。

代码清单 7-21　ActiveAgentEvent 事件的处理步骤

```
@step
async def speak_with_sub_agent(self, ctx: Context, ev: ActiveAgentEvent) ->
    ToolCallEvent | ToolRequestEvent | StopEvent:
```

```python
"""与当前处于活跃状态的子Agent进行对话,并处理工具调用"""
active_speaker = await ctx.get("active_speaker")

agent_config: AgentConfig = (await ctx.get("agent_configs"))[active_speaker]
chat_history = await ctx.get("chat_history")
llm = await ctx.get("llm")

user_state = await ctx.get("user_state")
user_state_str = "\n".join([f"{k}: {v}" for k, v in user_state.items()])
system_prompt = (
    agent_config.system_prompt.strip()
    + f"\n\n用户状态:\n{user_state_str}"
)

llm_input = [ChatMessage(role="system", content=system_prompt)] + chat_history

tools = agent_config.tools

response = await llm.achat_with_tools(tools, chat_history=llm_input)

tool_calls: list[ToolSelection] = llm.get_tool_calls_from_response(
    response, error_on_no_tool_call=False
)
if len(tool_calls) == 0:
    chat_history.append(response.message)
    await ctx.set("chat_history", chat_history)
    return StopEvent(
        result={
            "response": response.message.content,
            "chat_history": chat_history,
        }
    )

await ctx.set("num_tool_calls", len(tool_calls))

for tool_call in tool_calls:
    # 如果工具调用需要用户确认,则发送确认请求
    if tool_call.tool_name in agent_config.tools_requiring_human_confirmation:
        ctx.write_event_to_stream(
            ToolRequestEvent(
                prefix=f"工具 {tool_call.tool_name} 需要用户确认 ", tool_name=
                    tool_call.tool_name,
                tool_kwargs=tool_call.tool_kwargs,
                tool_id=tool_call.tool_id,
            )
        )
    # 如果工具调用不需要用户确认,则直接调用
    else:
        ctx.send_event(
            ToolCallEvent(tool_call=tool_call, tools=agent_config.tools)
        )

chat_history.append(response.message)
await ctx.set("chat_history", chat_history)
```

上述代码展示了当前处于活跃状态的 Agent 的执行过程，本质上是触发了一次工具调用。如果工具调用需要用户确认，则发送确认请求，即将 ToolRequestEvent 事件写入到上下文中；如果工具调用不需要用户确认，则直接调用，即触发一个 ToolCallEvent 事件。接下来，我们来看 ToolCallEvent 事件的处理步骤，如代码清单 7-22 所示。

代码清单 7-22　ToolCallEvent 事件的处理步骤

```python
@step(num_workers=4)
async def handle_tool_call(self, ctx: Context, ev: ToolCallEvent) -> ActiveAgentEvent:
    """ 处理工具调用 """
    tool_call = ev.tool_call
    tools_by_name = {tool.metadata.get_name(): tool for tool in ev.tools}
    tool_msg = None

    tool = tools_by_name.get(tool_call.tool_name)
    additional_kwargs = {
        "tool_call_id": tool_call.tool_id,
        "name": tool.metadata.get_name(),
    }
    if not tool:
        tool_msg = ChatMessage(
            role="tool",
            content=f" 工具 {tool_call.tool_name} 不存在 ",
            additional_kwargs=additional_kwargs,
        )

    try:
        if isinstance(tool, FunctionToolWithContext):
            tool_output = await tool.acall(ctx, **tool_call.tool_kwargs)
        else:
            tool_output = await tool.acall(**tool_call.tool_kwargs)

        tool_msg = ChatMessage(
            role="tool",
            content=tool_output.content,
            additional_kwargs=additional_kwargs,
        )
    except Exception as e:
        tool_msg = ChatMessage(
            role="tool",
            content=f" 执行工具发生错误：{e}",
            additional_kwargs=additional_kwargs,
        )

    ctx.write_event_to_stream(
        ProgressEvent(
            msg=f" 工具 {tool_call.tool_name} 被调用，参数为 {tool_call.tool_kwargs}，返回值为 {tool_msg.content}"
        )
    )

    return ToolCallResultEvent(chat_message=tool_msg)
```

上述代码执行包含在 ToolCallEvent 事件中的工具，将执行结果写入上下文中，并最终返回一个代表工具已成功执行的 ToolCallResultEvent 事件。我们可以基于该事件中的响应结果更新聊天历史记录，如代码清单 7-23 所示。

代码清单 7-23　基于 ToolCallResultEvent 事件更新聊天历史记录

```
@step
async def aggregate_tool_results(self, ctx: Context, ev: ToolCallResultEvent) ->
    ActiveAgentEvent:
    """ 收集所有工具调用的结果并更新聊天历史 """
    num_tool_calls = await ctx.get("num_tool_calls")
    results = ctx.collect_events(ev, [ToolCallResultEvent] * num_tool_calls)
    if not results:
        return

    chat_history = await ctx.get("chat_history")
    for result in results:
        chat_history.append(result.chat_message)
    await ctx.set("chat_history", chat_history)

    return ActiveAgentEvent()
```

更新完聊天记录后，我们继续触发 ActiveAgentEvent 事件，从而推动 Agent 的进一步交互。这样，整个工作流的基本交互过程便形成一个闭环。

4. 执行工作流

现在，我们来创建 SystemWorkflow 的实例并执行工作流，如代码清单 7-24 所示。

代码清单 7-24　创建 SystemWorkflow 的实例并执行工作流

```
llm = OpenAI(model="gpt-4o", temperature=0)
memory = ChatMemoryBuffer.from_defaults(llm=llm)
initial_state = get_initial_state()
agent_configs = get_agent_configs()
workflow = SystemWorkflow(timeout=None)

handler = workflow.run(
    user_msg=" 你好！ ",
    agent_configs=agent_configs,
    llm=llm,
    chat_history=[],
    initial_state=initial_state,
)

while True:
    async for event in handler.stream_events():
        if isinstance(event, ToolRequestEvent):
            print(Fore.GREEN + "SYSTEM >> 我需要批准以下工具调用： " + Style.RESET_ALL)
            print(event.tool_name)
            print(event.tool_kwargs)
            print()
```

```python
            approved = input("你同意吗? (y/n): ")
            if "y" in approved.lower():
                handler.ctx.send_event(
                    ToolApprovedEvent(
                        tool_id=event.tool_id,
                        tool_name=event.tool_name,
                        tool_kwargs=event.tool_kwargs,
                        approved=True,
                    )
                )
            else:
                reason = input("为什么不? (原因): ")
                handler.ctx.send_event(
                    ToolApprovedEvent(
                        tool_name=event.tool_name,
                        tool_id=event.tool_id,
                        tool_kwargs=event.tool_kwargs,
                        approved=False,
                        response=reason,
                    )
                )
        elif isinstance(event, ProgressEvent):
            print(Fore.GREEN + f"SYSTEM >> {event.msg}" + Style.RESET_ALL)

    result = await handler
    print(Fore.BLUE + f"AGENT >> {result['response']}" + Style.RESET_ALL)

    # 仅用新的聊天记录更新内存
    for i, msg in enumerate(result["chat_history"]):
        if i >= len(memory.get()):
            memory.put(msg)

    user_msg = input("USER >> ")
    if user_msg.strip().lower() in ["exit", "quit", "bye"]:
        break

    # 传递现有的上下文并继续对话
    handler = workflow.run(
        ctx=handler.ctx,
        user_msg=user_msg,
        agent_configs=agent_configs,
        llm=llm,
        chat_history=memory.get(),
        initial_state=initial_state,
    )
```

可以看到，这里启动了一个无限循环。在这个无限循环中，我们从工作流上下文中获取事件，并针对不同的事件触发不同的用户交互方式。例如，如果用户面对的是一个ToolRequestEvent事件，那就意味着用户需要对工具调用过程进行确认，并触发一个ToolApprovedEvent事件。该事件的响应过程同样位于SystemWorkflow中，如代码清单7-25所示。

代码清单 7-25　ToolApprovedEvent 事件的响应过程

```python
@step
async def handle_tool_approval(
    self, ctx: Context, ev: ToolApprovedEvent
) -> ToolCallEvent | ToolCallResultEvent:
    """ 处理工具调用的请求，批准或拒绝 """
    if ev.approved:
        active_speaker = await ctx.get("active_speaker")
        agent_config = (await ctx.get("agent_configs"))[active_speaker]
        return ToolCallEvent(
            tools=agent_config.tools,
            tool_call=ToolSelection(
                tool_id=ev.tool_id,
                tool_name=ev.tool_name,
                tool_kwargs=ev.tool_kwargs,
            ),
        )
    else:
        return ToolCallResultEvent(
            chat_message=ChatMessage(
                role="tool",
                content=self.default_tool_reject_str + f" 用户原因：{ev.response}",
                additional_kwargs={"tool_call_id": ev.tool_id, "name": ev.tool_name},
            )
        )
```

不难看出，该方法接收一个 ToolApprovedEvent 事件，并根据是否批准的状态位来确定触发 ToolCallEvent 事件还是 ToolCallResultEvent 事件。

接下来，启动整个工作流，并根据不同的用户输入模拟不同的健康管理场景。首先，我们实现对健康信息 Agent 的测试，执行过程如代码清单 7-26 所示。

代码清单 7-26　健康信息 Agent 的测试方式

```
AGENT >> 你好！请问有什么我可以帮助您的？
USER >> 吃很多苹果被认为是健康的吗？
SYSTEM >> 转换到 Agent：健康信息 Agent
AGENT >> 苹果是一种营养丰富的水果，富含纤维、维生素 C 和多种抗氧化剂，适量食用对健康有益。它们
        可以帮助改善消化、支持免疫系统，并可能降低某些慢性疾病的风险。然而，过量食用苹果可能导致摄
        入过多的糖分和热量，尤其是如果您不注意整体饮食平衡的话。一般来说，每天吃 1 到 2 个苹果是适量
        的，结合其他水果和蔬菜以确保营养的多样性。如果您有特定的健康状况或饮食需求，最好咨询营养师
        或医生以获得个性化建议。
```

显然，上述场景的交互过程比较简单，系统会根据用户的输入自动判断目标 Agent 为健康信息 Agent。

现在，重新启动会话，并根据系统提示完成如代码清单 7-27 所示的交互过程。

代码清单 7-27　健康辅导 Agent 的测试方式

```
AGENT >> 你好！请问有什么我可以帮助您的？
USER >> 我想开始健康指导。
SYSTEM >> 转换到 Agent：健康辅导 Agent
```

```
SYSTEM >> 我需要批准以下工具调用:
get_user_information
{}

你同意吗？ (y/n): y
SYSTEM >> 获取用户信息
SYSTEM >> 工具 get_user_information 被调用，参数为 {} ，返回值为 用户信息为 {'age': 25,
    'weight': 70, 'height': 180} ，用户任务是 [' 每天走 6000 步 ', ' 摄入更多绿色植物 ']。
AGENT >> 请问您的健康指导目标是什么？以下是一些备选选项：

1. 减肥
2. 增强体能
3. 改善饮食习惯
4. 增强肌肉力量
5. 改善睡眠质量

您可以选择其中一个或告诉我其他目标。
USER >> 改善睡眠质量
AGENT >> {
    "user_info": {
        "age": 25,
        "weight": 70,
        "height": 180
    },
    "user_goal": " 改善睡眠质量 ",
    "recommended_task": [
        " 每天晚上睡前 1 小时关闭电子设备，进行放松活动如阅读或冥想。",
        " 保持规律的作息时间，每天在同一时间上床和起床。",
        " 避免在下午和晚上摄入咖啡因和重餐，以促进更好的睡眠质量。"
    ],
    "reason": " 这些任务旨在帮助您建立健康的睡眠习惯，减少睡眠干扰因素，从而改善整体睡眠质量。"
}
USER >>
```

可以看到，这里根据用户输入成功转换到健康辅导 Agent，并触发了对 get_user_information 这一工具调用的批准操作。用户批准该工具调用之后，系统会提供一组健康指导的目标选项，并根据用户的选择生成对应的推荐任务。请注意，最终的结果是一个 JSON 格式字符串，该格式的定义位于健康辅导 Agent 的配置项中，您可以进行回顾。

7.3 基于 AutoGen 构建多 Agent 系统

在本节中，我们将详细剖析 AutoGen 框架所具备的特性以及如何基于该框架构建多 Agent 系统的实现方式。

7.3.1 AutoGen 的工作原理

本质上，AutoGen 的基本工作原理有两点，即：
- ❑ 多 Agent 协作：在 AutoGen 中通常会设置两个 Agent，即一个生成 Agent（如写作助手）和一个反思 Agent（如批评助手）。生成 Agent 负责根据任务要求生成初始输出，反思 Agent 则对生成的内容进行评估与反馈。

❑ 迭代改进：生成 Agent 根据反思 Agent 的反馈对输出进行调整和优化。这一过程可以迭代进行，直到满足停止条件（如达到最大迭代次数或获得批准）。

我们通过引入 AutoGen 官方网站上的一个例子来进一步理解该框架的设计架构以及工作原理，如图 7-7 所示。

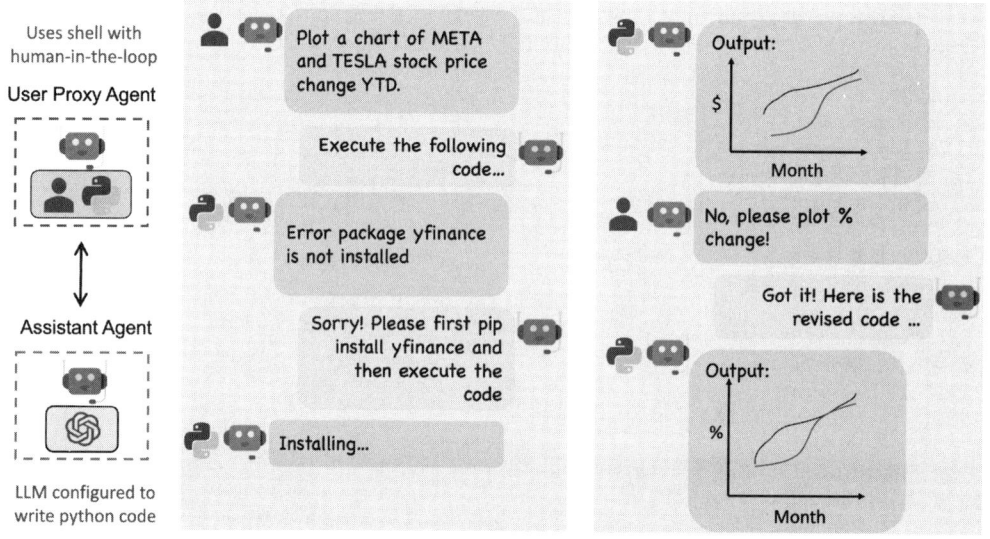

图 7-7　AutoGen 的基本架构与原理（来自 AutoGen 官网）

如图 7-7 左侧所示，AutoGen 框架提供了两个 Agent，即一个 User Proxy Agent 和一个 Assistant Agent，它们的工作流程描述如下：

① 用户提出一个需求。

② User Proxy Agent 接收到需求后，将其发送给 Assistant Agent。

③ Assistant Agent 接收到需求后，进行总体规划设计，将该需求拆解为多个步骤，并规定每个步骤需要执行的任务。

④ Assistant Agent 将整体规划返回给 User Proxy Agent。

⑤ User Proxy Agent 按照规划逐步执行。在执行过程中，可以持续多次与 Assistant Agent 沟通，以调整任务的具体内容。

以图 7-7 中的业务场景为例，用户要求绘制特斯拉最近一年的股票价格变化趋势图。Assistant Agent 对这个需求进行拆解后的交互过程如下：

① Assistant Agent 告知 User Proxy Agent 第一个步骤是执行一段代码。

② User Proxy Agent 执行 Assistant Agent 提供的代码。

③ User Proxy Agent 将执行过程中出现的错误反馈给 Assistant Agent。

④ Assistant Agent 给出解决方案，提供一个脚本。

⑤ User Proxy Agent 执行这个脚本后，重新执行代码，成功绘制出趋势图。

⑥ User Proxy Agent 对结果进行反馈，指出需要对结果进行调整，要求绘制百分比趋势图。

⑦ Assistant Agent 接收到反馈后，调整任务内容，提供新的代码。

⑧ User Proxy Agent 执行新的代码，绘制出满足要求的趋势图。

这就是 AutoGen 的基本工作原理：两个 Agent 协同工作完成用户需求。当然，这里展示的是最简单的场景，只涉及两个 Agent 之间的交互。实际上，AutoGen 框架支持多 Agent 间的复杂交互，相当于可以创建一个公司。这个公司的工作不是由具体物理世界中的人完成的，而是由多个具有不同能力的 Agent 完成。每个 Agent 就像一个人一样，他们之间也可以像人一样相互协作，完成一个个复杂的任务。

AutoGen 的这套多 Agent 协作机制应用场景非常广泛。AutoGen 官方网站列举了数学问题解决（Math Problem Solving）、检索增强型聊天（Retrieval-augmented Chat）、决策制定（Decision Making）、多 Agent 编程（Multi-Agent Coding）、动态群组聊天（Dynamic Group Chat）和对话式国际象棋（Conversational Chess）等 6 个应用场景示例。在现实中，无论是在学术研究领域推动人工智能理论的进一步发展，还是在实际的工业生产中提高软件开发、数据分析等工作的效率，AutoGen 都展现出了巨大的应用价值。

7.3.2 AutoGen 的核心组件

对于开发人员而言，AutoGen 所做的其实就是如下几件事情：

- 能够创建一个 Agent：AutoGen 定义了一些 Agent 的类，用于定义和实例化特定的 Agent。这些 Agent 具有基本的对话能力，能够根据接收到的消息生成回复。最简单的情况是，创建两个 Agent，就能够让它们一对一地闲聊起来。
- 提供多个 Agent 对话的环境：通过 GroupChat 类来管理一个具有多个 Agent 参与的群聊环境。在这个 GroupChat 中，可以维护管理聊天记录、发言者选择 / 转换规则、谁是下一个发言者，以及群聊何时终止等规则。
- 对群聊进行管理：群聊的实际管理工作是由一个 GroupChatManager 来实现的。GroupChatManager 也是一个 Agent，而 GroupChat 提供了一个环境，并将实际管理工作交给 GroupChatManager 来完成。

在 AutoGen 中，与 Agent 类相关的类层结构如图 7-8 所示。

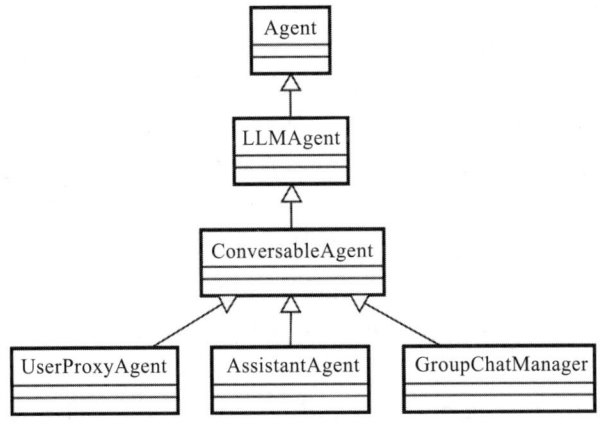

图 7-8　AutoGen Agent 类层结构

在接下来的内容中，我们对图7-8中的各个核心类进行展开介绍。掌握这些类的使用方式是我们能够基于AutoGen构建多Agent系统的基础。

1. Agent

AutoGen声明了一个Agent抽象类，规定了作为一个Agent的基本属性和行为，包括：
- name属性：每个Agent必须有一个名称。
- description属性：每个Agent必须有个自我描述，描述自己能执行的一些行为模式。
- send方法：用于发送消息给另一个Agent。
- receive方法：用于接收来自另一个Agent的消息。
- generate_reply方法：基于接收到的消息生成回复，可以同步或异步执行。

和普通Agent一样，我们同样需要为AutoGen中的Agent准备提示词和可调用的工具。Assistant Agent默认没有配置任何工具，但它可以生成Python代码并交给User Proxy Agent来执行以获得返回结果，相当于间接地拥有了工具。而针对回复逻辑，如果你希望在过程中添加一些定制化处理逻辑，而不是完全交由LLM来决定，那么可以在generate_reply方法中控制Agent的回复处理过程。例如，Agent在生成回复之前查询知识库，并参考知识库的内容来生成回复。

有了Agent的抽象，我们接下来讨论ConversableAgent。ConversableAgent是一个通用的可对话Agent类，可以用于配置AssistantAgent类和UserProxyAgent类。ConversableAgent类是AutoGen的核心类，其核心初始化参数包括：
- name：Agent的名称。
- system_message：系统提示词，默认为"You are a helpful AI Assistant."。
- is_termination_msg：一个用来判断是否终止的函数，输入是一个字典，输出是一个布尔值。
- max_consecutive_auto_reply：最大连续自动回复次数。
- human_input_mode：取值为"ALWAYS""TERMINATE"或"NEVER"中的一种。
- function_map：将函数名映射到可调用的函数。
- code_execution_config：代码执行配置。
- llm_config：LLM配置。
- default_auto_reply：默认自动回复，默认值为空字符串。

请注意human_input_mode参数的3种不同处理模式。当采用"ALWAYS"模式时，每次收到消息时，Agent都会提示人工输入。在此模式下，当人工输入"exit"或当is_termination_msg为True且没有人工输入时，对话会停止。如果采用"TERMINATE"模式，只有在接收到终止消息或自动应答次数达到max_consecutive_auto_reply时，Agent才会提示人工输入。而当采用"NEVER"模式时，Agent将永远不会提示人工输入。在此模式下，当自动应答次数达到max_consecutive_auto_reply或is_termination_msg为True时，对话停止。

ConversableAgent是一个集合了LLM、用户输入和工具调用的可定制Agent。AutoGen

的一个关键理念是将复杂工作流简化并统一为 Agent 的自动化聊天。每个 Agent 都可以进行对话。开发人员可以使用 ConversableAgent 构建各种对话模式。而对于复杂任务，开发人员也可能需要实现自己的 ConversableAgent。

接下来要介绍的是 AssistantAgent 类和 UserProxyAgent 类，它们都继承自 ConversableAgent 类，并且都可以调用工具。其中，AssistantAgent 类充当 AI 助手，默认情况下使用 LLM，但不需要人工输入或代码执行。同时，该 Agent 可以编写 Python 代码，供用户在收到消息时执行。这些 Python 代码由 LLM 生成，并且 AssistantAgent 类可以接收执行结果并建议更正或修复错误。开发人员可以通过 llm_config 对 LLM 的推理过程进行配置。

另一方面，默认情况下，在每次交互时，UserProxyAgent 类都会请求人工输入，并且还具有执行代码和调用函数的能力。当它检测到收到的消息中存在可执行代码块且未提供人工输入时，会自动触发代码执行。可以通过将 code_execution_config 参数设置为 False 来禁用代码执行。默认情况下，基于 LLM 的响应处于禁用状态，但通过配置 llm_config，UserProxyAgent 类可以在不执行代码时使用 LLM 生成回复。显然，自动回复功能允许更自主的多 Agent 通信，同时保留人为干预的可能性。同时，开发人员还可以通过使用 register_reply 方法来轻松实现定制化的功能扩展。

对于一对一对话而言，我们可以调用 UserProxyAgent 类实例的 initiate_chat 方法来启动对话。initiate_chat 方法是 AutoGen 中用于启动对话的核心方法，其参数如表 7-1 所示。

表 7-1　initiate_chat 方法参数列表

参数名称	参数类型	说明
recipient	ConversableAgent	接收消息的 Agent 对象
message	str 或 callable 或 None	发起聊天时的初始消息。如果为 None，则会调用 input 方法获取用户输入
clear_history	bool	是否清除与该 Agent 的聊天历史，默认为 True
silent	bool 或 None	是否在控制台打印消息，默认为 False
cache	Cache 或 None	用于此对话的缓存客户端，默认为 None
max_turns	int 或 None	聊天的最大轮数。如果为 None，则聊天会持续进行，直到满足终止条件
summary_method	str 或 callable	指定从聊天中获取摘要的方法，默认为 last_msg
summary_args	dict	传递给 summary_method 的参数。默认为空字典
carryover	str 或 None	用于指定传递给此次聊天的上下文信息

这些参数提供了灵活的配置选项，使得开发者可以根据具体需求定制对话的行为和特性。接下来，我们可以通过一个简单示例体验一下 AutoGen 的代码风格，如代码清单 7-28 所示。

代码清单 7-28　AutoGen 的代码风格

```
# 初始化 LLM 配置
llm_config = {"model": "gpt-4"}
```

```
# 利用 LLM 来创建一个 Assistant Agent,这个 LLM 是在上面的配置文件里指定的
assistant = AssistantAgent("assistant", llm_config=llm_config)

# 创建一个 UserProxyAgent,这个 UserProxyAgent 就代表用户,用户可以随时加入对话中
user_proxy = UserProxyAgent("user_proxy", code_execution_config=False)

# 让 assistant 来开始这个对话,如果用户输入 exit,那么对话就会终止
user_proxy.initiate_chat(
    assistant,
    message="请告诉我杭州有哪些旅游景点。",
)
```

在这个简单的示例中,我们定义了两个 Agent,一个叫 assistant,一个叫 user_proxy,然后让 assistant 初始化了一个对话,这个对话的对象是 user_proxy,初始的消息是"请告诉我杭州有哪些旅游景点"。运行代码后,你会接收到这条消息,然后可以任意输入回复,直到你输入 exit 结束对话。我们对上述代码的执行过程进行梳理,可以得到如代码清单 7-29 所示的日志信息。

代码清单 7-29　assistant 和 user_proxy 的执行日志信息

```
user_proxy (to assistant):
请告诉我杭州有哪些旅游景点

assistant (to user_proxy):
使用 Python 中的 web scraping 技术,可以通过抓取互联网上的相关信息来完成此任务。这里我们主要
    使用 requests 和 BeautifulSoup 库。我们将执行以下步骤:
......
请执行以下代码:
......

>>>>>>>> USING AUTO REPLY...
user_proxy (to assistant):
--------------------------------------------------------------------------
assistant (to user_proxy):
杭州的一些知名旅游景点包括......

TERMINATE
```

显然,单个 Agent 的行为模式很简单,就是收发消息而已,输入输出都是文本。就像人与人之间的交流一样,有人跟你说话,你可以选择回复,也可以选择不回复。在上面的代码示例中,assistant 这个 Agent 是一个 AssistantAgent 类实例,而 user_proxy 是一个 UserProxyAgent 类实例。

当然,我们也可以直接创建两个 ConversableAgent,然后让它们进行对话,示例代码如代码清单 7-30 所示。

代码清单 7-30　两个 ConversableAgent 之间的对话

```
import os
from autogen import ConversableAgent
```

```python
# 构造 student_agent 实例
student_agent = ConversableAgent(
    name="Student_Agent",
    system_message=" 你是一名学生 ",
    llm_config={"config_list": [{"model": "gpt-4", "api_key": os.environ["OPENAI_
        API_KEY"]}]},
)

# 构造 teacher_agent 实例
teacher_agent = ConversableAgent(
    name="Teacher_Agent",
    system_message=" 你是一个数学老师 ",
    llm_config={"config_list": [{"model": "gpt-4", "api_key": os.environ["OPENAI_
        API_KEY"]}]},
)

# 初始化一个聊天，由 student_agent 发出，接收方式 teacher_agent
chat_result = student_agent.initiate_chat(
    teacher_agent,
    message=" 三角不等式是什么？ ",
    summary_method="reflection_with_llm",
    max_turns=2,
)
```

可以看到，这里的 student_agent 通过调用 initiate_chat 方法询问 teacher_agent 什么是三角不等式，并规定了最大对话轮次为两轮。最后的对话摘要是通过 reflection_with_llm 方法生成。AutoGen 的 reflection_with_llm 方法体现了一种设计模式，允许 LLM 在生成输出后对自身输出进行反思和评估。这种模式通过多 Agent 协作实现，其中一个 Agent 生成初始输出，另一个 Agent 对其进行反思和批评。

如果一个对话需要通过多个 Agent 一对一顺序交流完成，那么可以通过如图 7-9 所示的方法将对话串联起来。

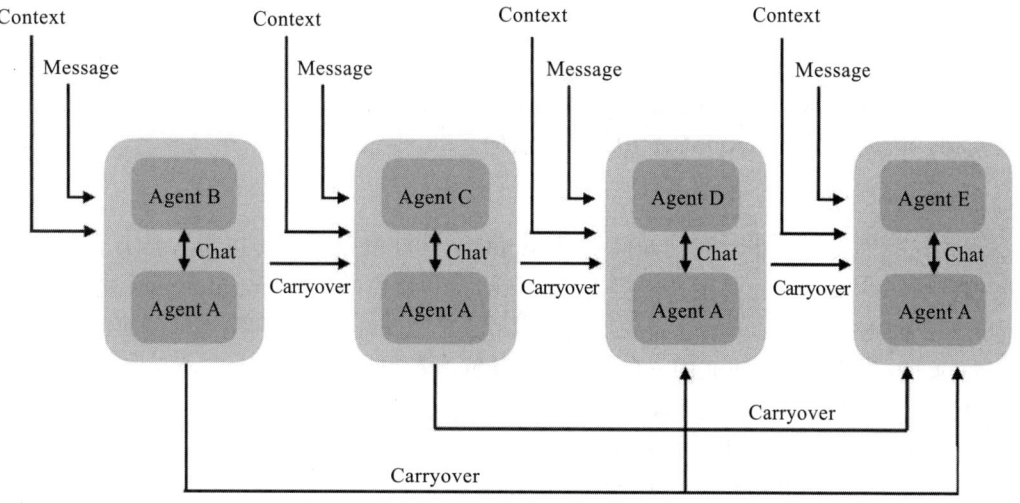

图 7-9 多个 Agent 顺序交流示意

可以看到，上一次对话的摘要会被作为参数的一部分传递到下一个对话环节。对应的，我们可以编写如代码清单 7-31 所示的方式来实现图 7-9 中的对话效果。

代码清单 7-31　多个 Agent 一对一顺序交流的实现方式

```
# 列表中的每个元素都是一个字典，用于指定 initiate_chat 方法的参数
chat_results = AgentA.initiate_chats(
    [
        {
            "recipient": AgentB,
            "message": "初始的 message",
            "max_turns": 2,
            "summary_method": "last_msg",
        },
        {
            "recipient": AgentC,
            "message": "需要给 AgentC 的 message",
            "max_turns": 2,
            "summary_method": "last_msg",
        },
        {
            "recipient": AgentD,
            "message": "需要给 AgentD 的 message",
            "max_turns": 2,
            "summary_method": "last_msg",
        },
        {
            "recipient": AgentE,
            "message": "需要给 AgentE 的 message",
            "max_turns": 2,
            "summary_method": "last_msg",
        },
    ]
)
```

如果有超过两个 Agent，那么就需要将它们加入一个聊天室（GroupChat）中，然后考虑如何管理和控制这个聊天室。例如，谁应该在什么时间发言，以及哪些 Agent 之间可以相互对话。这就需要引入 AutoGen 中的群聊机制。

2. GroupChat

现在，我们更进一步，讨论如何基于 AutoGen 构建复杂的群聊机制。要实现多 Agent 之间的群聊，开发人员需要定义一组具有特定功能和角色的 ConversableAgent 并约定它们之间的交互行为，即一个 Agent 在接收到来自另一个 Agent 的消息时应如何响应。AutoGen 的 GroupChat 是实现群聊机制的一个核心类，其输入参数如下：

- agents：参与 Agent 的名单。
- messages：群组聊天中的消息列表。
- max_round：群聊的最大回合数。
- func_call_filter：是否强制函数调用筛选，默认为 True。

- speaker_selection_method：选择下一位发言者的方法，默认为 auto。
- allow_repeat_speaker：是否允许同一发言人连续发言，默认为 True。

请注意，speaker_selection_method 参数包含如下 4 个选项：
- auto：LLM 自动选择下一位发言者。
- manual：由用户手动选择下一位发言者。
- random：随机选择下一位发言者。
- round_robin：以轮询方式选择下一位发言者，即按照 agents 参数中提供的顺序进行轮询。

这里关注一下 auto 选项是如何实现的。其实，它是通过一个提示词模板来完成的，该模板拼接了上下文信息和 Agent 的系统消息，然后让群聊管理员选择下一位发言者，如代码清单 7-32 所示。

代码清单 7-32　auto 选项的执行过程

```
messages+f"""You are in a role play game. The following roles are available:
{agent.name}: {agent.system_message}.
Read the following conversation.
Then select the next role from {[agent.name for agent in agents]} to play.
    Only return the role."""
```

至此，图 7-8 中所有的核心组件我们都介绍完了。关于群聊，还剩下一个组件没有介绍，即 GroupChatManager。顾名思义，GroupChatManager 是群聊过程的管理者，它的主要功能如下：

- 协调群聊流程：GroupChatManager 负责管理群聊中的对话流程，确保各个 Agent 之间的交流顺畅。
- 消息转发：在群聊中，Agent 发送的消息会先到达 GroupChatManager，然后由它将消息转发给群聊中的其他 Agent。
- 控制群聊节奏：可以通过设置最大聊天轮次（max_round）等参数来控制群聊的节奏。
- 支持任务协作：能够支持多个 Agent 通过协作完成复杂任务，例如规划任务、执行任务等。

同样提供利用 GroupChat 和 GroupChatManager 执行群聊的示例，如代码清单 7-33 所示。

代码清单 7-33　GroupChat 和 GroupChatManager 执行群聊的示例

```
import autogen

# 配置模型参数
config_list = [
    {
        "model": "gpt-4",
        "api_key": "...",
        "base_url": "https://api.openai.com/v1",
```

```python
        }
    ]

# 创建 Agent
user_proxy = autogen.UserProxyAgent(
    name="User_proxy",
    system_message="A human admin.",
    code_execution_config={
        "last_n_messages": 2,
        "work_dir": "groupchat",
        "use_docker": False,
    },
    human_input_mode="TERMINATE",
)

coder = autogen.AssistantAgent(
    name="Coder",
    llm_config={"config_list": config_list, "cache_seed": 42},
)

pm = autogen.AssistantAgent(
    name="Product_manager",
    system_message="Creative in software product ideas.",
    llm_config={"config_list": config_list, "cache_seed": 42},
)

# 创建群组聊天
groupchat = autogen.GroupChat(agents=[user_proxy, coder, pm], messages=[],
    max_round=12)

# 创建群组聊天管理器
manager = autogen.GroupChatManager(groupchat=groupchat, llm_config={"config_
    list": config_list})

# 启动对话
user_proxy.initiate_chat(manager, message="在 arxiv 上找一篇关于 GPT-4 的最新论文，
    并找出其在软件领域的潜在应用。")
```

在上述代码中，我们构建了一个多 Agent 对话系统，用于模拟一个团队协作场景，包含用户 Agent（User_proxy）、编码者 Agent（Coder）和产品经理 Agent（Product_manager）。我们通过 GroupChat 类创建了一个包含这 3 个 Agent 的群组聊天实例，并设置最大对话轮数为 12 轮。然后 User_proxy 作为对话的发起者，向 GroupChatManager 发送了一条消息，内容是要求在 arxiv 上找到关于 GPT-4 的最新论文，并找出其在软件中的潜在应用。GroupChatManager 根据 Agent 的系统消息和能力，协调 Agent 之间的对话。Product_manager 可能会提供关于如何寻找论文的创意或建议，Coder 可能会提供技术上的支持，例如如何通过编程获取论文信息。Agent 们会轮流发言，共同协作完成任务。经过多轮对话后，这组 Agent 会总结出关于 GPT-4 的最新论文以及其在软件领域的潜在应用，并通过 User_proxy 输出给用户。执行过程如代码清单 7-34 所示。

代码清单 7-34   多 Agent 对话系统的执行过程

```
User_proxy (to chat_manager):
在 arxiv 上找一篇关于 GPT-4 的最新论文,并找出其在软件领域的潜在应用。
--------------------------------------------------------------------------

Next speaker: Coder
Coder (to chat_manager):
```
首先,我们需要在网页上自动搜索论文。我们首先导入 requests 和 BeautifulSoup 库以对 arxiv 网
    站上的信息进行存储和解析。
在搜索中,我们将主要关注 GPT-4,并转向 arxiv 的 CS(计算机科学)类别的搜索结果。搜索结果按日期
    排序,因此我们将检查第一篇文章。
这里需要使用 Python 代码和网络抓取的技术,我的方案是:
1. 使用 requests 库的 "get" 函数,从 arxiv 的 API 获取包含 "GPT-4" 关键字的所有论文的数据。
2. 使用 BeautifulSoup 库解析返回内容,过滤出和 GPT-4 相关的文章标题、链接和摘要。
3. 输出第一篇文章的信息,包括标题、链接和摘要。
下面是能实现这个功能的 Python 代码:
……这里省略具体的 Python 代码

用户需要运行这段代码。如果在网页中找到了 GPT-4 相关的文章,将会输出其中第一篇文章的标题、链接
    和摘要。

```
--------------------------------------------------------------------------
Next speaker: User_proxy
>>>>>>>> USING AUTO REPLY...
>>>>>>>> EXECUTING CODE BLOCK 0 (inferred language is python)...
User_proxy (to chat_manager):

exitcode: 0 (execution succeeded)
Code output:
...
Link:     http://arxiv.org/abs/2501.06963v1
--------------------------------------------------------------------------
Next speaker: Product_manager
Product_manager (to chat_manager):
```
从这篇标题为 "Generative Artificial Intelligence-Supported Pentesting: A Comparison
    between Claude Opus, GPT-4, and Copilot" 的论文摘要中,我们可以看出以下几点在软件领
    域的潜在应用:
1. 代码生成:类似于基于 GPT-3 的 Github Copilot,GPT-4 可以用于生成代码,帮助开发者更高效地编写程序。
2. 半自动化软件测试:在论文提到的应用场景中,GPT-4 虽然不能完全实现自动化的渗透测试过程,但在某
    些特定任务中,它能够提供重大的支持,提升效率和有效性。
3. AI-Powered Security: GPT-4 在网络安全领域中,尤其是渗透测试或伦理黑客过程中,可以发挥作用。
因此,我们可以看出 GPT-4 在软件产品设计和开发中有着广泛的应用前景,从代码生成和辅助开发,到软
    件测试,再到安全领域的测试和防护,都可以运用 GPT-4。

```
--------------------------------------------------------------------------
Next speaker: User_proxy
>>>>>>>> USING AUTO REPLY...

User_proxy (to chat_manager):
--------------------------------------------------------------------------
Next speaker: Coder
Coder (to chat_manager):
TERMINATE
```

可以看到，User_proxy 会执行 Coder 生成的 Python 代码，从而获取论文信息。这段代码位于 User_proxy 中 code_execution_config 所指定的"work_dir"目录中。如果这段代码在执行过程中发生了错误，Coder 还会自动对代码进行重构并由 User_proxy 重新执行代码以获取结果。整个过程模拟了一个团队在解决具体问题时的协作和讨论过程，展示了多 Agent 系统在信息收集和创意生成方面的潜力。

7.3.3 客户洞察的多 Agent 系统案例分析

本节将利用 AutoGen 框架设计并实现一个面向客户洞察的多 Agent 系统。

1. 业务分析和系统设计

客户洞察是指企业通过对客户数据的全面掌握和深入分析，获得对客户深层次、多维度的理解，包括客户的基本信息、购买行为、心理需求、期望以及未满足的痛点。客户洞察的常见实现方式就是所谓的 VoC。VoC（Voice of Customer，客户之声）是现代企业客户服务和客户体验管理中的一个核心概念。随着数字化和大数据的兴起，VoC 的定义和应用范围已大大扩展，成为企业洞察客户需求、提升客户体验的重要工具。

在客户洞察案例系统中，我们尝试通过利用生成式 AI 和自主 Agent 来模拟数字客户画像，并实现一套 VoC 交互流程。传统的用户研究方法面临着可扩展性和接触多样化用户群体的挑战。而我们的方法利用生成式 AI，能够在模拟的研究场景中创建数字画像并之进行互动，从而揭示消费者行为和偏好。在这个多 Agent 系统中，我们将构建人物角色提示（Persona Prompting），即创建详细的提示词以生成具有丰富背景设定、明确目标和面临典型挑战的合成人物角色，并模拟真实的消费者互动。

在构建客户交互的过程中，我们将模拟多个客户画像，每个客户就是一个 Agent。同时，我们将通过一个研究者（Researcher）的角色来对多个客户 Agent 的交互过程进行协调，合理设计客户 Agent 的发言时机和轮次，并将其消息内容汇总在一起进行统一分析。整个系统的架构设计如图 7-10 所示。

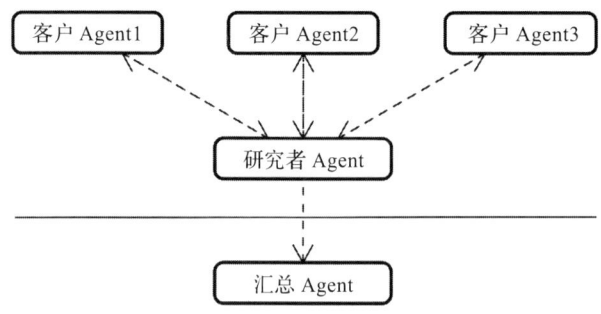

图 7-10　客户洞察的多 Agent 系统的整体架构

可以看到，图 7-10 展示的是一种两层架构。在第一层架构中，多个客户 Agent 和研究者 Agent 会进行多轮交互，从而收集客户的真实反馈。而在第二层架构中，我们将这些交互过程中产生的消息内容进行聚合，提交给一个汇总 Agent 进行统一分析，生成最终的客户洞察内容。

在本案例中，我们将使用 AutoGen 框架来定义图 7-10 中的各个 Agent，并管理它们之间的复杂交互过程。

2. 构建 Agent 和群聊对话

基于 AutoGen 框架的开发流程，我们首先需要完成图 7-10 中各个客户 Agent 以及研究者 Agent 的构建，然后创建这些 Agent 之间的群聊对话机制。

（1）创建 Agent

我们先来看如何定义研究者 Agent。该 Agent 需要协调各个客户 Agent 之间的交互过程，并对每个客户 Agent 的输入内容进行总结和分析，其定义如代码清单 7-35 所示。

代码清单 7-35　研究者 Agent 的定义

```
# 定义研究者 Agent
name_Researcher = "Researcher"
researcher_agent = autogen.AssistantAgent(
    name=name_Researcher,
    llm_config=llm_config,
    system_message="""Researcher。你是一位拥有行为心理学博士学位的顶尖产品研究员，过去 20
        年在顶级创意、媒体和商业咨询公司从事研究和洞察工作。你的角色负责向个体客户提问并收集洞
        察内容。设计问题以揭示客户的偏好、挑战和反馈。在开始任务之前，分解小组成员名单和他们发
        言的顺序，避免小组成员之间相互交谈并产生认知偏误。在会议最后结束时，请在清晰简洁的笔记
        中提供对研究结果的总结，而不是在开始时就进行总结。""" + generate_notice(),
    is_termination_msg=lambda x: True if "TERMINATE" in x.get("content") else False,
)
```

请注意，这里指定了 AssistantAgent 的 is_termination_msg 参数，该参数用于判断交互过程是否终止。其判断依据是交互内容中是否存在"TERMINATE"这个特殊标签，这也是动态控制交互过程的一种常见做法。我们可以根据具体的业务场景发送"TERMINATE"标签。例如，在这个案例中，当对话中出现"谢谢"等词汇时，我们认为发言已经结束，那么就可以生成"TERMINATE"标签以表示对话结束。

接下来，我们构建各个客户 Agent。这些客户 Agent 的定义方式都很类似，这里给出其中一个作为示例，如代码清单 7-36 所示。

代码清单 7-36　客户 Agent 的定义

```
# customer_01 - 客户角色
customer_01 = "customer_01"
customer_01_agent = autogen.AssistantAgent(
    name=customer_01,
    llm_config=llm_config,
    system_message="""customer_01。你是一位居住在上海的 35 岁小学教师。你已婚，有两个分别
        8 岁和 5 岁的孩子，年收入为 10 万元。你性格内向，责任心强，情绪稳定性高，喜欢规律的生活。
        在超市购物时，你更倾向于选择有机和本地生产的农产品。你重视便利性，常使用在线购物平台。
        由于工作和家庭责任占用大量时间，你会寻求快速且营养的餐饮规划方案。你的目标是在预算内购
        买高质量的农产品，并寻找新的食谱灵感。你是一名频繁购物者，参加超市的忠诚度计划。你首
```

选的沟通方式是接收移动应用通知。你已经在这家超市购物超过 10 年，但也会与其他超市进行价格比较。""" + generate_notice(customer_01),
)

对于客户 Agent 而言，我们需要通过设计系统消息来充分构建客户画像。对于 VoC 类场景，客户的年龄、收入、家庭情况、生活习惯、购物需求和行为等都是常见且需要收集的信息，正如上述系统消息中所展示的那样。

（2）创建聊天会话

在定义完研究者 Agent 和各个客户 Agent 之后，接下来我们就可以创建群聊对话了，其实现方式如代码清单 7-37 所示。

代码清单 7-37　群聊对话的实现方式

```
# 将研究者 Agent 和客户 Agent 添加到群组聊天中
groupchat = autogen.GroupChat(
    agents=[researcher_agent, customer_01_agent, customer_02_agent, customer_03_
        agent, customer_04_agent, customer_05_agent],
    speaker_selection_method=custom_speaker_selection,
    messages=[],
    max_round=30
)

# 初始化管理员
manager = autogen.GroupChatManager(
    groupchat=groupchat,
    llm_config=llm_config,
    system_message=" 你是一位管理员 Agent，可以管理由研究者 Agent 和多个小组成员组成的群组
        聊天。你将限制小组成员之间的讨论，并帮助研究者提问。请先询问研究者希望如何进行小组讨
        论。" + generate_notice(),
    is_termination_msg=lambda x: True if "TERMINATE" in x.get("content") else False,
)

# 创建名为 "user_proxy" 的 UserProxyAgent 实例
user_proxy = autogen.UserProxyAgent(
    name="user_proxy",
    code_execution_config={"last_n_messages": 2, "work_dir": "groupchat", "use_
        docker": False},
    system_message="用户 Agent",
    human_input_mode="TERMINATE"
)

# 启动群聊
chat = user_proxy.initiate_chat(
    manager,
    message="""
        收集关于超市杂货配送服务的客户洞察。从不同客户角色中识别痛点、偏好和改进建议。请你们在
            进行小组讨论之前，先分享自己的个人意见。作为研究者，你的工作是确保从客户那里收集到
            无偏见的信息，并将这项研究的结果总结反馈给超市品牌。
    """,
)
```

上述代码展示的是在 AutoGen 框架中创建群聊机制的标准开发过程。我们创建了 GroupChat 和 GroupChatManager，并通过一个 UserProxyAgent 启动群聊。

3. 自定义发言者策略

请注意，在代码清单 7-37 中，我们将 GroupChat 的 speaker_selection_method 参数设置为 custom_speaker_selection。我们知道 speaker_selection_method 参数用于定义在群组聊天中选择下一个发言者的策略。在 AutoGen 中，它提供了以下 4 个内置选项：auto（自动选择，默认值）、manual（手动选择）、random（随机选择）和 round_robin（轮询选择）。但实际上，该参数还可以传入一个自定义函数来选择下一个发言者。该函数需要接受两个参数：last_speaker（上一个发言者）和 groupchat（群组聊天对象），并返回一个 Agent 类或一个默认方法的字符串。

自定义选择函数具备高度的灵活性，可以根据当前对话的上下文和逻辑来动态选择下一个发言者。代码清单 7-38 展示的就是一个自定义的选择函数。

代码清单 7-38　自定义选择函数的实现方式

```python
def custom_speaker_selection_func(last_speaker: Agent, groupchat: autogen.GroupChat):
    messages = groupchat.messages
    if len(messages) <= 1:
        return planner  # 如果是第一条消息，则让 planner 发言
    if last_speaker is user_proxy:
        if "Approve" in messages[-1]["content"]:
            return engineer  # 如果用户批准了计划，则让 engineer 发言
        elif messages[-2]["name"] == "Planner":
            return planner  # 如果是规划阶段，则继续让 planner 发言
    # 其他逻辑……
```

这里我们根据消息中的内容动态确定下一个发言者。通过自定义 speaker_selection_method 函数并合理设置相关参数，可以实现灵活的群组聊天流程控制。在客户洞察的系统中，我们同样希望通过引入自定义发言者策略，确保研究者 Agent 与每个客户 Agent 进行 2～3 次交互，并且交互过程需要交替进行。实现方式如代码清单 7-39 所示。

代码清单 7-39　客户洞察系统中的自定义发言者策略

```python
def custom_speaker_selection(last_speaker: Optional[Agent], group_chat: GroupChat) -> 
    Optional[Agent]:
    """
    自定义函数，确保研究者与每个客户互动 2~3 次
    在研究者和客户之间交替互动，跟踪互动次数
    """
    # 定义客户，初始化或更新其交互计数器
    if not hasattr(group_chat, 'interaction_counters'):
        group_chat.interaction_counters = {agent.name: 0 for agent in group_chat.
            agents if agent.name != "Researcher"}
    
    # 定义每个客户的最大互动次数
    max_interactions = 6
```

```
# 如果上一个发言者是研究者，那么在下一轮找到发言次数最少的客户
if last_speaker and last_speaker.name == "Researcher":
    next_participant = min(group_chat.interaction_counters, key=group_chat.
        interaction_counters.get)
    if group_chat.interaction_counters[next_participant] < max_interactions:
        group_chat.interaction_counters[next_participant] += 1
        return next((agent for agent in group_chat.agents if agent.name ==
            next_participant), None)
    else:
        return None  # 如果所有客户都达到了最大互动次数，则结束对话
else:
    # 如果上一个发言者是客户，则在下一轮找到研究者
    return next((agent for agent in group_chat.agents if agent.name ==
        "Researcher"), None)
```

上述自定义发言者策略的实现过程包含几个核心步骤。

第一步是初始化交互计数器。首先，我们需要检查 group_chat 对象是否已经有一个 interaction_counters 属性。如果没有，则初始化一个字典，其中键是客户 Agent 的名字，值是每个客户 Agent 的交互计数，初始值为 0。然后，通过 max_interactions 参数定义最大交互次数，规定每个客户 Agent 最多可以与研究者 Agent 交互 6 次。显然，这个值可以根据需要调整。

第二步是关键的一步，即判断上一个发言者是谁。一方面，如果上一个发言者是研究者 Agent，那么需要找出当前交互次数最少的客户 Agent。如果该客户 Agent 的交互次数小于最大交互次数，则将该客户 Agent 的交互次数加 1，并返回该客户 Agent 作为下一个发言者。如果所有客户 Agent 的交互次数都已达到最大值，则返回 None，表示对话结束。另一方面，如果上一个发言者是客户 Agent，则直接返回研究者 Agent 作为下一个发言者。

总结来说，这个 speaker_selection_method 函数通过交替选择研究者 Agent 和客户 Agent，确保每个客户 Agent 都能与研究者 Agent 进行多次交互。每次研究者 Agent 发言后，会选择当前交互次数最少的客户 Agent 作为下一个发言者。每次客户 Agent 发言后，会返回研究者 Agent 作为下一个发言者。一旦某个客户 Agent 的交互次数达到最大值，该客户 Agent 将不再被选为发言者。如果所有客户 Agent 的交互次数都已达到最大值，那么对话就会结束。这个函数非常适用于需要控制交互次数和交互顺序的场景。例如，在研究或调查中，确保每个客户 Agent 都能与研究者 Agent 进行规定次数的交流。

4. 实现消息的汇总分析

现在，经过研究者 Agent 和各个客户 Agent 之间的群聊交互，我们生成了一组聊天信息。可以通过如代码清单 7-40 所示的方式将这组聊天消息汇总在一起生成一个提示词。

代码清单 7-40　将聊天消息汇总成一个提示词

```
# 获取群组聊天中对用户提示的回应
messages = [msg["content"] for msg in groupchat.messages]
user_prompt = " 以下是研究的记录 ```{customer_insights}```".format(
    customer_insights="\n>>>\n".join(messages))
```

接下来，我们就可以针对这个提示词执行分析操作。为此，我们需要构建一个汇总 Agent，并定义具体的汇总分析规则，如代码清单 7-41 所示。

代码清单 7-41　汇总 Agent 的定义方式

```
# 为汇总 Agent 生成系统提示
summary_prompt = """
    你是一位行为科学领域的专家研究者，负责总结一个研究小组的讨论。请提供一个结构化的总结，包
        括关键发现、痛点、偏好和改进建议。
    格式如下：
    ```
    研究主题：<>
    受访者：
    <>
    总结：
    <>
    痛点：
    - <>
    建议 / 行动：
    - <>
    ```
    """

summary_agent = autogen.AssistantAgent(
    name="SummaryAgent",
    llm_config=llm_config,
    system_message=summary_prompt + generate_notice(),
)
summary_proxy = autogen.UserProxyAgent(
    name="summary_proxy",
    code_execution_config={"last_n_messages": 2, "work_dir": "groupchat", "use_
        docker": False},
    system_message=" 汇总分析 ",
    human_input_mode="TERMINATE"
)
result = summary_proxy.initiate_chat(
    summary_agent,
    message=user_prompt,
)
```

可以看到，这里基于提示词创建了一个汇总 Agent，并指定了详细的汇总规则和生成格式。最终，我们也通过 AssistantAgent 启动了会话。

5. 展示执行效果

基于图 7-10 所示的双层架构，我们在执行客户洞察系统时，同样可以从单个客户的聊天记录和汇总结果两个维度获取执行结果。

（1）单个客户的聊天记录

我们先来获取客户 Agent 与研究者 Agent 之间的对话过程。以 customer_01 这个客户 Agent 为例，它与研究者 Agent 之间的交互过程如代码清单 7-42 所示。

代码清单 7-42　客户 Agent 与研究者 Agent 之间的交互过程

```
Next speaker: customer_01
customer_01(to chat_manager):
```
作为 customer_01，我对超市杂货配送服务有着自己独特的看法和需求。首先，我非常依赖这项服务来平衡我的工作和家庭生活，特别是作为一个有两个年幼孩子的妈妈，以及一个全职工作的小学教师。我喜欢的方面包括便利性和节省时间，这让我可以将更多的时间和精力投入到家庭及工作中，而不是在超市里购物。

然而，我面临的挑战之一是在预算内购买高质量的农产品。作为一个倾向于购买有机和本地生产农产品的消费者，我发现这些产品通常价格较高，有时会超出我的预算。此外，我也很重视食品的新鲜度，但在使用配送服务时，我无法亲自挑选果蔬，这让我有时会收到不尽如人意的产品。

我认为可以改进的地方包括提供更多的预算友好选项，特别是对于像我这样重视有机和本地生产产品的消费者。此外，改善产品的选择和质量控制流程也很重要，确保送到顾客手中的食品始终是最新鲜、最高质量的。

我还希望看到更多的个性化服务，比如根据我以往的购买记录和偏好推荐产品，以及提供营养丰富的快速餐饮规划解决方案，帮助我快速制订健康的家庭餐计划。此外，作为一名频繁购物者，我希望能够通过忠诚度计划获得更多的奖励和优惠。

总的来说，虽然我对超市杂货配送服务的便利性和节省时间的方面非常满意，但我认为在产品质量、价格以及个性化服务方面还有改进的空间。

```
Next speaker: Researcher
Researcher (to chat_manager):
```
研究结果总结：

客户洞察：

便利性和节省时间：客户非常重视超市杂货配送服务带来的便利性和节省时间，尤其是对于忙碌的家庭和职场人士来说，这一点尤为重要。

高质量和有机产品的需求：存在对高质量、有机和本地生产农产品的强烈需求，但价格和预算是主要的考虑因素。

食品新鲜度的关注：食品的新鲜度对客户非常重要，但在使用配送服务时，客户无法亲自挑选果蔬，有时会收到不尽如人意的产品。

改进建议：

提供更多预算友好选项：对于有机和本地生产产品，需要提供更多预算友好的选项，以满足对高质量食品有需求但又关注预算的消费者。

改善产品选择和质量控制：改善产品的选择和质量控制流程，确保送到顾客手中的食品始终是最新鲜、最高质量的。

个性化服务：提供更多个性化服务，如根据购买记录和偏好推荐产品，以及提供营养丰富的快速餐饮规划解决方案，帮助顾客快速制订健康的家庭餐计划。

忠诚度计划：对于频繁购物者，通过忠诚度计划提供更多的奖励和优惠，以增加顾客的满意度和忠诚度。

通过这些洞察和建议，超市品牌可以改进其杂货配送服务，以更好地满足客户的需求和偏好，从而提高客户满意度和忠诚度。

可以看到，customer_01 基于该客户的画像生成了其详细诉求。随后，研究者 Agent 针对这些诉求进行了提炼，形成了针对该客户的洞察和建议。

（2）汇总结果

当我们成功收集了一组客户洞察和建议信息后，我们将它们传递给汇总 Agent 进行分析，结果如代码清单 7-43 所示。

代码清单 7-43　收集客户信息交由汇总 Agent 进行分析

```
SummaryAgent (to summary_proxy):

研究主题：超市杂货配送服务的客户洞察

受访者：
- customer_01（小学教师和两个孩子的母亲）
- customer_02（注重快速和便捷的购物体验的消费者）
```

- customer_03（注重健康饮食的自由记者）
- customer_04（行动不便的退休警察）
- customer_05（21 岁的大学生）

总结：
研究揭示了不同客户群体在使用超市杂货配送服务时的需求和偏好。共同的需求包括便利性、对高质量和有机产品的需求、食品新鲜度的关注、对技术界面的易用性、个性化服务的需求以及对特定群体（如老年人、健康意识强的消费者、学生）的特别优惠。

痛点：
- 高质量和有机产品的高价问题。
- 食品新鲜度和质量控制。
- 在线购物平台的用户体验。
- 特定群体（老年人、学生等）的特定需求未得到充分满足。
- 忠诚度计划和个性化服务的缺乏。

建议 / 行动：
- 提供更多预算友好的有机和本地生产产品选项。
- 改善产品选择和质量控制流程。
- 优化在线购物平台的用户界面，特别是对老年用户。
- 提供针对特定群体的优惠和服务，如学生折扣、老年人易用技术界面、健康食品推荐。
- 引入或优化忠诚度计划，包括个性化服务和奖励。
- 通过社交媒体和短信提高与顾客的沟通频率，特别是针对年轻消费者。

通过这些洞察和建议，超市品牌可以改进其杂货配送服务，以更好地满足客户的需求和偏好，从而提高客户满意度和忠诚度。

以上信息是汇总 Agent 基于它的汇总规则所获取的结果，它提供了一组非常实用的建议和行动，这对于解决客户的实际痛点以及提高用户满意度非常有帮助。

7.4　本章小结

本章介绍了多 Agent 系统的构建模式、开发框架及其在实际业务场景中的应用。首先，我们探讨了多 Agent 系统的两种主要构建模式：Agent 流程链模式和自主 Agent 协作模式，分析了各自的优缺点及适用场景。接着，我们引入了 LlamaIndex 和 AutoGen 这两个框架，详细展示了多 Agent 系统的开发方法和功能特性。

针对 LlamaIndex 框架，我们介绍了它的工作流开发模式，包括事件驱动机制、全局上下文管理、事件等待与发送功能，以及如何通过可视化工具调试工作流。通过构建一个健康管理的多 Agent 系统，我们展示了如何利用 LlamaIndex 构建复杂的多 Agent 交互流程，实现健康信息查询和个性化健康指导的功能。

针对 AutoGen 框架，我们剖析了其工作原理和核心组件，包括 Agent 的创建、对话环境的管理以及群聊机制的实现。在构建一个客户洞察的多 Agent 系统的过程中，我们展示了利用 AutoGen 实现多 Agent 协作的群聊场景，并通过自定义发言者策略和对消息进行汇总分析，实现了对客户反馈的深入洞察和总结。

本章通过对两种框架的详细讲解和案例分析，展示了多 Agent 系统在解决复杂任务中的强大能力。阅读本章后，读者可以掌握多 Agent 系统的构建方法，并将其应用于实际业务场景中，以提高系统的灵活性、适应性和效率。

CHAPTER 8

第 8 章

多 Agent 系统的实战案例

多 Agent 系统作为一种高效、灵活的智能解决方案,正逐渐成为人工智能领域的重要研究方向之一。本章将通过一个实际案例——智能报告生成系统,深入探讨多 Agent 技术在复杂任务中的应用与实现。我们将从系统需求分析、架构设计到具体实现,逐步展示如何利用 LangGraph 框架构建一个高效协同的多 Agent 系统,最终实现自动生成图文并茂的 PDF 报告。

8.1 多 Agent 智能报告案例分析

在本节中,我们将引入贯穿全章的多 Agent 智能报告案例系统,并分析现实场景中的业务需求,完成系统架构设计。

8.1.1 案例系统的场景分析

在现实场景中,根据用户的描述自动生成一份合适的报告是一种非常常见的需求。通常,一份报告包含文字和图片,并以 PDF 的形式提供给用户。这意味着我们需要满足以下三个核心需求:

- ❑ 图像生成:需要根据用户描述自动生成一张图片。
- ❑ 文字信息生成:对于许多场景而言,文字信息并非直接来自用户输入,而是基于用户输入从网络搜索到的信息,因此系统需要具备执行搜索的能力。
- ❑ PDF 生成:需要将生成的图文信息创建为一个 PDF 文件并保存到磁盘。这样,用户只需输入请求,就能获得一个完整的 PDF 文件,其中包括图像信息。

我们可以举一个例子来对上述需求进行具体化。假设用户输入了"我想去中国上海旅游 3 天"这样的请求,那么系统需要生成一张关于上海的图片,展示这座城市的人文风情。接着,系统需要通过搜索的方式获取上海的旅游景点,并以文字描述的形式给出合理的时间安排。最后，我们需要将关于上海的图片以及描述整合生成一份 PDF 文件。这样，用户只需输入一个查询，就能得到一个完整的 PDF 旅行计划，其中还包括一张目标城市的图片。

实际上，类似这里所展示的示例可以扩展到各个行业的各类应用场景。凡是涉及图文 PDF 的生成过程，我们都可以归结到这类智能报告的应用场景。可以说，这是一个非常通用的应用场景，非常适合作为一个案例来展示多 Agent 技术的落地过程。

8.1.2 案例系统的架构设计

针对前面介绍的案例场景，在 Agent 的世界中，我们可以通过构建不同的工具来满足报告的生成需求，包括：
- 图像生成工具：我们将基于 LLM 的多模态技术创建一个图像生成器，用来根据用户输入生成图像信息。
- Web 搜索工具：主流的 Agent 开发框架通常自带一些内置工具，其中一个就是用于 Tavily 搜索的工具，我们可以直接使用这个内置工具执行 Web 搜索。
- PDF 生成工具：我们需要一个工具让 Agent 能够生成 PDF 文件并将其保存到磁盘。显然，创建这样一个工具并不困难。

有了这 3 个工具之后，想要实现智能报告的创建需求，有很多办法。一种容易想到的方法是创建一个 Agent 来执行所有这些步骤。如果你给 Agent 一个提示词，要求它首先通过调用工具 A 完成任务 A，然后通过调用工具 B 完成任务 B，随后根据工具 B 的输出结果选择调用工具 C 或其他工具，那么这个 Agent 的提示词可能会变得混乱，并且可靠性也会大打折扣。这种实现方式存在许多细微的变体。例如，你可以设置一个共享的 agent_scratchpad。我们知道，agent_scratchpad 是一个用于格式化 Agent 中间步骤的占位符或工具，主要用于记录 Agent 在执行任务过程中的思考过程或操作步骤。通过 agent_scratchpad，可以让所有 Agent 都能看到其他 Agent 的思考过程和工作成果。不过，这种方法的缺点是信息量过于庞大，可能会导致不必要的信息冗余。

另一种方法是针对每个工具创建一个独立的 Agent，让这些 Agent 相互隔离。作为独立的 LLM 调用，它们之间没有紧密的联系，只是简单地串联在一起。然而，这种方式可能会让 Agent 之间的协作显得过于孤立。

我们将要探讨的方案介于这两种方法之间。我们会创建一些独立的、功能完备的 Agent，每个 Agent 都有自己的 agent_scratchpad 和调用工具的能力，但每个 Agent 独立完成的工作结果会被存储在一个共享的状态对象中。这些 Agent 的工作将由一个类似于中介者的节点来进行协调，该节点将利用这个包含迄今为止所有工作的整体状态对象来决定下一步的行动以及调用哪个 Agent。针对前面介绍的案例场景，这种方案的基本结构如图 8-1 所示。

不难看出，图 8-1 展示的实际上是 7.1 节介绍的 Agent 中介者模式。在这种模式中，用户将查询发送给中介者。中介者拥有一个由多个 Agent 组成的团队，并根据当前任务需求决定下一步调用哪个 Agent 来完成工作，它可以在任何时候选择任意一个 Agent。每个 Agent 都与中介者相连，以便在每个步骤完成后，中介者能够再次决定下一步调用哪个 Agent，或者判断工作是否已经完成。如果工作已经完成，中介者则将结果返回给最终用户。

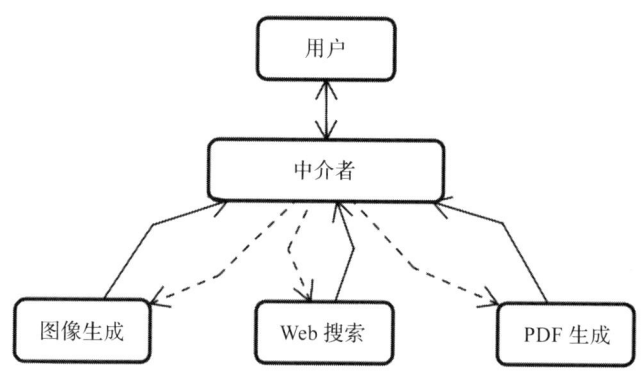

图 8-1 案例系统架构设计方案

那么，如何构建如图 8-1 所示的中介者模式呢？在案例系统中，我们将引入 3 个开发框架来实现这一目标：

- LangChain：这是一个基础框架，它使我们能够与 LLM 进行交互。
- LangGraph：该框架通过引入图结构，使我们能够在 LangChain 的基础上实现更复杂的组合。我们可以拥有多个节点并利用对应的 Agent 进行协同工作。
- LangSmith：这是一个工具，它帮助我们在使用上述两个框架时清晰地了解正在发生的情况，以便更便捷地调试和优化代码。

在前面的章节中，我们已经对 LangChain 和 LangSmith 这两款框架的功能特性和应用方式进行了全面介绍。在接下来的内容中，我们从 LangGraph 框架切入，看看如何利用它来构建一个多 Agent 系统。

8.2 基于 LangGraph 构建多 Agent 系统

本节将引入 LangGraph 框架构建多 Agent 案例系统。下面先对 LangGraph 框架的开发模式和功能特性展开介绍。

8.2.1 LangGraph 的开发模式

LangGraph 是构建在 LangChain 基础上的一个库，能够利用有向无环图的方式协调多个 LLM 的状态，使用起来虽然比 LCEL 复杂，但逻辑会更清晰。需要注意的是，这个库需要手动通过 pip install langgraph 命令进行安装，默认的 LangChain 不会包含该库。在本节中，我们将通过一个基础案例来介绍 LangGraph 的开发模式。

1. 创建工具和 Agent

当我们尝试应用 LangGraph 时，第一步是创建工具和 Agent。例如，我们可以创建一个获取天气信息的工具，实现方式如代码清单 8-1 所示。

代码清单 8-1　创建获取天气信息的工具

```python
class WeatherInput(BaseModel):
    location: str = Field(description="必须是有效的城市格式的地点。")

@tool("get_weather", args_schema=WeatherInput)
def get_weather(location: str) -> str:
    """获取指定地点的当前天气。"""
    if not location:
        return (
            "请提供一个地点，并再次调用 get_current_weather_function 函数。"
        )
    API_params = {
        "key": "a0054c6145144d5f91e121516252901",
        "q": location,
        "aqi": "no",
        "alerts": "no",
    }
    response: requests.models.Response = requests.get(
        "http://api.weatherapi.com/v1/current.json", params=API_params
    )
    str_response: str = dumps(response.json())
    return str_response

if __name__ == "__main__":
    print(get_weather.run("中国上海"))
```

上述代码通过 @tool 注解创建了工具，并指定了输入参数的描述。同时，我们注意到这里通过集成 api.weatherapi.com 这个站点所提供的 Web API 来获取某一个地点的天气信息。我们执行这个工具，获取的天气信息如代码清单 8-2 所示。

代码清单 8-2　通过工具获取的天气信息示例

```
{
    "location": {
        "name": "中国上海",
        "region": "Shanghai",
        "country": "中国",
        "lat": 31.005,
        "lon": 121.4086,
        "tz_id": "Asia/Shanghai",
        "localtime_epoch": 1738937797,
        "localtime": "2025-02-07 22:16"
    },
    "current": {
        "last_updated_epoch": 1738937700,
        "last_updated": "2025-02-07 22:15",
        "temp_c": -2.7,
```

```
            "temp_f": 27.1,
            ...
        }
}
```

可以看到，来自 api.weatherapi.com 这个站点的天气信息还是比较丰富的，我们可以通过这个工具实时获取上海的天气信息。

有了天气工具之后，接下来我们来创建一个图片生成工具，如代码清单 8-3 所示。

代码清单 8-3　创建图片生成工具

```python
IMAGE_DIRECTORY = Path(__file__).parent.parent / "images"
CLIENT = OpenAI()

def image_downloader(image_url: str | None) -> str:
    if image_url is None:
        return "API 未返回图像 URL。"
    response = requests.get(image_url)
    if response.status_code != 200:
        return "无法从 URL 下载图像。"
    unique_id: uuid.UUID = uuid.uuid4()
    image_path = IMAGE_DIRECTORY / f"{unique_id}.png"
    with open(image_path, "wb") as file:
        file.write(response.content)
    return str(image_path)

class GenerateImageInput(BaseModel):
    image_description: str = Field(
        description="所需图像的详细描述。"
    )

@tool("generate_image", args_schema=GenerateImageInput)
def generate_image(image_description: str) -> str:
    """根据详细描述生成图像。"""
    response = CLIENT.images.generate(
        model="dall-e-3",
        prompt=image_description,
        size="1024x1024",
        quality="standard",
        n=1,
    )
    image_url = response.data[0].url
    return image_downloader(image_url)

if __name__ == "__main__":
    print(generate_image.run("上海黄浦江风貌图。"))
```

这段代码的执行逻辑并不复杂。我们实现了一个基于 OpenAI 的 DALL-E-3 模型的图像生成功能，并设计了一个 image_downloader 工具方法，用于将生成的图像下载到本地指定目录。同时，我们也通过 @tool 注解定义了一个工具，该工具根据用户输入的图像描述生成图像并完成下载操作。当我们执行 main 函数时，就会在指定的文件路径中生成一张

PNG 图片。

接下来,我们基于已经构建的天气工具和图片生成工具构建一个 Agent,其实现过程如代码清单 8-4 所示。

代码清单 8-4 基于天气工具和图片生成工具构建 Agent

```
from langchain.agents import create_openai_functions_agent

LLM = ChatOpenAI(model="gpt-4o", streaming=True)
TOOLS = [get_weather, generate_image]

prompt = hub.pull("hwchase17/openai-tools-agent")

runnable_agent: Runnable = create_openai_functions_agent(LLM, TOOLS, PROMPT)
```

这里我们通过调用 LangChain 的 create_openai_functions_agent 方法创建了一个 Agent,并传入了工具和对应的提示词。create_openai_functions_agent 是 LangChain 中用于创建函数调用 Agent 的方法,该方法返回一个 Runnable 序列,表示一个 Agent。

2. 定义 StateGraph

现在,我们已经有了一组工具和 Agent,下一步就可以利用 LangGraph 框架来创建 StateGraph。我们先来看看如何定义一个 StateGraph 对象。

(1) 定义状态 (State)

LangGraph 中最基础的类型是 StateGraph,通过这种图可以在每一个 Node 之间传递不同的状态信息。每一个节点会根据自己定义的逻辑来更新该状态信息。具体来说,可以继承 TypedDict 这个类来定义状态,如代码清单 8-5 所示。

代码清单 8-5 AgentState 状态对象定义

```
class AgentState(TypedDict):
    input: str
    chat_history: list[BaseMessage]
    agent_outcome: Union[AgentAction, AgentFinish, None]
    intermediate_steps: Annotated[list[tuple[AgentAction, str]], operator.add]
```

AgentState 类的 4 个变量都很重要,分别解释如下:
- input:这是输入字符串,代表用户请求。
- chat_history:这是之前的对话信息,也作为输入信息传入。
- agent_outcome:这是来自 Agent 的响应,可以是 AgentAction,也可以是 AgentFinish。如果是 AgentFinish,AgentExecutor 就应该结束,否则就应该调用请求的工具。
- intermediate_steps:这是 Agent 在一段时间内采取的行动和相应观测结果的列表。每次迭代都会更新。我们将其定义为一个元组的列表,并且 operator.add 操作符表明我们将在每一步中向这个消息序列添加内容。

(2) 定义节点 (Node)

在 LangGraph 中,节点一般是一个函数或者 LangChain 中的 Runnable 对象。例如,我们在这里可以定义两个节点，Agent 节点和 Tool 节点。其中 Agent 节点决定执行什么样的行动，而 Tool 节点就是当 Agent 节点选择执行某个行动时去调用相应的工具。示例代码如代码清单 8-6 所示。

代码清单 8-6　定义 Agent 节点和 Tool 节点

```
from langchain_core.agents import AgentFinish
from langgraph.prebuilt.tool_executor import ToolExecutor

# 定义 Agent 节点
def agent_node(input: AgentState):
    agent_outcome: AgentActionMessageLog = runnable_agent.invoke(input)
    return {"agent_outcome": agent_outcome}

# 这是一个我们拥有的辅助类，它负责调用工具并返回结果。
tool_executor = ToolExecutor(tools)

# 定义工具执行器节点
def tool_executor_node(input: AgentState):
    agent_action = input["agent_outcome"]
    output = tool_executor.invoke(agent_action)
    print(f"Executed {agent_action} with output: {output}")
    return {"intermediate_steps": [(agent_action, output)]}

# 定义用于决定走哪个条件分支的逻辑
def continue_or_end_test(data: AgentState):
    if isinstance(data["agent_outcome"], AgentFinish):
        return "END"
    else:
        return "continue"
```

我们看到这里定义了一个 Agent 节点，它是一个简单的函数，输入是一个 AgentState 对象。然后，它调用 Agent 的 invoke 方法，并将返回值捕获到一个名为 agent_outcome 的变量中。这个 agent_outcome 变量将包含我们之前提到的 AgentAction 对象或 AgentFinish 对象，表明下一步的行动或者 Agent 是否已经完成任务。无论 agent_outcome 中包含什么内容，这个函数都会将其以字典形式返回。

当我们定义了一个 Agent 节点后，接下来需要构建另一个节点来执行 Agent 想要调用的工具，这就需要定义一个工具执行器节点（Executor Node）。首先，我们从 LangGraph 导入了 ToolExecutor 类，并创建了一个新的实例。这个 ToolExecutor 通过传入工具列表进行初始化。ToolExecutor 提供了一个预构建的接口，可以从 AgentAction 对象中提取 Agent 想要调用的函数及其参数，然后使用这些参数调用该函数，这样我们就不需要手动完成这一过程。接下来，我们定义了 tool_executor_node 函数，该函数从输入字典中提取 agent_action，然后调用 tool_executor 对象上的 invoke 方法，从而运行 Agent 要调用的工具。最后，我们返回一个包含 agent_action 和工具调用输出的 intermediate_steps 列表。请注意，这正是我们在 AgentState 对象中定义的 intermediate_steps 列表，它将被添加到已经存在的步骤中。

既然我们已经定义了这两个节点的函数，接下来需要一种方法来判断是否结束流程图。

我们可以通过定义一个函数来检查 Agent 是否已经完成任务，这个函数以 AgentState 对象作为输入。然后，它会访问 agent_outcome。如果 agent_outcome 是 AgentFinish 的一个实例，我们就返回"END"，以表明流程图已经完成；否则，我们返回"continue"，以表明流程图应该继续执行。

（3）定义图（Graph）

有了节点，我们就可以定义整个图了，实现过程如代码清单 8-7 所示。

代码清单 8-7　StateGraph 图对象定义

```
workflow = StateGraph(AgentState)

workflow.add_node("agent", agent_node)
workflow.add_node("tool_executor", tool_executor_node)

workflow.set_entry_point("agent")

workflow.add_edge("tool_executor", "agent")
workflow.add_conditional_edges(
    "agent", continue_or_end_test, {"continue": "tool_executor", "END": END}
)
app = workflow.compile()
```

首先，我们实例化一个新的 StateGraph，并传入一个 AgentState 对象。接着，我们简单地添加两个节点，为它们分别指定一个字符串名称，并传入我们之前编写的函数。最后，我们将 StateGraph 的入口设置为 Agent 节点，这是在启动流程图时首先被调用的节点。

现在我们有了一个带有入口的流程图，下一步是定义节点之间的连接，这些连接被称为边（Edge）。这一步也非常简单，我们从工具执行器节点向 Agent 节点添加一条边。在执行工具调用后，我们总是希望将结果反馈回 Agent 节点。然后，我们从 Agent 节点添加一条条件边（Conditional Edge）。我们传入 continue_or_end_test 函数，该函数将决定这条边的去向。如果函数返回"continue"，我们将前往工具执行器节点；如果返回"END"，我们将前往结束节点（END node）。结束节点是一个特殊的预构建节点。通过以上代码，我们构建了如图 8-2 所示的流程图。

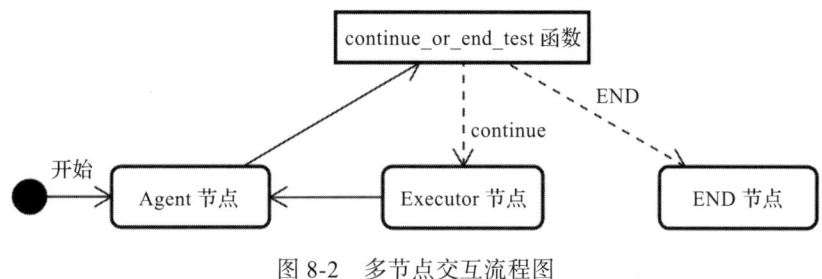

图 8-2　多节点交互流程图

定义 StateGraph 的最后一步是调用 compile 方法对其进行编译，代码清单 8-7 展示了这一步。

3. 执行 StateGraph

现在，我们编写一个测试函数来对所构建的 StateGraph 进行测试。这个函数将接收一个字符串形式的查询作为输入。我们需要定义一个输入字典，其中包含查询内容和一个空的 chat_history 列表。然后，我们调用 StateGraph 对象的 invoke 方法，并将输出捕获到一个名为 output 的变量中。实现过程如代码清单 8-8 所示。

代码清单 8-8　执行 StateGraph

```
def call_app(query: str):
    inputs = {"input": query, "chat_history": []}
    output = app.invoke(inputs)
    result = output.get("agent_outcome").return_values["output"]
    steps = output.get("intermediate_steps")

    print(f"{Fore.BLUE}Result: {result}{Style.RESET_ALL}")
    print(f"{Fore.YELLOW}Steps: {steps}{Style.RESET_ALL}")

    return result

call_app("中国上海的天气怎么样？")
```

执行上述代码，我们将得到如代码清单 8-9 所示的日志。

代码清单 8-9　StateGraph 执行日志

```
Executed tool='get_weather' tool_input={'location': '上海，中国'} log="\
  nInvoking: `get_weather` with `{'location': '上海，中国'}`\n\n\n"
  message_log=[AIMessage(content='', additional_kwargs={'function_call':
  {'arguments': '{"location":"上海，中国"}', 'name': 'get_weather'}},
  response_metadata={'finish_reason': 'function_call', 'model_name': 'gpt-
  4o-2024-08-06', 'system_fingerprint': 'fp_50cad350e4'}, id='run-88fb089a-
  db4b-4946-9e04-593f980daadb-0')] with output: {"location": {"name": "\u4e0a\
  u6d77", "region": "Shanghai", "country": "\u4e2d\u56fd", "lat": 31.005,
  "lon": 121.4086, "tz_id": "Asia/Shanghai", "localtime_epoch": 1739008037,
  "localtime": "2025-02-08 17:47"}, "current": {"last_updated_epoch":
  1739007900, "last_updated": "2025-02-08 17:45", "temp_c": 0.3, "temp_
  f": 32.5, "is_day": 0, "condition": {"text": "Clear", "icon": "//cdn.
  weatherapi.com/weather/64x64/night/113.png", "code": 1000}, ...}
Result: 上海当前的天气情况如下：
- **天气状况**：晴朗
- **温度**：0.3°C (32.5°F)
- **体感温度**：-3.8°C (25.2°F)
- **风速**：13.7 公里/小时 (8.5 英里/小时)，来自北北西方向
- **气压**：1034 毫巴
- **降水量**：0.0 毫米
- **湿度**：26%
- **云量**：0% (无云)
- **能见度**：10 公里
当前风较大，体感温度较低，请注意保暖。
Steps: [(AgentActionMessageLog(tool='get_weather', tool_input={'location': '上
    海，中国'}, log="\nInvoking: `get_weather` with `{'location': '上海，中国'}`\
```

```
n\n\n", message_log=[AIMessage(content='', additional_kwargs={'function_
call': {'arguments': '{"location":"上海, 中国"}', 'name': 'get_weather'}},
response_metadata={'finish_reason': 'function_call', 'model_name': 'gpt-
4o-2024-08-06', 'system_fingerprint': 'fp_50cad350e4'}, id='run-88fb089a-
db4b-4946-9e04-593f980daadb-0')]), ...)]
```

可以看到，这里成功触发了对"get_weather"这个工具的调用。同样的，如果我们执行 call_app("生成一张上海的图片")这行代码，那么将触发对"generate_image"这个工具的调用，具体日志如代码清单 8-10 所示。

代码清单 8-10　generate_image 工具调用执行日志

```
Executed tool='generate_image' tool_input={'image_description': 'a scenic
    view of Shanghai with its iconic skyline, including the Oriental Pearl
    Tower and the Shanghai Tower, during a clear day with blue skies'}
    log="\nInvoking: `generate_image` with `{'image_description': 'a scenic
    view of Shanghai with its iconic skyline, including the Oriental Pearl
    Tower and the Shanghai Tower, during a clear day with blue skies'}`\n\
    n\n" message_log=[AIMessage(content='', additional_kwargs={'function_
    call': {'arguments': '{"image_description":"a scenic view of Shanghai with
    its iconic skyline, including the Oriental Pearl Tower and the Shanghai
    Tower, during a clear day with blue skies"}', 'name': 'generate_image'}},
    response_metadata={'finish_reason': 'function_call', 'model_name': 'gpt-
    4o-2024-08-06', 'system_fingerprint': 'fp_4691090a87'}, id='run-7201e3b0-
    3120-4abe-bed9-0954d77d1f5a-0')] with output: E:\Agent\code\LangGraph-
    MultiAgent-main\images\2bcf6d1f-23cb-4560-acde-c4e6bd0b0390.png
Result: 我为你生成了一张上海的图片，你可以查看它 [这里](E:\Agent\code\LangGraph-
    MultiAgent-main\images\2bcf6d1f-23cb-4560-acde-c4e6bd0b0390.png).
```

可以看到，我们成功生成了一张上海相关的图片并将它保存到本地目录中。

8.2.2　LangGraph 的高级特性

LangGraph 为开发人员提供了一组高级特性。除了前面演示的条件分支功能之外，还内置了持久化、人为介入以及流式支持等特性。

1. 持久化

LangGraph 支持在每个步骤后自动保存 StateGraph 的状态，从而方便暂停和恢复执行。这可以通过配置持久化选项来实现，例如将状态保存到本地文件或数据库中。实现方式如代码清单 8-11 所示。

代码清单 8-11　实现 LangGraph 持久化

```
from langgraph import StateGraph, AgentNode, ToolExecutorNode
import json

# 省略定义 Agent 节点和工具执行器节点

# 创建状态图
graph = StateGraph()
```

```python
graph.add_node("agent", agent_node)
graph.add_node("executor", tool_executor_node)
graph.add_edge("agent", "executor")
graph.add_edge("executor", "agent")

# 设置入口点
graph.set_entry_point("agent")

# 持久化状态
def save_state(state, filename="state.json"):
    with open(filename, "w") as f:
        json.dump(state, f)

def load_state(filename="state.json"):
    with open(filename, "r") as f:
        return json.load(f)

# 运行图并保存状态
state = graph.run({}, save_state=True)  # 自动保存状态
save_state(state)                        # 也可以手动保存

# 恢复执行
loaded_state = load_state()
output = graph.run(loaded_state)
print(output)
```

这里我们展示了如何利用 save_state 和 load_state 函数来保存和加载图的状态，使用的存储媒介是 JSON 文件。我们也可以通过设置 save_state=True 来实现图状态的自动保存。

2. 人为介入

LangGraph 允许在节点执行前后设置断点，并等待用户检查状态并手动修改。这可以通过定义特殊的断点（Breakpoint）节点来实现，具体实现方式如代码清单 8-12 所示。

代码清单 8-12　定义 LangGraph 断点

```python
from langgraph import StateGraph, AgentNode, ToolExecutorNode

# 省略定义 Agent 节点和工具执行器节点

# 定义断点节点
def breakpoint_node(data):
    print("Breakpoint reached. Current state:", data)
    user_input = input("Modify state (e.g., 'count=5') or press Enter to continue: ")
    if user_input:
        key, value = user_input.split("=")
        data[key.strip()] = int(value.strip())
    return data

# 创建状态图
graph = StateGraph()
graph.add_node("agent", agent_node)
graph.add_node("executor", tool_executor_node)
```

```
graph.add_node("breakpoint", breakpoint_node)    # 添加断点节点

# 添加边
graph.add_edge("agent", "executor")
graph.add_edge("executor", "breakpoint")         # 在工具执行后设置断点
graph.add_edge("breakpoint", "agent")            # 从断点返回Agent节点

# 设置入口点并运行图
graph.set_entry_point("agent")
output = graph.run({})
print(output)
```

可以看到,我们在工具执行器节点后添加了一个断点节点。通过这种方式,用户可以在断点处检查和修改状态。

3. 流式支持

LangGraph 支持实时流输出,适用于需要实时反馈的场景。这可以通过配置流输出选项来实现,例如将输出实时发送到控制台或 Web 界面,示例代码如代码清单 8-13 所示。

代码清单 8-13　实现 LangGraph 实时流

```
from langgraph import StateGraph, AgentNode, ToolExecutorNode
import time

# 省略定义 Agent 节点和工具执行器节点

# 创建状态图并设置入口点
graph = StateGraph()
...
graph.set_entry_point("agent")

# 实时流输出
def stream_output(output):
    print("Real-time output:", output)

# 运行图并实时输出
graph.run({}, stream_output=stream_output)
```

这里使用 stream_output 函数将每个步骤的输出实时打印到控制台。我们也可以将 stream_output 配置为发送到其他目标,例如 Web 界面。

8.3　多 Agent 智能报告案例实现

是时候利用 LangGraph 框架实现多 Agent 智能报告案例系统了。我们首先需要构建一组工具和 Agent,然后借助 LangGraph 的 StateGraph 来完成多个 Agent 之间的交互过程。

8.3.1　构建工具

本节将讨论构建一款智能报告所需要的工具组件,除了在 8.2 节已经构建的图像生成

工具之外，我们还需要实现 Web 搜索工具和 PDF 生成工具。

1. 创建 Web 搜索工具

针对 Web 搜索，我们可以引入 LangChain 内置的 Tavily。Tavily 是一个专门针对 LLM 和 RAG 应用进行优化的搜索引擎。它提供了一套 Tavily Search API，旨在构建高效、快速和持久的搜索结果。我们选择 Tavily 的原因之一是 LangChain 提供了可以直接导入并使用的预构建工具，这使得我们能够更专注于学习 LangGraph，因为少了一个需要自行编写的工具。Tavily 工具的使用方式如代码清单 8-14 所示。

代码清单 8-14　Tavily 工具的使用方式

```
from langchain_community.tools.tavily_search import TavilySearchResults

TAVILY_TOOL = TavilySearchResults()
```

Tavily 工具的背后是它的 API，因此首先需要一个 Tavily 平台的 API Key。我们可以通过其官网 https://app.tavily.com/home 进行获取。有了 Tavily API 的 API Key 之后，不要忘记通过环境变量进行设置。

2. 创建 PDF 生成工具

接下来，我们继续实现 PDF 生成工具。这个工具需要我们自己创建，实现过程稍显复杂，我们将逐步展开讲解。首先，我们需要引入如代码清单 8-15 所示的第三方工具包。

代码清单 8-15　引入 PDF 生成工具第三方工具包

```
import os
import uuid
from pathlib import Path

import pdfkit
from markdown import markdown
```

这里导入了 uuid 模块以生成唯一的 PDF 文件名，并导入了 Path 模块来创建指向输出文件夹的路径，用于保存生成的 PDF 文件。pdfkit 库将允许我们将 HTML 转换并保存为实际的 PDF 文件，但它的缺点是需要以 HTML 作为输入进行转换。由于 HTML 的语法过于复杂且不是案例演示的重点，我们将使用 markdown 库将 Markdown 文件转换为 HTML。这样一来，我们只需要让 Agent 以简单的 Markdown 格式进行编写，然后通过工具完成从 Markdown 到 HTML 再到 PDF 的转换。

默认情况下，pdfkit 和 markdown 是没有安装的，因此我们需要在 Python 的运行环境中安装它们。markdown 库直接安装即可，但 pdfkit 的安装过程需要额外的步骤，因为它实际上在底层使用了一个名为 wkhtmltopdf 的工具来完成转换。我们需要访问 wkhtmltopdf 的官方网站（https://wkhtmltopdf.org/downloads.html）来下载对应操作系统的安装包并完成安装。安装完成之后，回到代码并添加如代码清单 8-16 所示的一些设置信息。

代码清单 8-16　初始化 wkhtmltopdf 的设置信息

```
PATH_WKHTMLTOPDF = r"C:\Program Files\wkhtmltopdf\bin\wkhtmltopdf.exe"
PDFKIT_CONFIG = pdfkit.configuration(wkhtmltopdf=PATH_WKHTMLTOPDF)
OUTPUT_DIRECTORY = Path(__file__).parent.parent / "output"
```

针对 PDF 的生成过程，正如前面所讨论的，我们可以先编写一个单独的函数，将 Markdown 文本转换为 HTML。这样一来，就可以直接将 HTML 输入到 pdfkit 中，如代码清单 8-17 所示。

代码清单 8-17　将 Markdown 文本转换为 HTML

```
def generate_html_text(markdown_text: str) -> str:
    """Convert markdown text to HTML text."""
    markdown_text = markdown_text.replace("file:///", "").replace("file://", "")
    html_text = markdown(markdown_text)
    html_text = f"""
<html>
<head>
    <style>
        @import url('https://fonts.googleapis.com/css2?family=Roboto&display=swap');
        body {{
            font-family: 'Roboto', sans-serif;
            line-height: 150%;
        }}
    </style>
</head>
<body>
{html_text}
</body>
</html>
"""
    return html_text
```

这个函数以字符串形式接收一个 markdown_text 参数作为输入。然后，我们会搜索 markdown_text 中是否包含 file:/// 或 file:// 协议声明。这些声明是不必要的，因此我们直接将其替换为空字符串，否则会导致图片在最终生成的 PDF 文件中无法显示。同时，这里我们将 html_text 包裹在 html、head 和 body 等基本的 HTML 标签中。关于 HTML 基本语法的介绍不是本书的重点，你可以简单查阅相关资料进行学习。

现在，我们来完成 PDF 生成工具的创建，如代码清单 8-18 所示。

代码清单 8-18　PDF 生成工具的完整实现

```
@tool("markdown_to_pdf_file")
def markdown_to_pdf_file(markdown_text: str) -> str:
    """将 Markdown 文本转换为 PDF 文件。输入为有效的 Markdown 字符串，输出为生成的 PDF 文件
    的文件路径字符串。"""
    html_text = generate_html_text(markdown_text)
    unique_id: uuid.UUID = uuid.uuid4()
    pdf_path = OUTPUT_DIRECTORY / f"{unique_id}.pdf"
```

```
        options = {
            "no-stop-slow-scripts": True,
            "print-media-type": True,
            "encoding": "UTF-8",
            "enable-local-file-access": "",
        }

        pdfkit.from_string(
            html_text, str(pdf_path), configuration=PDFKIT_CONFIG, options=options
        )

        if os.path.exists(pdf_path):
            return str(pdf_path)
        else:
            return "无法生成 PDF,请检查您的输入内容并重试。"
```

可以看到,我们调用了之前定义的 generate_html_text 函数,将 Markdown 格式的文本转换为所需的 HTML 文本。接着,我们为 PDF 文件生成一个唯一的文件名,并在 OUTPUT_DIRECTORY 文件夹中构建 PDF 文件的完整路径。最后,我们调用 pdfkit.from_string 方法,传入 HTML 文本、PDF 文件路径、之前设置的配置以及定义的选项。如果 PDF 文件生成成功,我们可以通过 os.path.exists 函数检查文件是否存在。如果文件存在,我们返回 PDF 文件的路径;如果文件不存在,则返回一条消息,说明 PDF 未成功生成。我们特意不抛出错误,而是返回一个字符串响应,因为 Agent 可以接收此响应,尝试查找错误、修复问题,并再次尝试生成 PDF 文件。

现在,我们对这个工具进行测试,测试方法如代码清单 8-19 所示。

代码清单 8-19　PDF 生成工具的测试方法

```
markdown_dummy_text= """
# 标题
这是测试 Markdown 转 PDF 功能的文档。
## 副标题
这是测试 Markdown 转 PDF 功能的文档。
### 副副标题
这是测试 Markdown 转 PDF 功能的文档。这是一段包含文本的段落。
"""

if __name__ == "__main__":
    print(markdown_to_pdf_file(markdown_dummy_text))
```

执行上述代码,我们能够得到一个 PDF 文件,该 PDF 文件的内容来自 Markdown 格式的输入内容。

8.3.2　创建 Agent 和节点

现在有了一组实用工具,接下来定义案例系统中所使用的 Agent 和节点。

1. 定义业务 Agent 和节点

为了实现智能报告系统,我们需要创建一组 Agent,所以我们可以设计一个通用方法来处理创建这些 Agent 的重复工作，如代码清单 8-20 所示。

代码清单 8-20　创建 Agent 的通用方法

```
def create_agent(llm: BaseChatModel, tools: list, system_prompt: str):
    prompt_template = ChatPromptTemplate.from_messages(
        [
            ("system", system_prompt),
            MessagesPlaceholder(variable_name="messages"),
            MessagesPlaceholder(variable_name="agent_scratchpad"),
        ]
    )
    agent = create_openai_tools_agent(llm, tools, prompt_template)
    agent_executor = AgentExecutor(agent=agent, tools=tools)
    return agent_executor
```

我们定义了一个名为 create_agent 的函数，它接收一个类型为 BaseChatModel 的 llm 参数、一个工具列表以及一个 system_prompt 字符串。然后，我们使用 ChatPromptTemplate.from_messages 方法声明了一个 prompt_template。我们有一个 "system" 消息，它是传递到函数中的 system_prompt 字符串，然后我们有两个 MessagesPlaceholder 占位符，分别用于保存 messages 和 agent_scratchpad 两个变量。最后，我们使用 create_openai_tools_agent 方法来创建一个 Agent，并基于这个 Agent 创建 AgentExecutor。

现在声明一个状态对象，用于在特定的 StateGraph 中进行传递，如代码清单 8-21 所示。

代码清单 8-21　声明 AgentState 状态对象

```
class AgentState(TypedDict):
    messages: Annotated[Sequence[BaseMessage], operator.add]
    next: str
```

这次我们需要两个参数。第一个参数是代表消息的 messages，我们将其定义为一个序列，就像列表或元组一样。然后，我们通过 operator.add 操作符再次表明我们将在每一步中向这个消息序列中添加内容。这里的第二个参数是 next，它是一个字符串，用于表示中介者根据接收到的状态对象决定要调用的下一个 Agent 的名称。也就是说，可以使用这个字段来确定下一步要路由到哪个 Agent。由于我们无须保留历史记录，所以这里只需要一个普通的字符串，不需要任何复杂的注解。

现在定义一个函数，它代表这些 Agent 所对应的通用节点，如代码清单 8-22 所示。

代码清单 8-22　Agent 通用节点函数定义

```
def agent_node(state, agent, name):
    result = agent.invoke(state)
    return {"messages": [HumanMessage(content=result["output"], name=name)]}
```

这个函数接收 AgentState 状态对象、一个 Agent 对象以及 Agent 的名称。根据我们在前面定义的 AgentState 结构，Agent 节点需要返回一个包含消息的 messages 对象。我们从

Agent 调用的输出结果中获取消息，并简单地将其封装为 HumanMessage。

有了创建 Agent 以及节点的通用方法，我们就可以利用它来创建各个业务 Agent 以及对应的节点。代码清单 8-23 展示了 travel_agent 以及对应 travel_agent_node 的创建过程。

代码清单 8-23　创建 travel_agent 业务 Agent 及其对应的节点

```
travel_agent = create_agent(LLM, [TAVILY_TOOL], TRAVEL_AGENT_SYSTEM_PROMPT)
travel_agent_node = functools.partial(
    agent_node, agent=travel_agent, name=TRAVEL_AGENT_NAME
)
```

首先，我们通过调用 create_agent 函数并传入 LLM、工具列表以及提示词来创建一个 travel_agent，这个 Agent 用来生成旅游信息。要获取 travel_agent 的节点，我们需要使用之前定义的 agent_node 函数，它需要三个参数，即 AgentState、Agent 以及 Agent 的名称。请注意，这里的 AgentState 只有在运行时才可用。为了解决这个问题，我们可以使用 functools.partial 函数来创建一个新函数，该函数已经填充了 Agent 及其名称，然后我们可以在运行时传入 AgentState。

类似地，我们可以构建智能报告系统中的其他业务 Agent 及对应的节点，如代码清单 8-24 所示。

代码清单 8-24　构建其他业务 Agent 及对应的节点

```
language_assistant = create_agent(LLM, [TAVILY_TOOL], LANGUAGE_ASSISTANT_SYSTEM_
    PROMPT)
language_assistant_node = functools.partial(
    agent_node, agent=language_assistant, name=LANGUAGE_ASSISTANT_NAME
)

visualizer = create_agent(LLM, [generate_image], VISUALIZER_SYSTEM_PROMPT)
visualizer_node = functools.partial(agent_node, agent=visualizer, name=VISUALIZER_
    NAME)

designer = create_agent(LLM, [markdown_to_pdf_file], DESIGNER_SYSTEM_PROMPT)
designer_node = functools.partial(agent_node, agent=designer, name=DESIGNER_NAME)
```

language_assistant 用于实现一个语言助手 Agent，使用了 TAVILY_TOOL。而 visualizer 这个可视化 Agent 需要 generate_image 工具，designer 则需要 markdown_to_pdf_file 工具。然后，我们像前面为 travel_agent 所做的那样，为这些 Agent 分别创建节点。

2. 构建中介者 Agent 和节点

有了各个业务 Agent 和节点之后，我们接着来设计并实现最为关键的中介者 Agent。对于中介者 Agent 而言，我们需要一种方法让中介者选择下一个要调用的 Agent。常见的做法是设计一个具备类似路由（Route）功能的函数让中介者进行调用，并能够非常轻松且一致地提取目标 Agent 名称，以确定下一个要运行的 Agent 节点。我们还会额外增加一个"FINISH"选项，以便中介者告诉我们它已经完成任务。

对于这个实际上并不存在的路由函数，我们将定义一个OpenAI函数描述（Function Description），向中介者说明该函数的工作方式。传统的OpenAI函数描述主要是通过定义函数的名称、描述、参数等信息，让模型了解如何调用该函数。例如，针对获取当前天气的get_current_weather函数，其函数描述形式如代码清单8-25所示。

代码清单8-25　获取当前天气的get_current_weather函数描述形式

```
{
    "type": "function",
    "function": {
        "name": "get_current_weather",
        "description": "Get the current weather",
        "parameters": {
            "type": "object",
            "properties": {
                "location": {
                    "type": "string",
                    "description": "The city and state, e.g. San Francisco, CA"
                },
                "format": {
                    "type": "string",
                    "enum": ["celsius", "fahrenheit"],
                    "description": "The temperature unit to use. Infer this from
                        the users location."
                }
            },
            "required": ["location", "format"]
        }
    }
}
```

我们在2.1节中介绍OpenAI函数调用机制时已经看到过类似的示例。这里，我们可以定义如代码清单8-26所示的路由函数，供中介者调用。

代码清单8-26　路由函数描述形式

```
router_function_def = {
    "name": "route",
    "description": "Select the next role.",
    "parameters": {
        "title": "routeSchema",
        "type": "object",
        "properties": {
            "next": {
                "title": "next",
                "anyOf": [
                    {"enum": OPTIONS},
                ],
            }
        },
```

```
            "required": ["next"],
    },
}
```

可以看到，我们定义了函数的名称为 route，并给出了该函数的功能描述。然后我们定义了该函数接收的参数，将参数对象命名为 routeSchema。接着我们定义了该对象的属性，这里只有一个名为 next 的属性。该属性是必填的，其可选值是 OPTIONS 枚举中的任意一个。这种 JSONSchema 风格是 OpenAI API 用于实现函数/工具调用的方式。再次强调，这个函数实际上并不存在，但这并不妨碍我们将它提供给 LLM，并从 LLM 提供的参数中提取 next 属性。

请注意，这里出现了一个 OPTIONS 枚举值，这个枚举值中包含了中介者所能够调用的 Agent 名称，定义如代码清单 8-27 所示。

代码清单 8-27　OPTIONS 枚举值定义

```
TRAVEL_AGENT_NAME = "travel_agent"
LANGUAGE_ASSISTANT_NAME = "language_assistant"
VISUALIZER_NAME = "visualizer"
DESIGNER_NAME = "designer"

TEAM_SUPERVISOR_NAME = "team_supervisor"
MEMBERS = [TRAVEL_AGENT_NAME, LANGUAGE_ASSISTANT_NAME, VISUALIZER_NAME]
OPTIONS = ["FINISH"] + MEMBERS
```

请注意，我们将 travel_agent、language_assistant 和 visualizer 放在一个名为 members 的列表中，而将 designer 和代表中介者的 supervisor 放在外部。然后，OPTIONS 列表将是中介者在每一步可以选择的潜在选项，因此它包含了 members 的所有 3 个成员以及"FINISH"选项，以表示这个任务已经完成。

接下来，我们定义针对中介者的提示词，如代码清单 8-28 所示。

代码清单 8-28　定义针对中介者的提示词

```
TEAM_SUPERVISOR_SYSTEM_PROMPT = """
你是一名监督者，负责管理以下 Agent 的对话：{members}。根据以下用户请求，回应下一个要执行任务
    的 Agent。每个 Agent 将执行一项任务，并以他们的结果和状态回应。最终目标是为用户提供一份良
    好的旅行计划，包括要参观的景点和活动、应对语言困难的实用建议，以及与旅行计划配套的可视化内
    容（以图像路径的形式，visualizer 会为你保存图像，你只需要路径）。

确保至少叫一次每个团队成员（{members}）。如果你已经收到图像文件路径，就不要再叫 visualizer。
    除非他们没有提供足够详细信息或有效回应，你需要让他们重做工作，否则不要再次叫任何团队成员。
    完成时，回应"FINISH"，但在那之前，确保你有旅行计划、目的地的语言提示以及图像文件路径。如
    果你没有全部这些信息，就叫相应的团队成员来获取缺失的信息。
"""
```

可以看到，这里定义了中介者如何管理团队的基本指导，其中两次使用了占位符 {members}，它将被替换为实际的 Agent 列表。通过该提示词，我们希望生成一个旅行计划，包括要做的事情、观光景点、语言提示以及与行程相关的可视化内容。

接下来要做的事情就是根据上述提示词来构建提示词模板。我们可以使用 ChatPrompt-Template.from_messages 方法，如代码清单 8-29 所示。

代码清单 8-29　使用 ChatPromptTemplate.from_messages 方法构建提示词模板

```
team_supervisor_prompt_template = ChatPromptTemplate.from_messages(
    [
        ("system", TEAM_SUPERVISOR_SYSTEM_PROMPT),
        MessagesPlaceholder(variable_name="messages"),
        (
            "system",
            "根据上述对话，接下来应该由谁采取行动？"
            "或者我们应该执行 FINISH 吗？请选择以下选项之一：{options}",
        ),
    ]
).partial(options=", ".join(OPTIONS), members=", ".join(MEMBERS))
```

可以看到，这个提示词模板有 3 个组成部分，第 1 个组成部分是我们前面定义的 TEAM_SUPERVISOR_SYSTEM_PROMPT；第 2 个组成部分是为 messages 变量预留的 Messages-Placeholder；第 3 个组成部分则是一条简短的系统消息，用于提醒中介者它的任务是什么，以及它可以选择的选项有哪些。

对应地，为了完整构建整个提示词模板，我们需要填充并正确使用这 3 个变量。第 1 个是在 TEAM_SUPERVISOR_SYSTEM_PROMPT 中出现两次的 members 占位符；第 2 个是位于中间的 MessagesPlaceholder 中的 messages 消息列表；第 3 个则是最后一条消息中的 options 占位符。

我们目前有两个变量可用，分别是 members 和 options，但还没有 messages 消息列表。代码清单 8-29 中的 partial 方法让我们可以先填充已有的 members 和 options，而将 messages 部分留到后面再添加。因此，我们可以提前使用这种部分填充的方法，将 OPTIONS 列表和 MEMBERS 列表分别传递到 options 和 members 占位符中。请注意，我们通过 join 方法将 OPTIONS 和 MEMBERS 列表转换为一个字符串，成员之间用逗号和空格进行分隔。这是因为我们不能将列表变量直接传递给 LLM。

有了中介者 Agent，下一步的工作是创建对应的节点。由于中介者节点具有特殊性，我们将使用 LangChain 中用于构建链的实现方式来创建一个 LangChain 链。请注意，普通的 LangChain 链也可以用作 LangGraph 中的节点，其构建方式如代码清单 8-30 所示。

代码清单 8-30　基于中介者节点创建 LangChain 链

```
team_supervisor_chain = (
    team_supervisor_prompt_template
    | LLM.bind_functions(functions=[router_function_def], function_call="route")
    | JsonOutputFunctionsParser()
)
```

在这种构建方式中，LLM 使用 bind_functions 方法将我们定义的 router_function_def 函

数绑定为此次 LLM 调用可用的函数。通过传入第 2 个可选参数 function_call="route"，我们明确指示 LLM 必须调用我们之前定义的 route 函数。这意味着我们实际上强制它调用这个函数，而不是执行其他任何操作，因为这就是它的唯一目的。记得我们还在 AgentState 中添加了一个变量，用于存储 next 参数。因此，我们通过 JsonOutputFunctionsParser 这个 JSON 输出解析器，从 LLM 为我们提供的参数中提取 next 属性。

8.3.3 定义 StateGraph

我们通过传递 AgentState 来初始化一个 StateGraph 对象。然后，我们为每个 Agent 创建一个节点，指定该节点的名称以及具体的节点对象，如代码清单 8-31 所示。

代码清单 8-31　通过 AgentState 初始化 StateGraph 对象

```
workflow = StateGraph(AgentState)
workflow.add_node(TRAVEL_AGENT_NAME, travel_agent_node)
workflow.add_node(LANGUAGE_ASSISTANT_NAME, language_assistant_node)
workflow.add_node(VISUALIZER_NAME, visualizer_node)
workflow.add_node(DESIGNER_NAME, designer_node)
workflow.add_node(TEAM_SUPERVISOR_NAME, team_supervisor_chain)
```

现在我们已经有了节点，可以开始构建一些边，其实现过程如代码清单 8-32 所示。

代码清单 8-32　基于节点构建边

```
for member in MEMBERS:
    workflow.add_edge(member, TEAM_SUPERVISOR_NAME)

workflow.add_edge(DESIGNER_NAME, END)
```

对于每个业务 Agent，我们都会添加一条边回到中介者 Agent，因为中介者 Agent 将决定每一步之后的业务 Agent。我们还从 designer 添加一条边到 END 节点，因为 designer 是整个流程的最后一个步骤，并且不与中介者 Agent 直接交互。这时，整体系统的基本结构如图 8-3 所示。

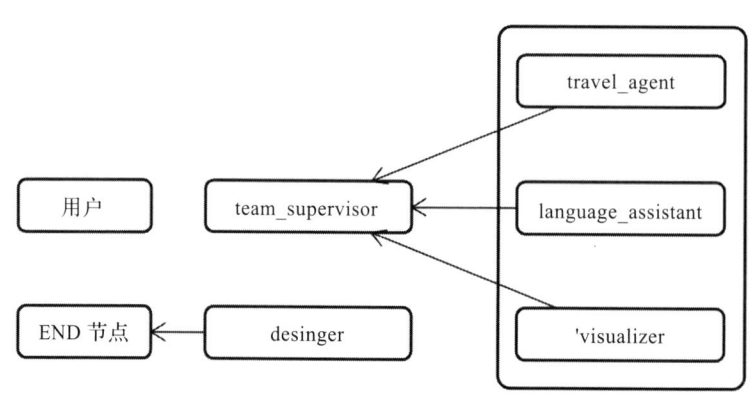

图 8-3　整体系统的基本结构

到目前为止，我们已经创建了节点和边，是时候添加动态条件了，如代码清单 8-33 所示。

代码清单 8-33　动态条件的添加方法

```
conditional_map = {name: name for name in MEMBERS}
conditional_map["FINISH"] = DESIGNER_NAME
workflow.add_conditional_edges(
    TEAM_SUPERVISOR_NAME, lambda x: x["next"], conditional_map
)

workflow.set_entry_point(TEAM_SUPERVISOR_NAME)

travel_agent_graph = workflow.compile()
```

可以看到，我们创建了一个名为 conditional_map 的字典，将每个业务 Agent 映射到其自身。最后，我们还添加了一个键"FINISH"，它映射到 DESIGNER_NAME。接着，我们在工作流对象上调用了 add_conditional_edges 方法。这个方法接收了一个 lambda 函数，该函数以 AgentState 状态对象作为输入，并简单地返回状态对象中的"next"键。因此，如果中介者调用一个业务 Agent，它将映射到该业务 Agent 的节点；如果调用"FINISH"，它将映射到"designer"节点。

我们将中介者 Agent 作为整个 StateGraph 的入口，最终 StateGraph 的结构如图 8-4 所示。

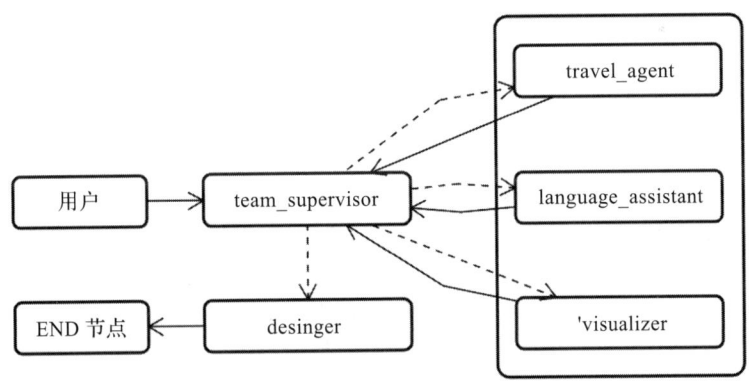

图 8-4　StateGraph 的最终结构

请注意，图 8-4 中的实线代表固定的边，而虚线表示条件边。

8.4　多 Agent 智能报告案例演示

在本节中，我们将运行 8.3 节构建的 StateGraph 并验证执行结果。同时，我们还将借助 LangSmith 和 Phoenix 工具实现对系统的监控和跟踪。

8.4.1 系统运行和验证

现在，我们基于已经构建的 StateGraph 来观察各个 Agent 之间的交互过程。我们可以调用 travel_agent_graph 上的 stream 方法，并传入包含一个 HumanMessage 对象的消息列表，如代码清单 8-34 所示。

代码清单 8-34　执行 travel_agent_graph

```
for chunk in travel_agent_graph.stream(
    {"messages": [HumanMessage(content="我想要去中国上海旅游 3 天")]}
):
    if "__end__" not in chunk:
        print(chunk)
print(f"{Fore.GREEN}###############################{Style.RESET_ALL}")
```

这里我们以去上海旅游的场景为例，打印出了详细的执行日志，如代码清单 8-35 所示。

代码清单 8-35　travel_agent_graph 的执行日志

```
{'team_supervisor': {'next': 'travel_agent'}}
###############################
{'travel_agent': {'messages': [HumanMessage(content='上海是一个充满活力的城市，拥有
    丰富的历史和现代文化。以下是一个建议的 3 天上海旅游行程，涵盖了热门景点和一些地道的文化体验：
    \n\n### 第一天：探索市中心 \n1. ** 外滩 **：早晨漫步在外滩，欣赏黄浦江两岸的美丽风光，感
    受中西合璧的建筑风格。\n2. ** 南京路步行街 **：购物和品尝上海小吃的好去处。\n3. ** 豫园
    **：下午游览这个古典园林，体验传统的中国园林艺术。\n4. ** 城隍庙 **：晚上在城隍庙品尝各
    种地道上海小吃，如小笼包和生煎包。\n\n### 第二天：现代与传统的交融 \n1. ** 上海博物馆
    **：上午参观，了解中国古代的艺术和历史。\n2. ** 淮海路 **：下午在这条著名的商业街购物，
    并体验上海的时尚魅力。\n3. ** 田子坊 **：晚餐后，漫步于这个具有创意气息的艺术街区，欣赏当
    地艺术家的作品和小店。\n\n### 第三天：自然和科技 \n1. ** 上海科技馆 **：上午参观这个互
    动性很强的博物馆，适合家庭游客。\n2. ** 世纪公园 **：下午在这个大公园内放松，骑自行车或
    划船。\n3. ** 东方明珠塔 **：晚上登上东方明珠塔，俯瞰整个城市的夜景。\n\n### 额外建议 \n-
    ** 品茶体验 **：在行程中安排一次品茶，了解中国茶文化。\n- ** 夜游黄浦江 **：如果时间允许，
    晚上可以乘坐游船夜游黄浦江，欣赏两岸的璀璨夜景。\n\n 这个行程结合了上海的历史、现代建筑和自
    然景观，并提供了一些地道的文化体验，让你能够全面感受这座城市的独特魅力。希望你在上海的旅行
    愉快！ ', additional_kwargs={}, response_metadata={}, name='travel_agent')]}}
###############################
{'team_supervisor': {'next': 'language_assistant'}}
###############################
{'language_assistant': {'messages': [HumanMessage(content=' 这是一个非常全面的上海 3 天
    旅游计划，涵盖了主要景点、购物区、文化体验以及自然风光。以下是一些关于语言和沟通方面的提示，
    帮助你在上海的旅行更加顺畅：\n\n1. ** 基础中文短语 **：学习一些基础的中文短语，例如问路、
    点菜或购物时的常用语。虽然在上海许多人会说英语，但掌握一些简单的中文表达会让你的交流更加顺
    利。\n\n2. ** 手机翻译应用 **：下载并使用翻译应用程序，如 Google 翻译或百度翻译，这些应用
    可以在你需要时提供即时翻译。\n\n3. ** 酒店和餐厅名片 **：随身携带你所住酒店的名片，以便在
    需要时向出租车司机或当地人展示。\n\n4. ** 语言卡片 **：可以准备一些常用语言卡片，尤其是在
    点餐或购物时展示。\n\n 总体来说，这个计划已经非常详细和令人满意，提供了丰富的活动和体验选
    择，同时给出了实用的语言建议，能够帮助你在上海更好地与当地人沟通。希望你在上海的旅行愉快！ ',
    additional_kwargs={}, response_metadata={}, name='language_assistant')]}}
###############################
```

```
{'team_supervisor': {'next': 'visualizer'}}
###############################
{'visualizer': {'messages': [HumanMessage(content='[E:\\Agent\\code\\LangGraph-
    MultiAgent-main\\images\\fd6a0872-ba30-478b-9cdf-8ec9db955fd7.png]
    (E:\\Agent\\code\\LangGraph-MultiAgent-main\\images\\fd6a0872-ba30-478b-
    9cdf-8ec9db955fd7.png)', additional_kwargs={}, response_metadata={},
    name='visualizer')]}}
###############################
{'team_supervisor': {'next': 'FINISH'}}
###############################
{'designer': {'messages': [HumanMessage(content='我已经为你创建了一个完整的上海3天
    旅游计划PDF文件。你可以通过以下路径查看和下载它：[下载PDF](E:\\Agent\\code\\
    LangGraph-MultiAgent-main\\output\\44cd8c64-8a33-4979-bf99-98c91be4b5fb.
    pdf)。希望你在上海的旅行愉快！', additional_kwargs={}, response_metadata={},
    name='designer')]}}
```

可以看到，这里展示了各个Agent之间的交互顺序，如代码清单8-36所示。

代码清单8-36　各个Agent之间的交互顺序

```
{'team_supervisor': {'next': 'travel_agent'}}
{'travel_agent':...}
{'team_supervisor': {'next': 'language_assistant'}}
{'language_assistant':...}
{'team_supervisor': {'next': 'visualizer'}}
{'visualizer':...}
{'team_supervisor': {'next': 'FINISH'}}
{'designer':...}
```

基于以上交互过程，我们获取的最终PDF生成效果如图8-5所示。

事实上，开发人员几乎可以随心所欲地创建任意组合的Agent、节点、边和条件边，从而构建各种形式的智能报告。

8.4.2　系统监控和跟踪

在多Agent智能报告案例系统的构建过程中，我们集成了LangSmith和Phoenix这两款工具。本节将展示这两款工具的执行结果。

1. LangSmith监控

在LangSmith控制台主界面，我们可以看到案例系统每次执行的记录。当我们选择其中某一条执行记录时，可以看到如图8-6所示的执行效果。

可以看到，这里展示了该次执行的输入和输出、所消耗的时间和Token数。在"TRACE"部分，我们看到了大量的执行步骤。通过控制页面的展示效果，我们可以发现这些步骤都属于不同的Agent，如图8-7所示。

图 8-5 最终 PDF 生成效果

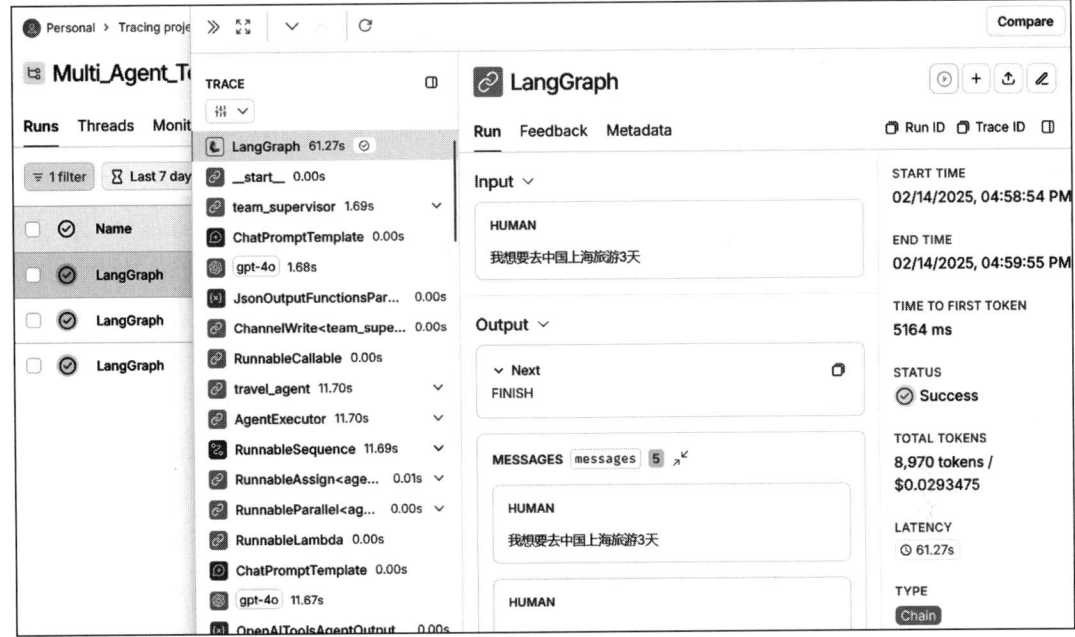

图 8-6　LangSmith 控制台一次执行纪录界面

图 8-7 展示了案例系统中所涉及的所有 Agent，以及执行的顺序和耗时。不难看出，中介者 Agent 会与各个业务 Agent 进行交互，而整个流程的终点是 designer。在图 8-7 中，展开 travel_agent，可以得到如图 8-8 的详细结果。

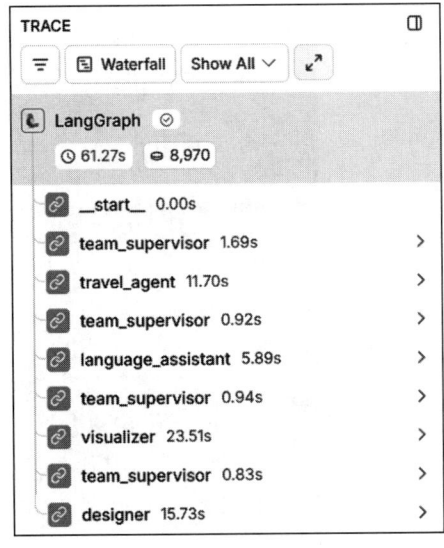

图 8-7　LangSmith 中不同 Agent 的执行顺序和耗时

图 8-8　LangSmith 中 travel_agent 的执行过程明细

不难看出，这里列举了 travel_agent 这个特定 Agent 的所有执行步骤，包括提示词模板的构建、与 OpenAI 模型之间的交互，以及通过一个 OutputParser 组件实现对结果的结构化解析。

我们来看图 8-6 所展示的 Output 部分，同样可以看到所有消息的生成过程和结果，如图 8-9 所示。

图 8-9　LangSmith Output 中消息生成过程和结果

开发人员可以根据图 8-9 中的消息列表对最终结果进行测试和验证。

2. Phoenix 链路跟踪

针对同一次调用，我们接着来看 Phoenix 的执行效果。图 8-10 展示了整个执行过程中各个 Agent 的顺序和耗时。

显然，图 8-10 和图 8-7 所展示的效果是完全一致的。在图 8-10 中，我们同样可以对某一个 Agent 的执行过程进行详细介绍，例如，图 8-11 展示了 travel_agent 的详细步骤。

在图 8-11 中同样也展示了本次交互的输入和输出，开发人员可以基于这些日志信息对系统的执行过程进行分析和把控。

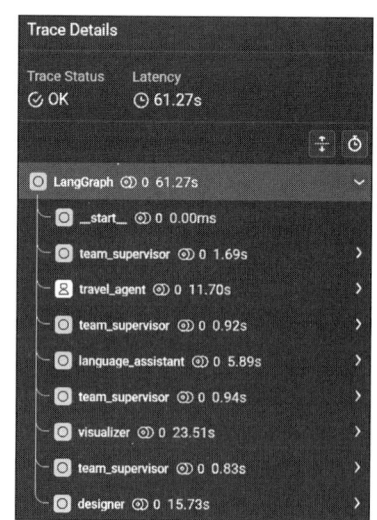

图 8-10　Phoenix 中不同 Agent 的执行顺序和耗时

图 8-11 Phoenix 中 travel_agent 的执行过程明细

8.5 本章小结

本章通过一个智能报告生成系统的案例，详细介绍了多 Agent 系统的实战应用。首先，我们分析了智能报告生成的系统需求，包括图像生成、文字信息生成和 PDF 生成，并提出了基于 LangGraph 框架的系统架构设计。接着，我们详细介绍了 LangGraph 的开发模式，包括工具和 Agent 的创建、StateGraph 的定义与执行，以及 LangGraph 的高级特性，如持久化、人工介入和流支持。

在系统实现部分，我们构建了 Web 搜索工具、PDF 生成工具，并设计了多个业务 Agent 及其对应的节点。通过中介者 Agent 协调各个 Agent 的协作，最终完成了智能报告系统的开发。通过实际运行和验证，展示了各个 Agent 之间的交互过程，并生成了完整的 PDF 报告。

最后，我们探讨了系统监控和跟踪的方法，包括 LangSmith 监控和 Phoenix 链路跟踪。这些工具能够帮助开发者更好地理解和优化多 Agent 系统的运行过程。

推荐阅读

 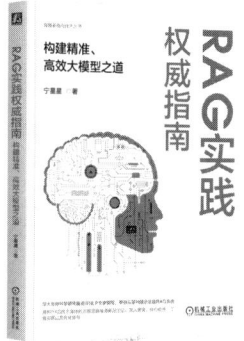